SANSSOUCI

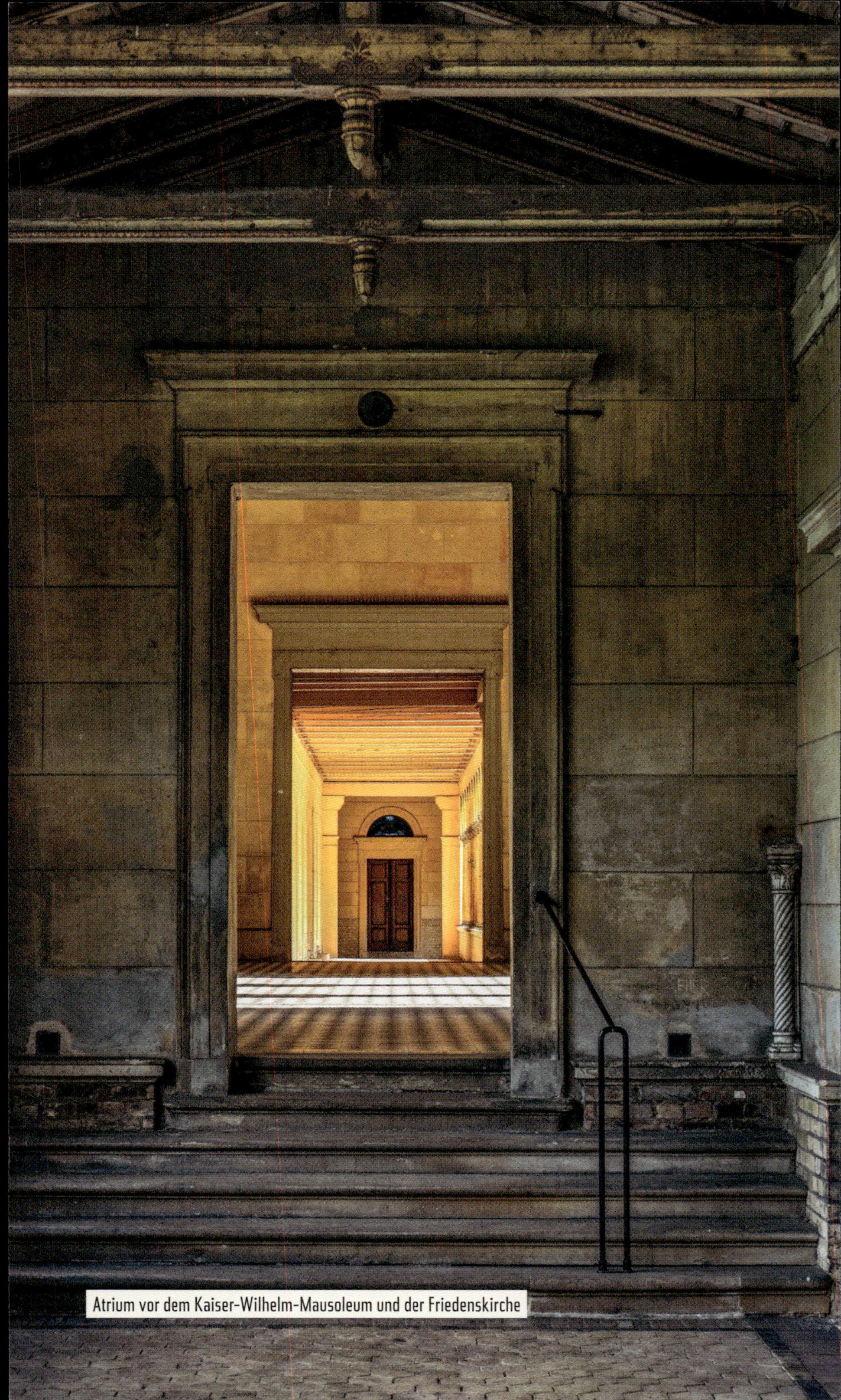

Atrium vor dem Kaiser-Wilhelm-Mausoleum und der Friedenskirche

Frank Goyke

SANSSOUCI *entdecken*

Ausflüge in Potsdams schönstes Schloss- und Parkensemble

BeBra Verlag

Für die Angaben zu Eintrittspreisen, Öffnungszeiten und Kontaktinformationen wird keine Gewähr übernommen.

MIX
Papier | Fördert gute Waldnutzung
FSC® C106600

Bibliografische Information der Deutschen Nationalbibliothek
Die Deutsche Nationalbibliothek verzeichnet diese Publikation in der Deutschen Nationalbibliografie; detaillierte bibliografische Daten sind im Internet über http://dnb.d-nb.de abrufbar.

Asternplatz 3, 12203 Berlin
post@bebraverlag.de
Lektorat: Matthias Zimmermann, Potsdam
Umschlag: Fernkopie, Berlin
Satz: typegerecht berlin
Schriften: Tasse, Proforma
Druck und Bindung: DZS Grafik, Ljubljana
ISBN 978-3-89809-220-3

www.bebraverlag.de

INHALT

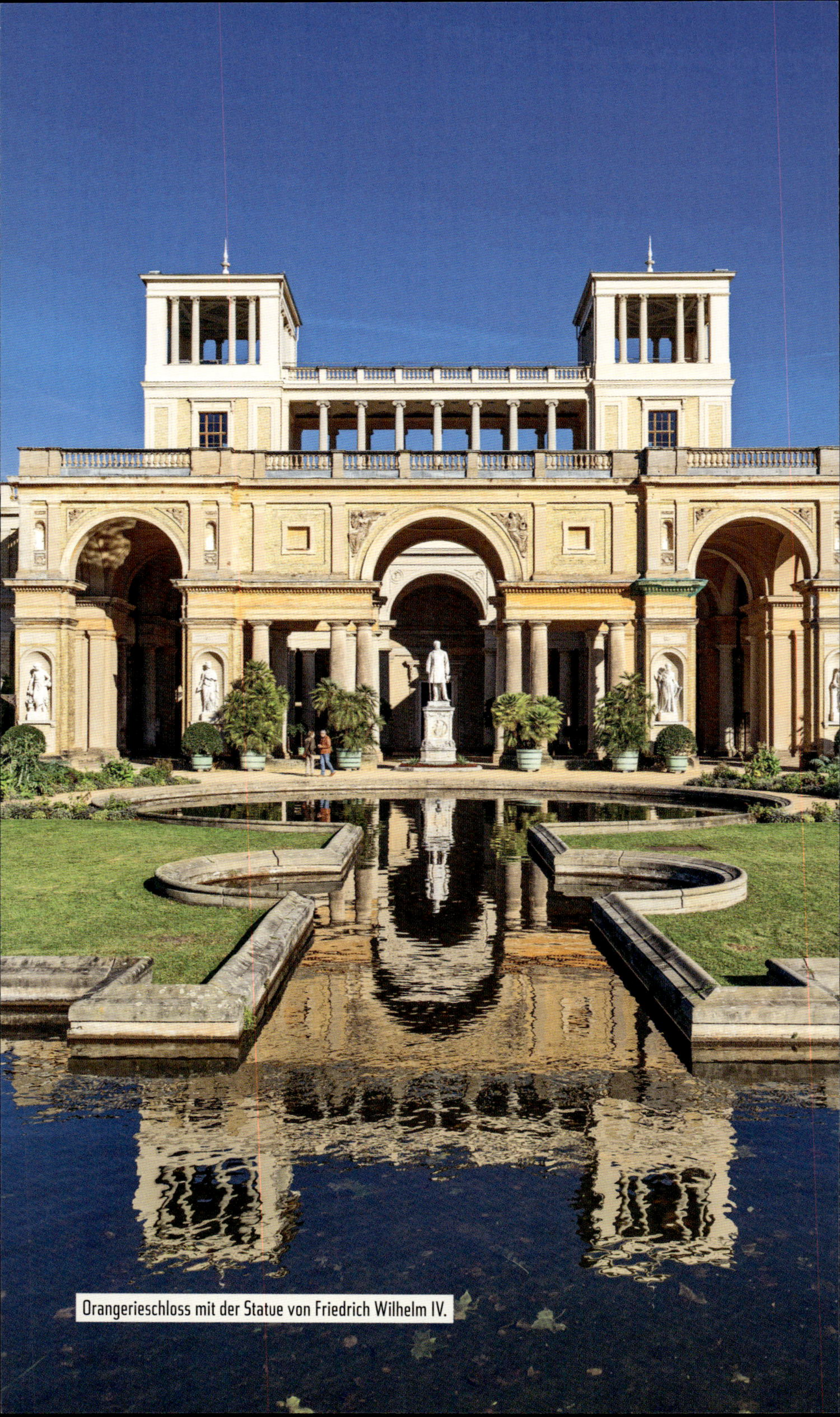

Orangerieschloss mit der Statue von Friedrich Wilhelm IV.

VORWORT

Die Park- und Schlosslandschaft Potsdam-Sanssouci ist nicht umsonst UNESCO-Weltkulturerbe. Sie besitzt eine solche internationale Strahlkraft, dass wohl kein Besucher aus Übersee bei einer Europareise an ihr vorbeikommt. Aber auch Menschen aus ganz Deutschland zählen zu den häufigen Gästen, von Bewohnerinnen und Bewohnern aus der Umgebung, aus Potsdam und Berlin sowie dem sogenannten »Speckgürtel«, einmal zu schweigen. Im Jahr 2018, einem Rekordjahr in Sachen Besucherzahlen, haben 330.000 Menschen allein das Schloss Sanssouci besichtigt. In den folgenden Jahren gab es zwar wegen der Corona-Pandemie einen Rückgang, aber es ist zu hoffen, dass es allmählich auch hier wieder bergauf geht.

Das von der Stiftung Preußische Schlösser und Gärten Berlin-Brandenburg (SPSG) verwaltete Ensemble hat allerdings mit schwerwiegenderen Problemen zu kämpfen als mit einem vermutlich temporären Besucherschwund: den Folgen des Klimawandels nämlich, die auch die Museen treffen – und vor allem natürlich die Parkanlagen. Insbesondere die Trockenheit der letzten Jahre bekommen die teils sehr alten Bäume zu spüren, sodass immer wieder auf die Gefahr von Astbrüchen hingewiesen wird. Aber das sollte freilich niemanden von einem Besuch abschrecken, denn er lohnt sich. Er lohnt sich einmal, aber auch mehrmals, um genügend Zeit zu haben, die Vielfalt an Bauwerken, an Skulpturen und an gärtnerischen Werken in Augenschein zu nehmen, zu genießen oder auch ausführlich zu studieren.

Die Fülle an Bauwerken und Gärten stellte bei der Gliederung dieses Buches eine Herausforderung dar. Würde man nach der Chronologie ihrer Entstehung verfahren, müssten Besucherinnen und

Besucher kreuz und quer durch die Anlagen ziehen. Wir haben uns daher für ein anderes Verfahren entschieden: Wer auf einen Plan des Parks Sanssouci schaut (siehe S. 198/199), wird zwei Hauptachsen erkennen, einmal die den Park durchschneidende Hauptallee sowie die auf das Fontänenrondell, die Weinbergterrassen und das Weinbergschloss zusteuernde Allee, in deren Verlängerung sich der Ruinenberg befindet. Diese Wege teilen den Park in vier ungleich große Quadranten – die im Westen sind erheblich größer als die im Osten. Das Buch folgt zunächst den beiden Hauptalleen, beschreibt die entlang dieser Wege befindlichen Sehenswürdigkeiten und widmet sich dann den jeweiligen »Quadranten« – beginnend mit den kleineren. Auf diese Weise ergibt sich – trotz offenkundiger Mängel der Herangehensweise – eine gewisse Logik. Da es sich um einen Park handelt, soll auch an Besonderheiten der Bepflanzung nicht vorbeigegangen werden, wobei wir uns auf besondere Gehölze beschränken wollen. Weil diese auf dem Gelände verstreut sind, werden sie bei den jeweiligen Abschnitten erwähnt.

An dieser Stelle soll auch darauf hingewiesen werden, dass der bildhauerische Schmuck in Sanssouci, insbesondere die vielen im Park aufgestellten Skulpturen, Kopien sind. In diesem Buch werden sie wie Originale behandelt, das heißt, es wird nicht immer wieder darauf hingewiesen, dass man eine Kopie vor sich hat. Allerdings ist es unmöglich, auf den gesamten Skulpturenschmuck einzugehen. Allein die Skulpturen eines einzelnen Bauwerkes könnten ein ganzes Buch füllen, sodass immer nur einzelne Bildwerke erwähnt werden – für eine vertiefende Beschäftigung mit ihnen sei auf einschlägige Publikationen zum Thema verwiesen.

Bei einem Spaziergang durch die verschiedenen Gärten oder beim Besichtigen eines der vielen Bauwerke sollte man sich gelegentlich bewusst machen, dass diese Vielfalt, ja Üppigkeit, ursprünglich auf einen Mann zugeschnitten war, auf seine Vorstellungen und Wünsche, Intentionen und Interessen: den preußischen König. Da Friedrich II. und Friedrich Wilhelm IV. Sanssouci am

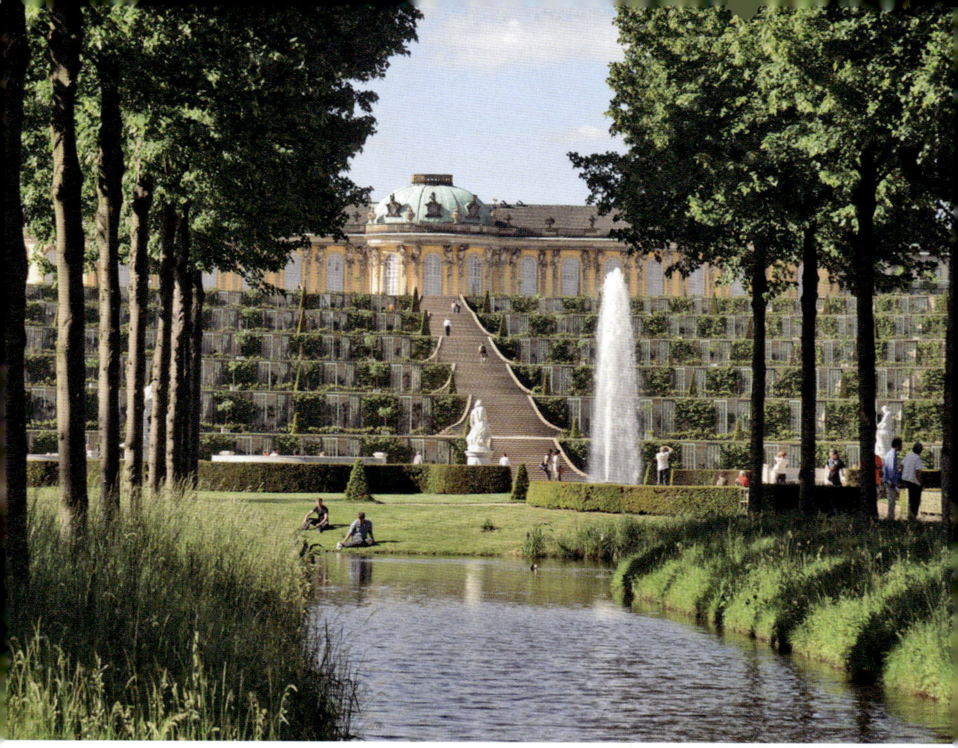

Blick über den Kanal und die Große Fontäne auf Schloss Sanssouci

stärksten prägten, kann man beide als die vordringlichsten Adressaten der hiesigen Bau- und Gartenkunst ansehen. Heute gehören die Anlagen allen. Jeder und jede kann sich bei einem Spaziergang oder bei einer Schlossvisite als König oder als Königin fühlen. Dass dieses Weltkultur-Ensemble allen gehört, bedeutet aber auch: Es liegt in unser aller Verantwortung, es zu schützen und zu erhalten. Denken Sie hin und wieder daran, während sie lustwandeln.

Autor und Verlag wünschen Ihnen viel Freude beim Lesen dieses Buches und beim Entdecken der alten königlichen Pracht.

EIN KURZER RITT DURCH DIE GESCHICHTE

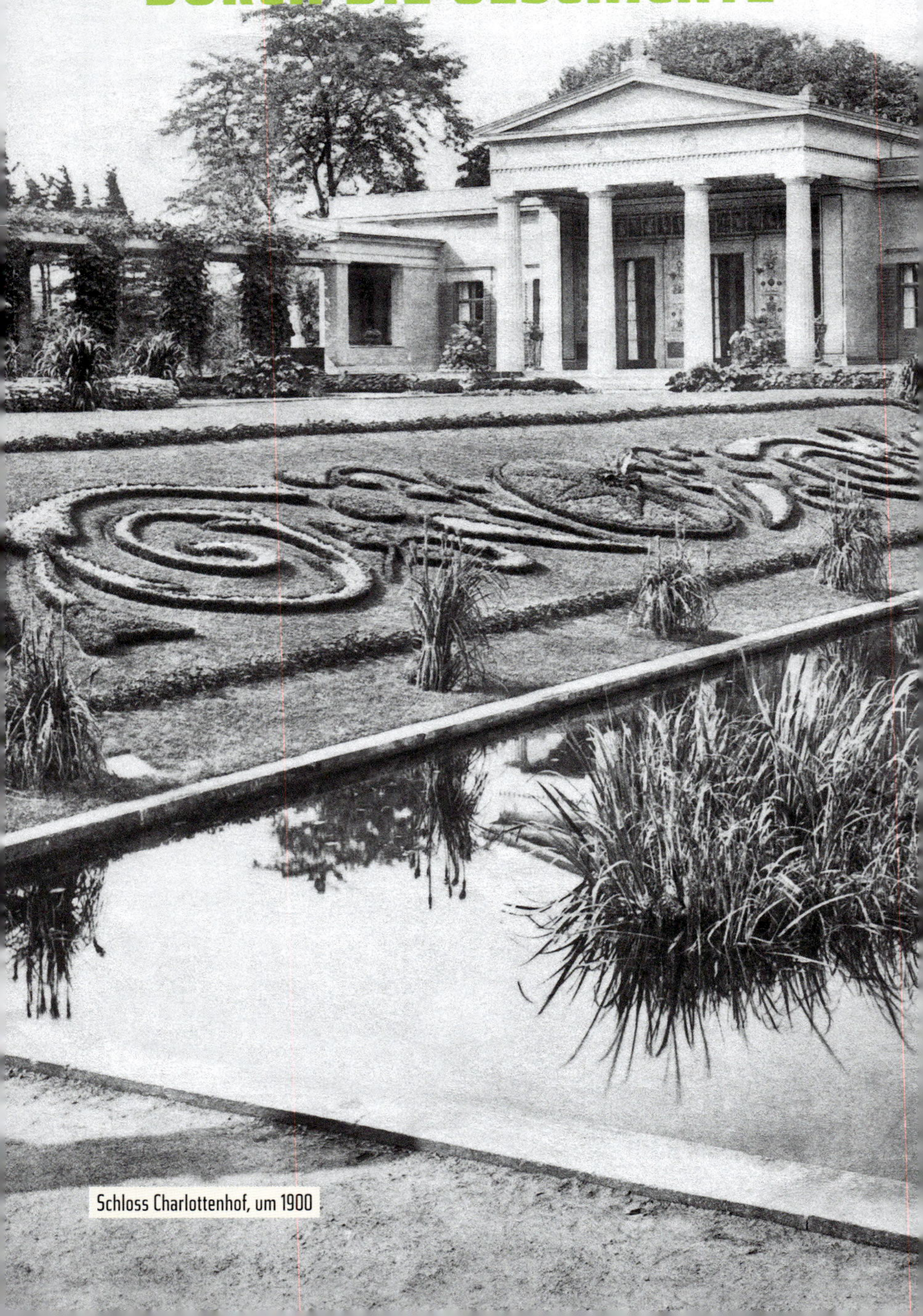

Schloss Charlottenhof, um 1900

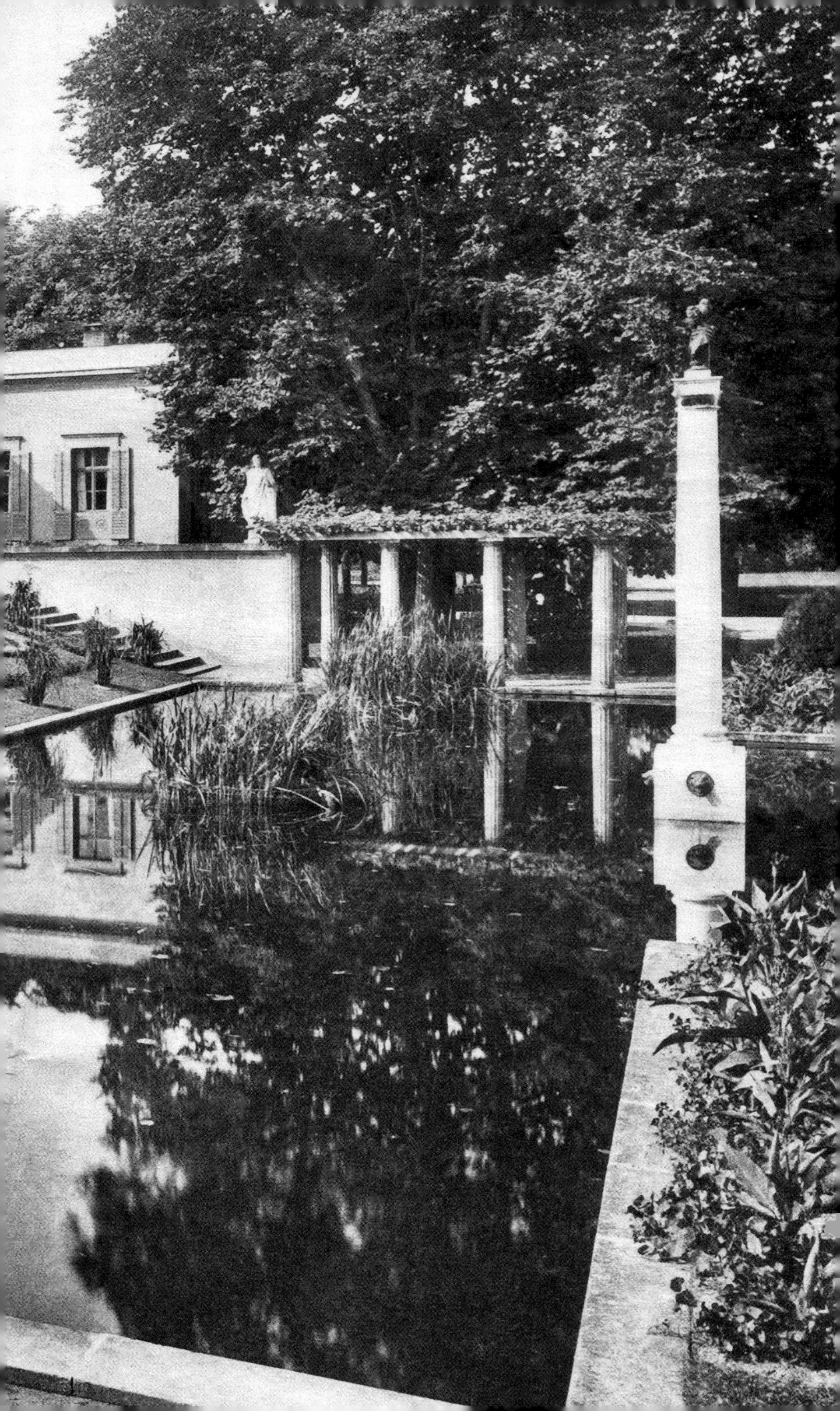

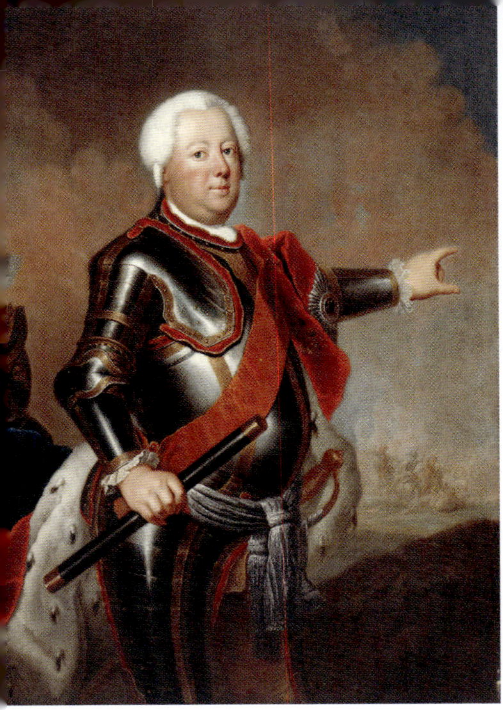

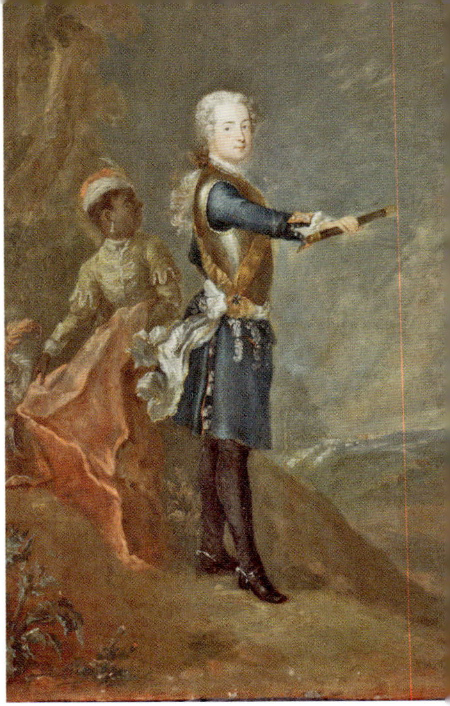

Links: Friedrich Wilhelm I. (Gemälde von Antoine Pesne, um 1733). Rechts: Kronprinz Friedrich (Gemälde von Georg Wenzeslaus von Knobelsdorff, um 1735)

Am Anfang standen die Küchenkräuter. Friedrich Wilhelm I. (1688–1740), auch »Soldatenkönig« genannt, wurde 1713 König in Preußen, und bereits 1714 legte er den Grundstein für seinen Beinamen: Für einen Exerzierplatz unweit des Potsdamer Stadtschlosses ließ er kurzerhand den dazugehörigen Lustgarten schleifen. Um Ersatz zu schaffen, wurde auf seinen Befehl nördlich des Brandenburger Tors ein neuer Lust- und Küchengarten angelegt, der Marlygarten. Den Küchengarten mit seiner einfachen Fachwerkbude nannte Friedrich Wilhelm spöttisch »mein Marly« in Anspielung auf das Jagd- und Sommerschloss Ludwigs XIV. bei dem kleinen Ort Marly ungefähr 15 Kilometer westlich von Paris. Der preußische »Despot« hatte also durchaus Humor.

Die Schriftstellerin Gisela Heller beschreibt in ihrem Buch »Potsdamer Geschichten« die Prähistorie Sanssoucis auf ebenso plastische wie etwas respektlose Weise so: »Wenn der Soldatenkönig

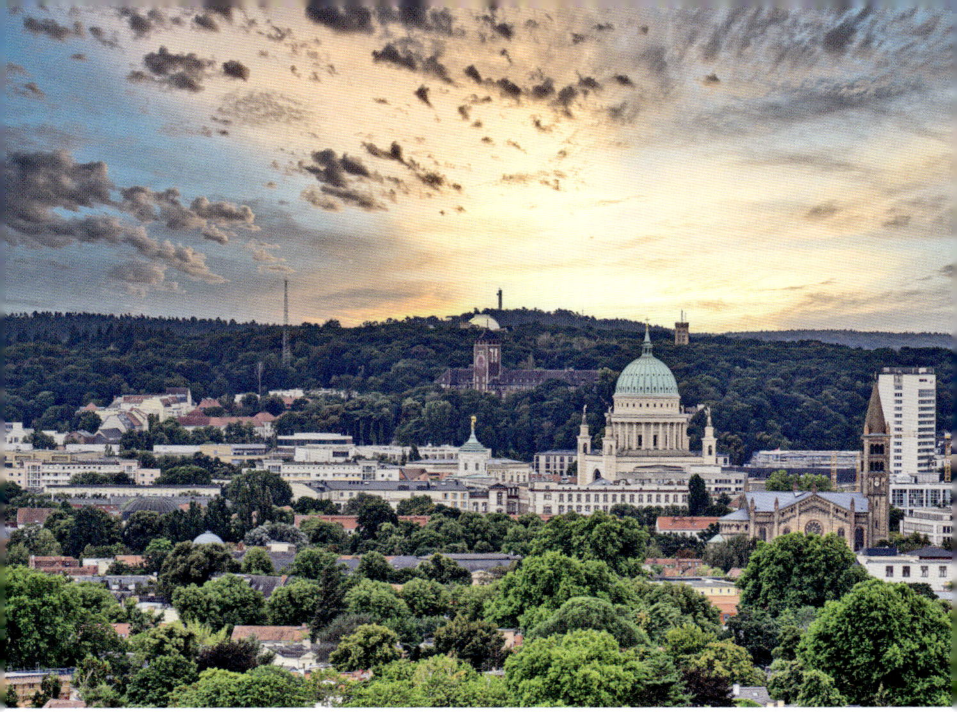

Blick über das heutige Potsdam

Friedrich Wilhelm I. gute Laune hatte oder wenn er schlechte abreagieren wollte, zog er mit seinen Lieblingsoffizieren oder mit der ganzen Familie vor Potsdams Brandenburger Tor in seinen Küchenkräutergarten. In einer besseren Sommerlaube versammelte man sich zum schlichten Mahl. Der König richtete mit seinen dicken Patschhänden den Salat an. Die Tischgespräche drehten sich wie üblich nur um militärische Angelegenheiten. Gipfel des Vergnügens war ihm das Scheiben- oder Tontaubenschießen; die Prinzen kegelten, die Frau Königin sah zu, wie Pimpinelle und Basikilum sprossen, und die Prinzessinnen langweilten sich sterblich. Zuweilen schlug sich der junge Kronprinz Friedrich seitwärts in die Büsche, um auf dem Gelberg unterm Klappern der Windmühlenflügel seinen schwärmerischen Gedanken nachzuhängen. Von dort genoss man eine wunderschöne Aussicht auf die breite, gemächlich dahinfließende Havel, auf den waldreichen Tornow am jenseitigen Ufer und die dahinterliegenden dunklen Ravensberge. Wenn ich erst König bin, mochte der kleine Fritz fabulieren, dann will ich hier einen Weinberg anlegen mit einem Pavillon und darin leben, wie es mir gefällt, dann werde ich Trauben essen, französische Romane lesen, Verse machen, Flöte spielen, und niemand wird es mir verbieten ...«

Ob der Kronprinz wirklich bereits zu dieser Zeit derartige Träume hegte, mag dahingestellt sein. Jedenfalls würde bis zu ihrer Umsetzung noch etliche Zeit vergehen, durchaus leidvolle Zeit. Das schlechte Verhältnis zwischen Friedrich (1712–1786) und seinem Vater ist allgemein bekannt. Dass der König ihn zwang, der Hinrichtung seines besten Freundes Katte zuzusehen, muss ein in jeder Hinsicht traumatisches Erlebnis gewesen sein. Aber trotz aller Erschütterungen versiegte Friedrichs schöngeistige Ader nie, und bald schon begann er auch zu bauen. 1732 ernannte Friedrich Wilhelm I. seinen Sohn zum Obersten eines Infanterieregiments in Neuruppin. Zu seiner Erholung vom Drill und um einen Kreis gleichgesinnter Freunde in »antiker« Atmosphäre um sich versammeln zu können, entstand hier der Amaltheagarten – in Anlehnung an den Landsitz des Attikus in Epirus. Amalthea ist in der griechischen Mythologie eine Nymphe, die den neu geborenen Göttervater Zeus mit der Milch einer Ziege nährte. Der dankbare Gott versetzte sie als Sternbild Capra (Ziege) an den Himmel. Architekt dieser Schöpfung war einer von Friedrichs Kavalieren, Georg Wenzeslaus von Knobelsdorff. Der Freund, Berater und Baumeister Friedrichs wurde am 17. Februar 1699 in Crossen an der Oder geboren und kam eher auf Umwegen zur Architektur (siehe Biografie S. 74). Zwischen 1732 und 1736 entstand der Amaltheagarten an der mittelalterlichen Stadtmauer Neuruppins. Doch dieser lud nicht nur zum Verweilen und Vergnügen ein, er lieferte auch frisches Obst – die Vorliebe dafür sollte Friedrich sein ganzes Leben begleiten.

Das nächste, schon größere und anspruchsvollere Projekt war Schloss Rheinsberg. Nach Friedrichs Hochzeit mit Elisabeth-Christine von Braunschweig-Bevern im Jahr 1733 billigte ihm der König eine

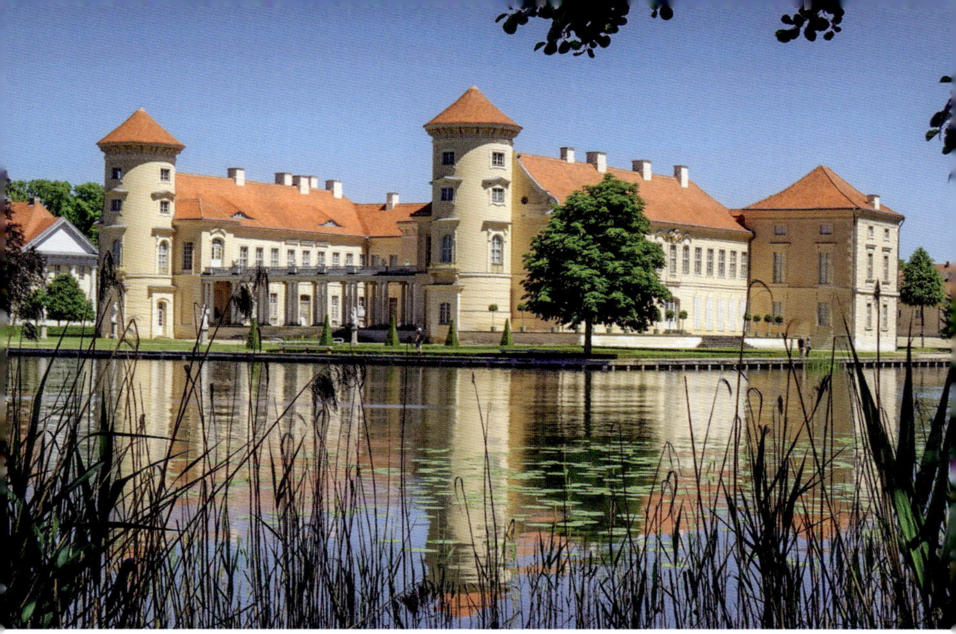

Das erste Schloss des späteren Königs Friedrich II.: Schloss Rheinsberg

eigene Wohnstatt zu und erwarb dafür ein schlichtes Wasserschloss in Rheinsberg, das aus dem 16. Jahrhundert stammte. Friedrich nahm Rheinsberg mit großer Freude in Besitz, ermöglichte es ihm doch, fern von seinem despotischen Vater ein Leben nach eigenen Vorstellungen zu führen (in dem seine Frau im Prinzip nicht vorkam). Später sollte er behaupten, er sei nur in Rheinsberg glücklich gewesen.

Sofort ließ er bauen. Die Pläne für den Um- und Ausbau des Schlosses lieferte zunächst der Baudirektor der kurmärkischen Kammer, Johann Gottfried Kemmeter (Ende 17. Jh.–1748), doch bildeten diese nur die Basis für die weiteren Bauarbeiten unter Knobelsdorff. In Rheinsberg entfaltete sich bereits jener Stil, der als friderizianisches Rokoko in die Architekturgeschichte eingehen sollte.

1740, nach dem Tod seines Vaters, bestieg Friedrich den preußischen Königsthron. Er hatte zahlreiche politische Vorhaben, die seine Herrschaft prägen sollten, steckte aber auch voller Baupläne, die er nun verwirklichen konnte. Zunächst entstand der Neue Flügel vom Charlottenburger Schloss, dann wurde am Potsdamer Stadtschloss gewerkelt. In welchem Zustand Friedrich II. Potsdam vorfand, hat der Berliner Schriftsteller, Journalist, Dramaturg und Theaterdirektor Ludwig Sternaux (1885–1938) in seinem 1924 erschienenen Buch »Potsdam – Ein Buch der Erinnerung« im Zusammenhang mit Leben und Tod Friedrich Wilhelms I. und dem Neubeginn unter Friedrich gut auf den Punkt gebracht: »In dieser puritanisch kahlen, von einer hohen Palisade umgebenen Stadt hat Friedrich Wilhelm I. gelebt, hier ist er gestorben. Sein Tod bedeutete den Anbruch einer neuen Ära, einer Ära des Glanzes, deren Strahlen heute Potsdam übersonnen und in alle Ewigkeit übersonnen werden. Denn nun kam der ›missratene‹ Sohn zur Regierung, Friedrich II., der Große, wie ihn die Geschichte preist. Er kam aus Rheinsberg, wo er, mehr der Enkel seines Großvaters als der Sohn seines Vaters, das Leben eines französischen Grandseigneurs geführt, und er brachte nach Potsdam aus Rheinsbergs heiterer Tafelrunde einen Chevalier Bernin mit, den das Schicksal ausersehen hatte, nun der Baumeister dieser Stadt zu werden. Das war Hans Georg Wenzelslaus von Knobelsdorff (1699–1753), ein früherer Offizier und als Architekt, der er, der Schüler Pesnes, auf dem Umwege über die Malerei geworden war, eigentlich ein Dilettant. Aber ein Dilettant von feinstem Stilgefühl und ursprünglichster Begabung, der auf Reisen durch Frankreich und Italien zu absoluter Beherrschung der klassischen Formensprache weitergebildet war.«

Ein Wort zu der erwähnten Palisade: Auf dem Bornstedter Höhenzug, unterhalb dessen der Marlygarten angelegt worden war, der übrigens auch weiterhin als Kräutergarten diente, hatten einst Eichen gestanden. Diese waren auf Befehl Friedrich Wilhelms gefällt worden, um damit das auf sumpfigem Boden gelegene Potsdam zu befestigen. Die Höhen waren also kahl.

Ein Dilettant war natürlich auch König Friedrich II. selbst. Er war nie in Italien gewesen, kannte die italienische Architektur – auch die der Antike – nur aus Büchern, in denen er häufig blätterte und las. Trotzdem glaubte er oft, vieles besser zu wissen als seine Architekten, die ihm mitunter widersprachen, was der absolutistische Herrscher

EXKURS
Friedrich II.: Gedächtnisrede auf Knobelsdorff

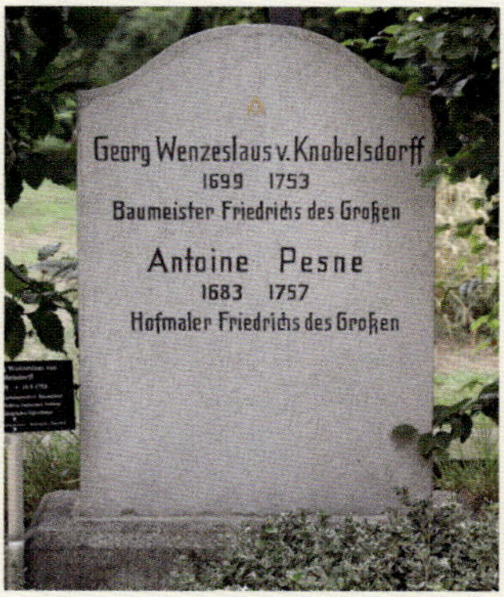

»Hans Georg Wenceslaus Freiherr von Knobelsdorff wurde am 17. Februar 1699 geboren. Sein Vater besaß die Ortschaft Cossar im Herzogtum Krossen. Seine Mutter war eine Baronin von Haugwitz.
Mit fünfzehn Jahren ergriff er den Waffenberuf. Er trat ins Regiment Lottum ein und machte bei ihm den Feldzug in Pommern und die Belagerung von Stralsund (1715) mit. Hier zeichnete er sich aus, soweit der enge Wirkungskreis des Subalternoffiziers es gestattete. Die Strapazen des rauhen Feldzuges und der bis an die Schwelle des Winters fortgesetzten Belagerung zerrütteten seine Gesundheit. Er bekam einen Bluthusten, bezwang die frühe Krankheit aber und diente trotz seiner zarten Gesundheit bis 1730 weiter. Dann quittierte er den Dienst als Kapitän.
Es ist ein Kennzeichen des Genies, daß es seinen natürlichen Neigungen unbezwinglich folgt und klar erkennt, wozu es geschaffen ist. Daher kommt es, daß so viele tüchtige Künstler sich selbst gebildet und sich neue Wege auf dem Gebiete der Kunst erschlossen haben. (...) Auch Knobelsdorff bildet ein Beispiel dafür. Er war zum Maler und zum großen Architekten geboren. Die Natur hatte ihm die Begabung geschenkt; es blieb der Kunst nur noch übrig, die letzte Hand anzulegen. (...) Er vernachlässigte kein Genre von der Historienmalerei bis zur Blumenmalerei, vom Öl bis zum Pastell. Die Malerei führte ihn zur Architektur. Hatte er die Bauwerke anfangs nur als Staffage für seine Gemälde benutzt, so stellte sich doch bald heraus, daß das, was er nur für eine Nebensache gehalten hatte, sein eigentliches Talent ausmachte.«

nicht gern sah. Nach und nach fiel jeder Baumeister bei ihm in Ungnade, auch Knobelsdorff. Dass Friedrich ihn dennoch zeitlebens geschätzt hat, geht aus der Gedächtnisrede des Königs auf ihn hervor. Zunächst also ließ Friedrich das Stadtschloss in Potsdam umbauen und erweitern, wie von Sternaux erwähnt, durch Knobelsdorff. Das Stadtschloss war als Hauptresidenz vorgesehen, doch nachdem das Weinbergschloss Sanssouci fertiggestellt war, bewohnte Friedrich es vor allem im Winter.

Und nun ist es genannt: Jenes Schloss, das der gesamten Park- und Schlossanlage später seinen Namen geben sollte, Sanssouci. Es gilt als Vollendung des friderizianischen Rokoko, und der Kunsthistoriker Wolfgang Braunfels positioniert es in der Reihe der kühnsten Erfindungen jener Epoche, gemeinsam mit dem Zwinger Augusts des Starken in Dresden und dem Belvedere des Prinzen Eugen in Wien. Eine architektonische Schöpfung ohne Parallelen, ein vollkommenes Gesamtkunstwerk.

Links: Eigenhändiger Entwurf Friedrichs II. für die Gartenterrassen (Federzeichnung, 1744).
Rechts: Der König zu Pferd im Siebenjährigen Krieg (Lithografie, 1860)

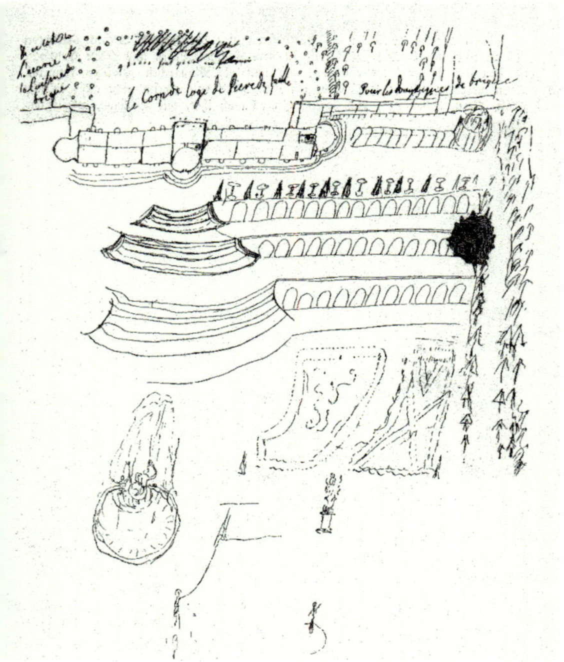

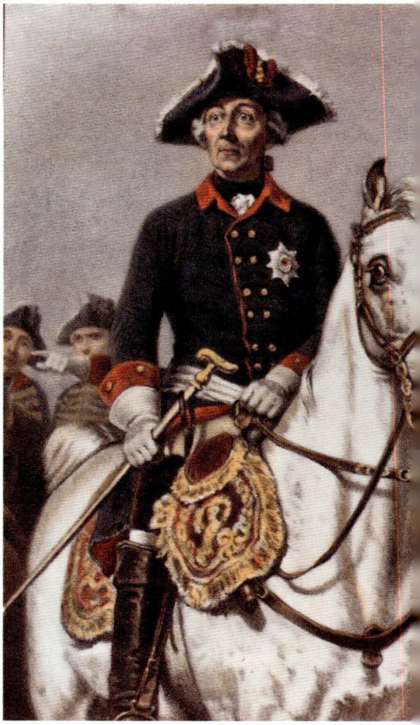

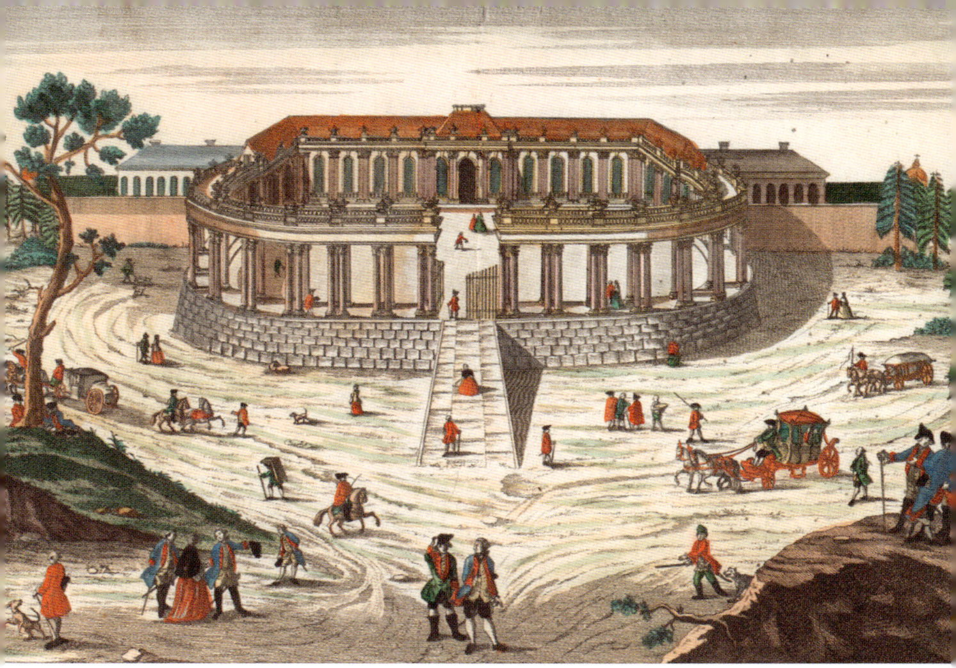

Die Nordseite von Schloss Sanssouci zur Zeit seiner Errichtung. Kupferstich, um 1750

Im Jahr zwischen dem Ersten und dem Zweiten Schlesischen Krieg (1743) bestellte Friedrich II. erste Weinstöcke und Feigenbäume für einen in Aussicht genommenen Weinberg, dazu kamen Pfirsich- und Aprikosenbäume. Im April 1744 bestimmte er das Areal für die Anlage und einen Monat später kaufte er noch ein Grundstück auf dem »wüsten Berg«, womit ein Teil des gerodeten Bornstedter Höhenzuges gemeint war. Am 9. August erhielt der Oberbaudirektor Friedrich Wilhelm Diterichs (1702–1782) den Befehl, die Weinbergterrassen zu schaffen, wie man sie heute noch vom Fontänenrondell aus bewundern kann. Einen Tag später, also am 10. August 1744, erklärte der König Österreich den Krieg. Der Zweite Schlesische Krieg (1744/45) begann. So war es oft bei Friedrich II.: Friedliches Aufbau- und kriegerisches Zerstörungswerk gingen Hand in Hand. Obwohl er Krieg führte, fand er in den kommenden Jahren noch Muße, Skizzen für sein Lustschloss und die Gartengestaltung zu entwerfen. Dessen Bau befahl er schriftlich am 13. Januar 1745 – der Krieg dauerte an und endete erst mit

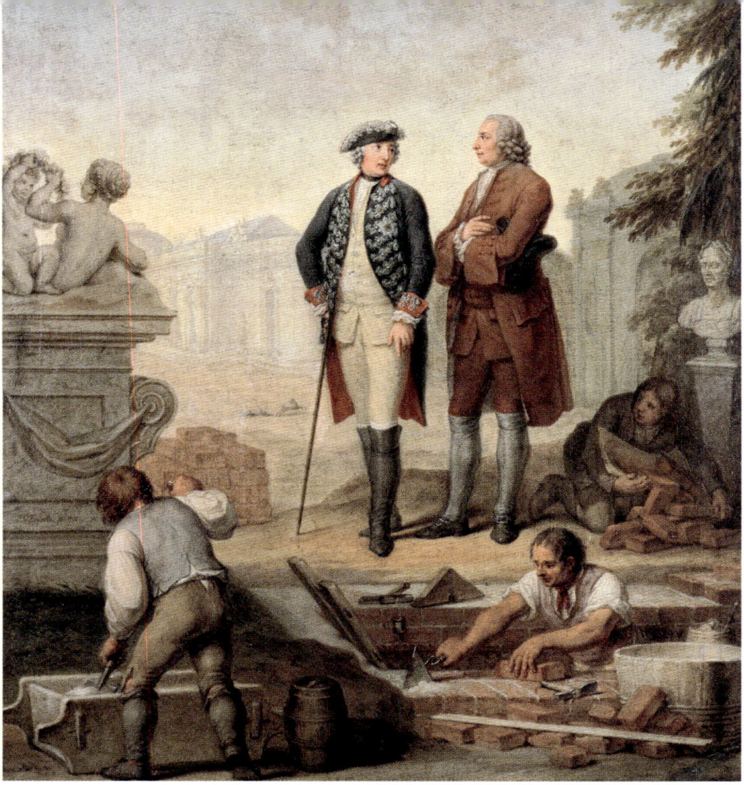

König Friedrich II. und der Marquis d'Argens inspizieren den Gruftbau in Sanssouci. Gemälde von Johann Christoph Frisch, um 1802

dem Friedensschluss von Dresden am 25. Dezember 1745. Schlesien wurde »für immer« preußischer Besitz. Auf der großen Terrasse auf dem Berg entstand dann nach Plänen von Knobelsdorff das Weinbergschloss, mit anderen Worten: Schloss Sanssouci. Am 1. Mai 1745 (immer noch herrschte Krieg) wurde es eingeweiht, obwohl noch nicht alle Räume fertig waren. Auf das Bauwerk wird an anderer Stelle genauer eingegangen.

Es folgten nach und nach weitere Bauten wie ab 1747 die Neuen Kammern als Orangeriegebäude, Theater-, Bankett- und Konzertsaal im Westlichen Lustgarten und als ihr Gegenstück die Bildergalerie im Östlichen Lustgarten (1755–64). Unter Friedrichs Ägide wurde der Französische Garten geschaffen, es entstanden das Chinesische Haus, Antiken- und Freundschaftstempel, Belvedere und Drachen-

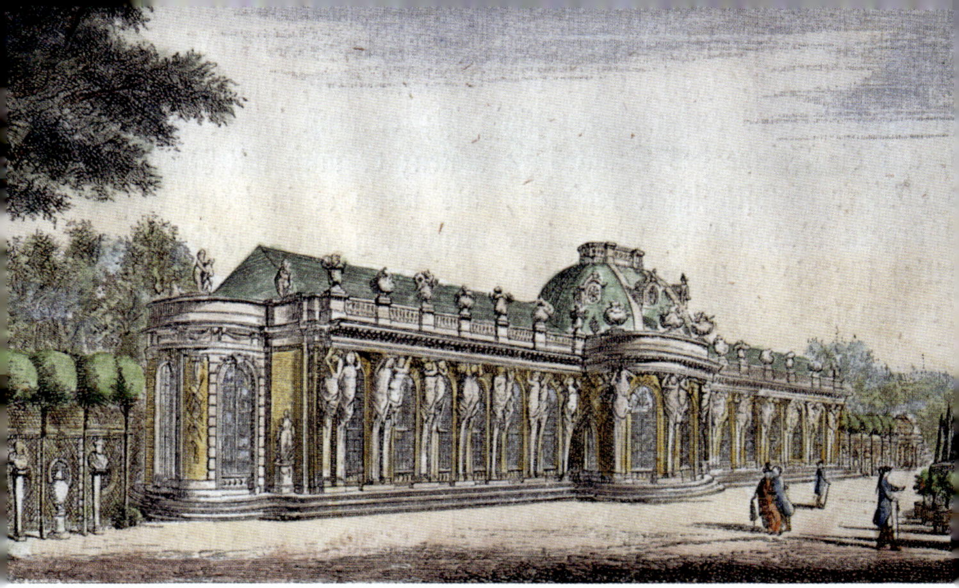

Südseite von Schloss Sanssouci. Radierung von Andreas Ludwig Krüger, 1780

haus, das Obeliskportal und der Obelisk sowie anderes mehr. Das wichtigste und größte Bauwerk neben dem Weinbergschloss ist zweifellos das Neue Palais mit den Communs und dem Triumphtor. Wieder ging dem Bau ein Krieg voraus: der Siebenjährige Krieg von 1756 bis 1763, der schon eine Art Weltkrieg war und katastrophale wirtschaftliche Folgen für die Bevölkerung der beteiligten Staaten hatte. Friedrich II. aber baute. Die neue militärische, politische und wirtschaftliche Macht Preußens, das nun endgültig zur Großmacht aufgestiegen war, bedurfte eines sinnfälligen Ausdrucks. So war es nicht als Wohnsitz des Königs geplant, sondern als Residenz für Gäste, die er beeindrucken wollte. Die Bauarbeiten, die von 1763 bis 1769 dauerten, »verschlissen« drei Architekten: Johann Gottfried Büring (1723–1788 oder später), der wegen Unstimmigkeiten mit dem eigenwilligen König sein Amt niederlegte, Heinrich Ludwig Manger (1728–1790), dem wir das Werk »Heinrich Ludewig Manger's Baugeschichte von Potsdam, besonders unter der Regierung König Friedrichs des Zweiten« verdanken, in dem er auch kritische Töne gegenüber Friedrich anschlägt, und schließlich, ab 1764 nach Bürings Weggang, Carl von Gontard (1731–1791).

GÄSTEBUCH

Nikolai Michailowitsch Karamsin (1766–1826)

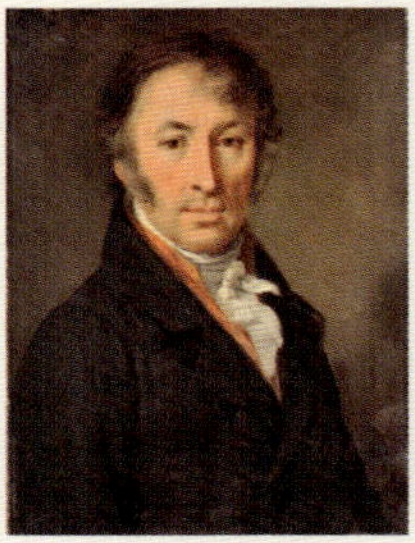

Der im Jahr 1766 im Dorf Michailowka im Gouvernement Simbirsk geborene Gutsbesitzersohn Karamsin begab sich im Mai 1789 auf eine Bildungsreise durch Deutschland, die Schweiz, Frankreich und England. Seine Reisebriefe an die Freunde wurden 1799–1801 als »Briefe eines Reisenden« veröffentlicht, fast zeitgleich erschienen sie in Deutschland (1799–1802) in der Übersetzung durch Johann Richter. Karamsin wurde später durch sein literarisches Werk bekannt, vor allem aber durch die unvollendete »Geschichte des Russischen Staates«, die ihm Weltruhm einbrachte. 1826 starb er. Auf seiner Reise besuchte er auch Sanssouci. Am 4. Juli 1789 schrieb er (Übersetzung Richter): »Nach Tisch ritten wir nach Sanssouci. Dieses Lustschloss liegt auf einer Anhöhe, von welcher man die Stadt und die umliegenden Gegenden übersieht. – Ein außerordentlich schönes Gemälde! Hier lebte Friedrich, nicht der König, sondern ein Philosoph – kein Stoiker oder Zyniker, sondern ein Philosoph, der das Vergnügen liebte und es in den schönsten Künsten und in den Wissenschaften zu finden wusste. Er wollte hier Einfalt mit Pracht vereinigen. Das Haus ist klein und niedrig, aber jeder, der es sieht, wird gestehen, dass es vortrefflich ist. Die innere Zimmerverzierung ist reich und geschmackvoll. In dem runden Marmorsaale muss man die Säulenordnung, die Malerei und den ausgelegten Fußboden bewundern. Die Zimmer, wo sich der König mit verstorbenen und lebenden Philosophen unterhielt, sind mit Zedernholz getäfelt. Von der Anhöhe stiegen wir auf Rasenstufen – die einander so geschickt decken, dass es von unten scheint, als sähe man nur einen grünen Berg – in den schönen Garten hinab, der mit marmornen Figuren und Gruppen verziert ist. Hier wandelte Friedrich mit seinem Voltaire und D'Alembert. Wo bist du jetzt? dacht ich – ein Klafter Erde fasst deine Asche. Dein Lieblingsaufenthalt, zu dessen Verschönerung du die geschicktesten Künstler riefest, steht jetzt verwaist und leer. – Aus dem Garten gingen wir in den Park, wo sogleich auf der linken Seite der Hauptallee das japanische Häuschen in die Augen fällt. Weiterhin, jenseits der steinernen Brücke, sieht man zu beiden Seiten vortreffliche Tempel. Darauf besahen wir den neuen Palast, den Friedrich mit wahrer königlicher Pracht erbaute. Das Innere übertrifft noch das Äußere an Glanz, und man erstaunt ebenso sehr über den Reichtum der Verzierung, als man den überall herrschenden Geschmack bewundert. Dieser Palast kostete dem (sic!) König über sechzig Millionen Taler.«

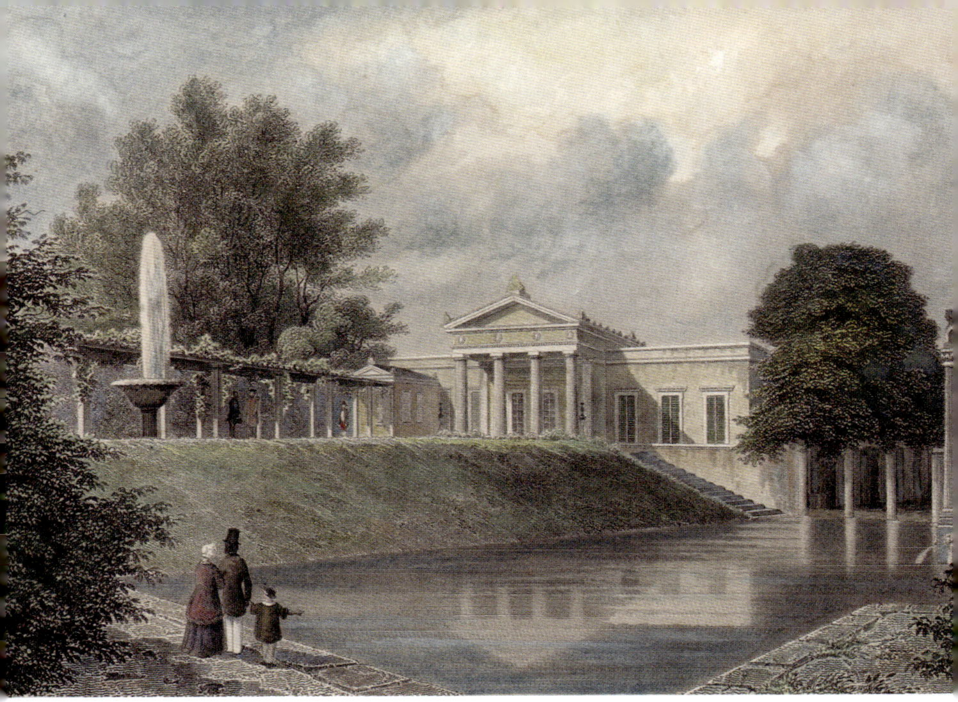

Schloss Charlottenhof bei Potsdam. Stahlstich von Julius Umbach, um 1850

Unter Friedrichs Nachfolgern Friedrich Wilhelm II. (1744–1797) und Friedrich Wilhelm III. (1770–1840) sank Sanssouci sozusagen in einen Dornröschenschlaf. Erst Friedrich Wilhelm IV. (1795–1861), der »Romantiker auf dem Thron«, küsste es wieder wach. Er war ein Bewunderer Friedrichs des Großen, verglich sich wohl auch mit ihm (vor allem auf künstlerischem und architektonischem Gebiet) und bezog schon 1815 dessen ehemalige Räume im Berliner Stadtschloss. Friedrich Wilhelm III. erwarb ein Areal südlich von Park Sanssouci, das er zu Weihnachten 1825 seinem Sohn, dem Kronprinzen Friedrich Wilhelm, und dessen Gemahlin Elisabeth Ludovika von Bayern schenkte. Der Kronprinz beauftragte keinen Geringeren als Karl Friedrich Schinkel (1781–1841) mit dem Umbau eines bereits vorhandenen Hauses: So entstand das Sommerschloss Charlottenhof. Zehn Jahre später erhielt der Kronprinz die Erlaubnis, auch im Schloss Sanssouci zu wohnen. 1840, also erst mit 45 Jahren, gelangte Friedrich Wilhelm auf den Thron. Sanssouci wurde

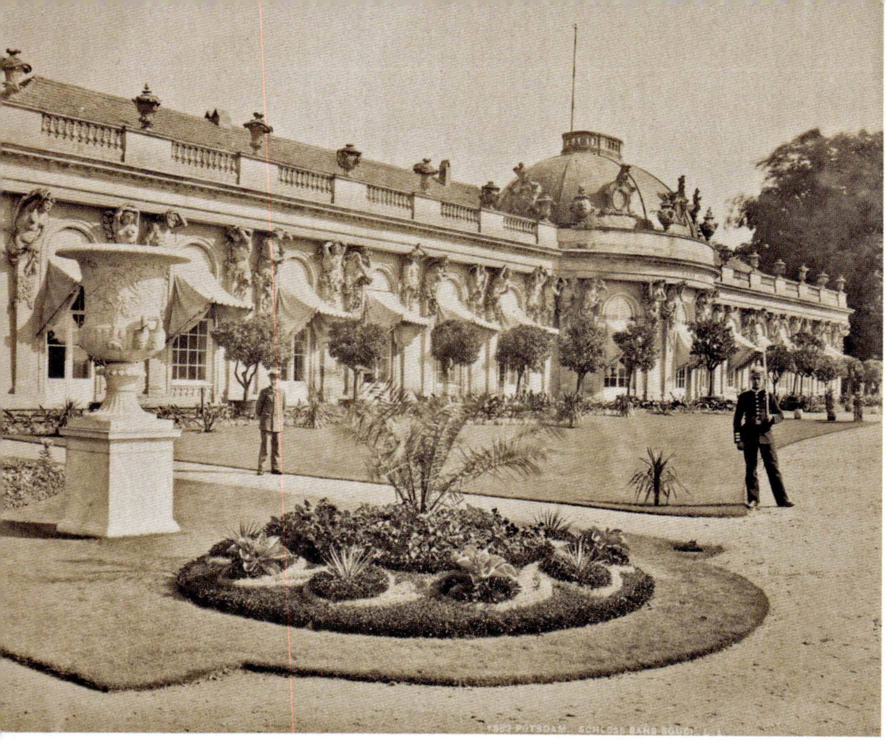

Schloss Sanssouci. Fotografie, um 1900

eine seiner Residenzen. Weitere Bauten wie die Römischen Bäder entstanden, der Englische Garten wurde angelegt.

Nach der Schaffung des Deutschen Reiches im Jahr 1871 stellte der erste Deutsche Kaiser Wilhelm I. Schloss Sanssouci als Museum zur Verfügung; es wurde so zu einem der ältesten Schlossmuseen Deutschlands. Nach dem Ersten Weltkrieg, der das Ende der Monarchie besiegelte, verblieb es bis 1927 im Besitz der Hohenzollern. Danach ging es in die Obhut der im selben Jahr gegründeten Verwaltung der Staatlichen Schlösser und Gärten über. Den Zweiten Weltkrieg überstand Sanssouci nahezu unbeschadet, die meisten Kunstwerke waren ausgelagert worden. Sie gelangten als Beutegut in die Sowjetunion und nur ein geringer Teil kehrte 1958 zurück. Heute ist es die Stiftung Preußische Schlösser und Gärten Berlin-Brandenburg, die die Bauwerke und den Park verwaltet – eine Sisyphosarbeit, da der Zahn der Zeit an allem nagt, auch am Weltkulturerbe.

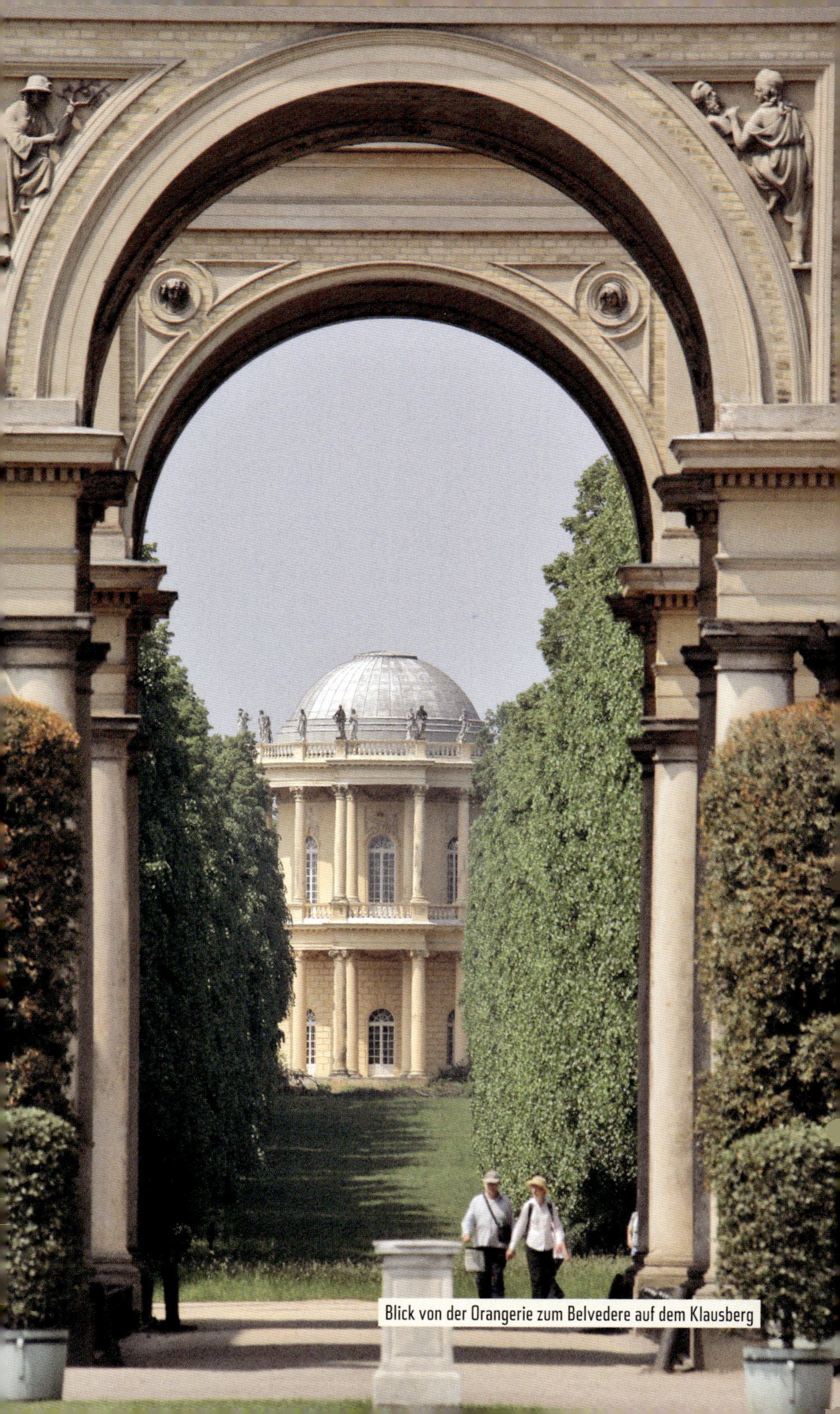

Blick von der Orangerie zum Belvedere auf dem Klausberg

DIE HAUPTALLEE

Obeliskportal, Rondelle, Rehgarten, Neues Palais, Communs und Kolonnade

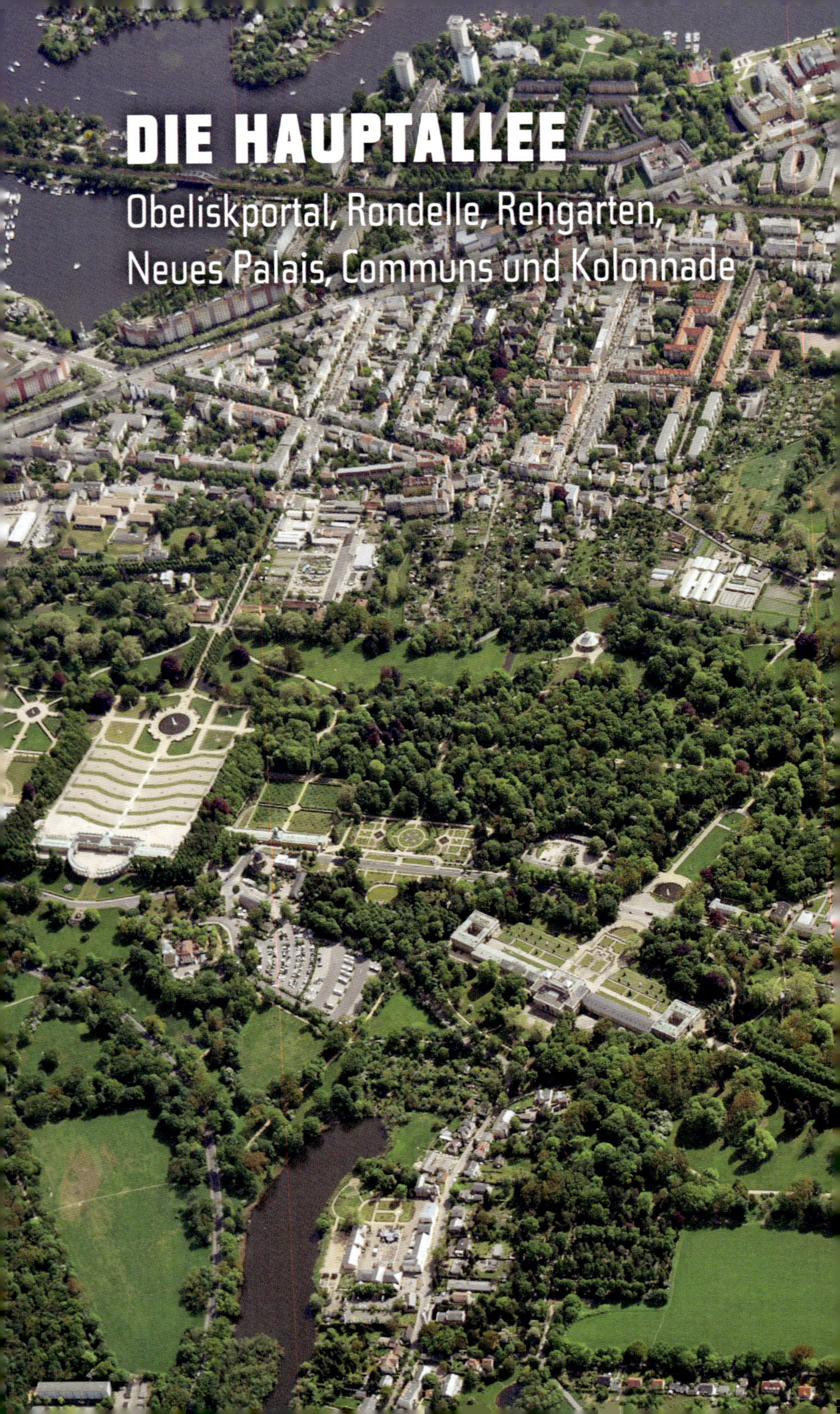

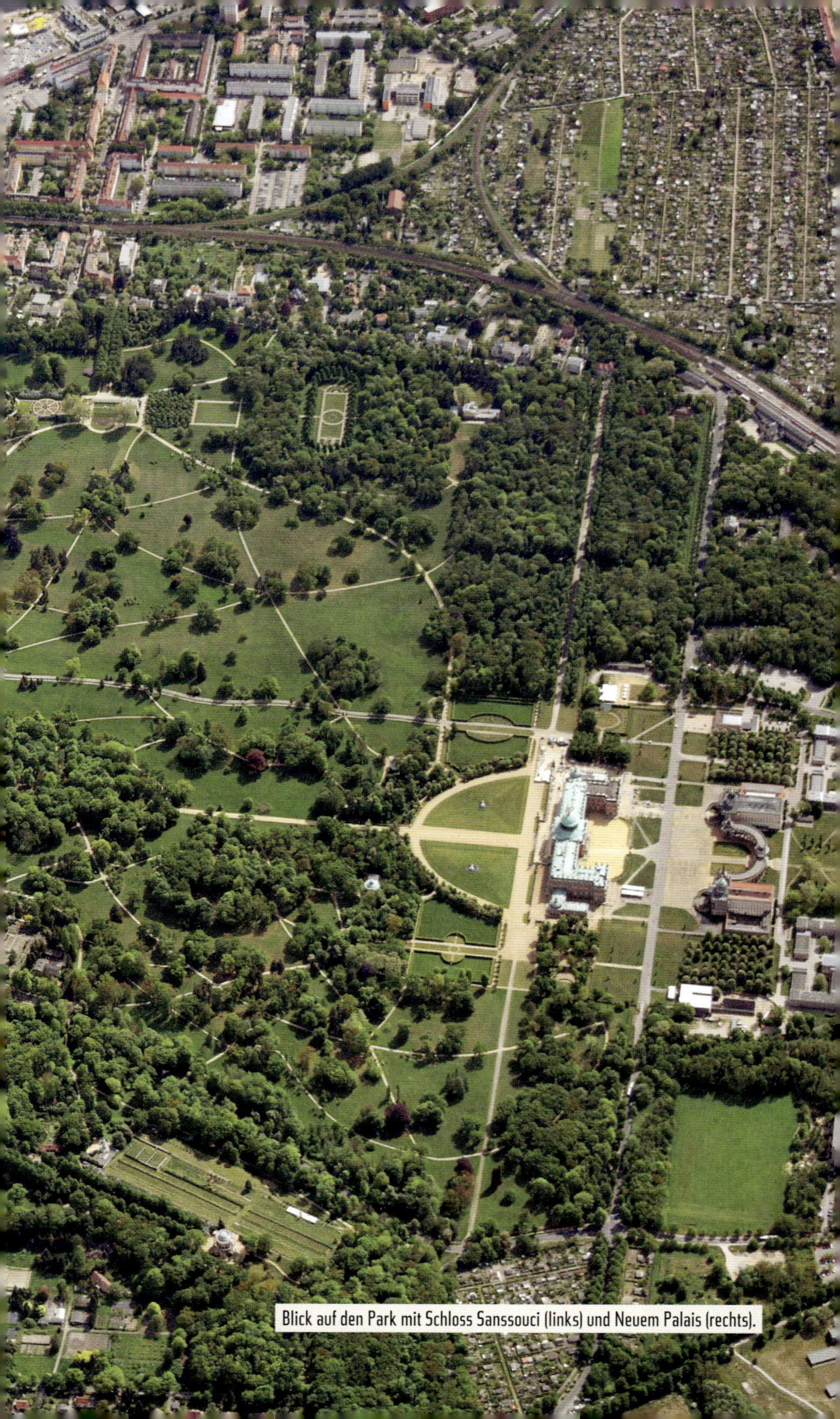

Blick auf den Park mit Schloss Sanssouci (links) und Neuem Palais (rechts).

Die Hauptallee beginnt in der Schopenhauerstraße am Obeliskportal und zieht sich etwa zweieinhalb Kilometer durch den ganzen Park bis zum Neuen Palais. Das Ausgangsportal des Parks entstand im Jahr 1747 und eröffnet eine gerade Allee, die eine Sichtachse auf das Gästeschloss Friedrichs des Großen bildet, ebenjenes Neue Palais. Die künstlerische Gestaltung des Ostausgangs legte der König in die Hände von Knobelsdorff, wobei sich Friedrich ein Pendant zum Gartenportal des Rheinsberger Schlosses wünschte, das ebenfalls von dessen Hand stammte. Die bildhauerischen Arbeiten übernahm Friedrich Christian Glume (1714–1752). Dieser Künstler wird uns noch häufiger begegnen.

Das **Obeliskportal** besteht aus zwei Säulengruppen mit je vier korinthischen Säulen unter einem Gebälk, auf dem sich eine Vase und Putten befinden. Den Säulen schließt sich je ein halbrundes Mauerstück an, auf dem weitere Vasen stehen und das in Treppen mit Nymphen endet. Nahe bei den Säulengruppen stehen die Bildwerke Glumes: eine Pomona und eine Flora, also die Göttinnen der Früchte und der Blumen. Sie verweisen auf den Park als Nutz- und Ziergarten. Das ganze Bildprogramm, so ist auf den ersten Blick zu erkennen, spielt auf die Antike an, für die sich zu damaliger Zeit viele Künstler und Denker interessierten, so auch der König.

Der Name des Portals verweist auf den **Obelisken,** der allerdings außerhalb der Parkanlage steht, an der heutigen Schopenhauerstraße. Weithin sichtbar ließ ihn Knobelsdorff 1747/48 an der Straße nach Bornim aufstellen. Dort bildet der fast 20 Meter hohe Obelisk aus Sandstein den imposanten Auftakt zur nicht minder beeindruckenden Gartenachse und markiert damit sozusagen den Wohnsitz der Majestät (so wie man heute vielleicht eine Fahne vor Residenzen aufzieht, wobei allerdings die Fahne nur eine temporäre Markierung darstellt, der Obelisk eine »ewige« – für die Ewige Majestät). Schon in Rheinsberg hatte Kronprinz Friedrich einen hölzernen Obelisken aufstellen lassen. Die Eingangssituation des Rheinsberger Schlosses wurde, wie bereits erwähnt, auf seinen Wunsch

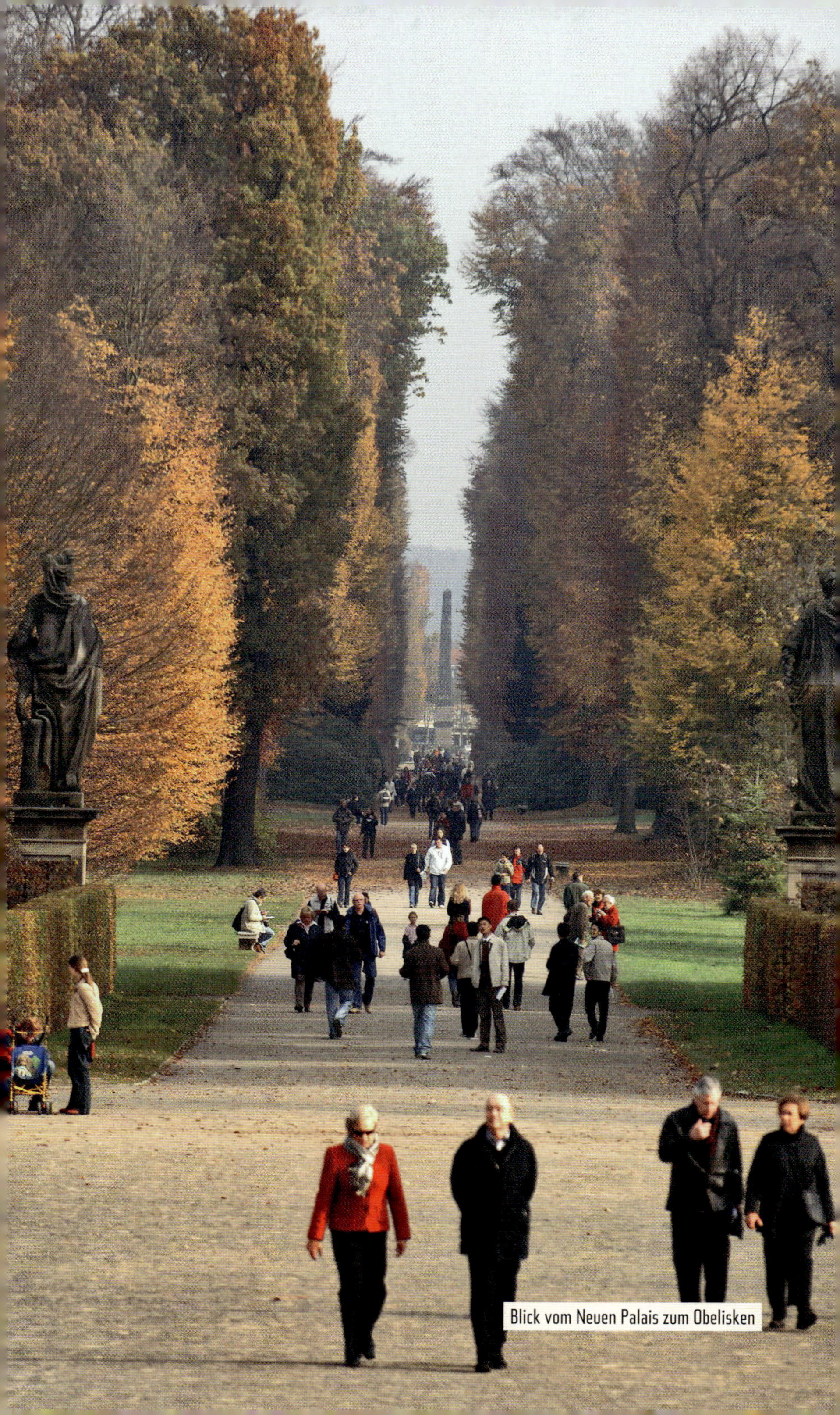

Blick vom Neuen Palais zum Obelisken

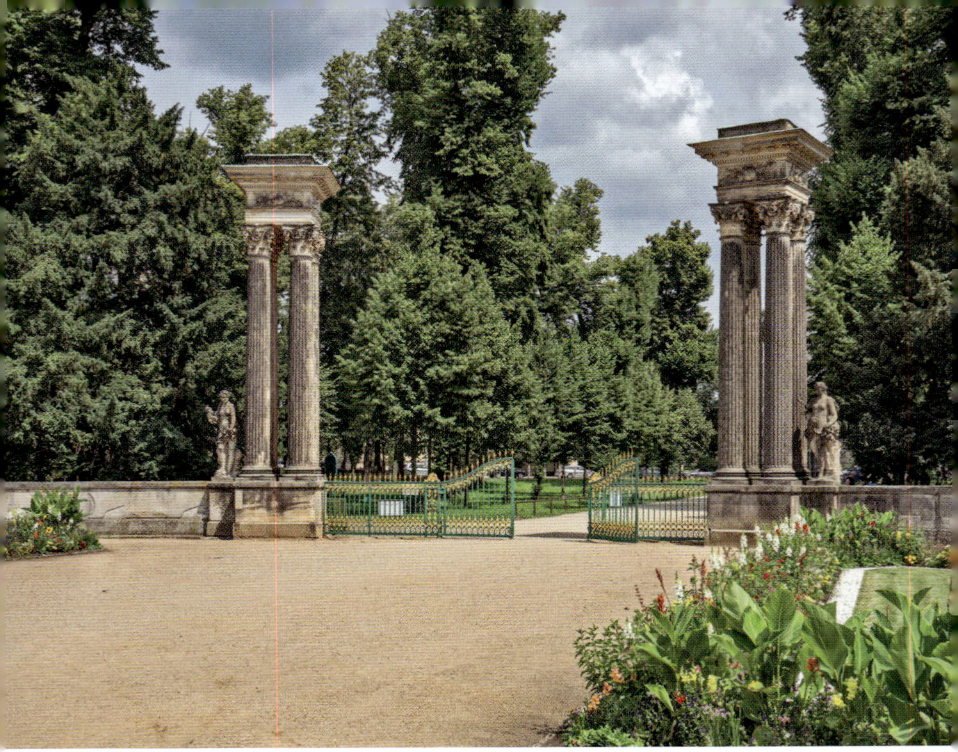

Durch das Obeliskportal betritt man die Hauptallee von Osten her.

hin auf den stadtseitigen Zugang zu seinem Lustschloss übertragen. So verwies Friedrich auf die Kontinuitäten zwischen Kronprinzen- und Königszeit, aber auch auf die Kontinuität von herrscherlicher Macht insgesamt: Der Obelisk steht als Zeichen für den Ursprung aller dynastischen Herrschaft, für das alte Ägypten. Ausgeführt wurde der Entwurf Knobelsdorffs mit den Fantasie-Hieroglyphen übrigens von einem der Gebrüder Hoppenhaupt, die maßgeblich an der Ausprägung des friderizianischen Stils beteiligt waren, und dem Steinmetz Johann Christian Angermann.

Der Obelisk steht am Beginn einer Zeitachse und einer Via triumphalis, als die man die Hauptallee auch lesen kann. So schreibt Saskia Hüneke in dem von der Stiftung Preußische Schlösser und Gärten herausgegebenen Amtlichen Führer »Bauten und Bildwerke im Park Sanssouci« dazu: »In der Abfolge der Hauptbildwerke von Osten her – Obelisk, antike Büsten, Mohren- und Oranierrondell –

ist der östliche Lustgarten in seiner Ikonographie auf die geschichtlichen Bezüge von der fernsten kulturellen Hochkultur (sic!) der Ägypter bis zur Zeit des Großen Kurfürsten mit seiner holländischen Orientierung ausgerichtet. Ergänzt wird dieses Programm durch Gestalten aus der antiken Mythologie ...«

Folgen wir also diesem Weg durch Zeit und Triumphe (denen auch Niederlagen folgen werden), indem wir den Garten durch das Obeliskportal betreten. Wenige Meter nach dem Tor findet sich eine

Friedrich Christian Glume

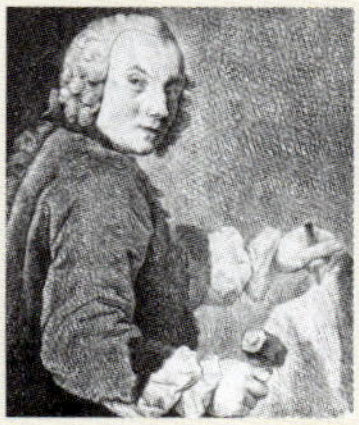

Geboren am 25. März 1714 in Berlin,
gestorben am 6. April 1752 ebenfalls in Berlin.

Nach einer Lehrzeit bei seinem Vater Johann Georg Glume (1679–1765), der die Gruft in der Potsdamer Garnisonkirche mitgestaltete und der das Denkmal für den Großen Kurfürsten in Rathenow schuf, begann Friedrich Christian seine Tätigkeit für den preußischen Hof um 1737 in Rheinsberg. Er schuf dort die meisten bildhauerischen Arbeiten sowohl im Gebäudeinneren als auch im Park, außerdem die Bauplastik. An der Ausstattung des Charlottenburger Schlosses, des neu erbauten Opernhauses in Berlin und des Stadtschlosses in Potsdam war er beteiligt. Auch die Kolonnaden des Lustgartens und des Reitstalles des Stadtschlosses sind sein Werk; mit der Tritonengruppe, den Fechtern und Reitern sowie mit den Pferdegruppen am Reitstall schuf er – abgesehen von seinen Arbeiten in Sanssouci – die bedeutendsten Werke des (friderizianischen) Rokoko. Die Arbeiten in Sanssouci nahmen ihn stark in Anspruch. Nach 1748 bis zu seinem Tod schuf er jedoch noch weitere Arbeiten anderswo, so die Grüne Treppe und die Fahnentreppe am Stadtschloss, den Skulpturenschmuck am Predigerhaus und an der Französischen Kirche in Potsdam.
Sein Bruder, Carl Philipp Glume (1724–1776), war ebenfalls Bildhauer. Zu Ehren der Bildhauerfamilie wurde eine Straße in Potsdam benannt: die zwischen Großer Weinmeisterstraße und Am Neuen Garten gelegene Glumestraße.

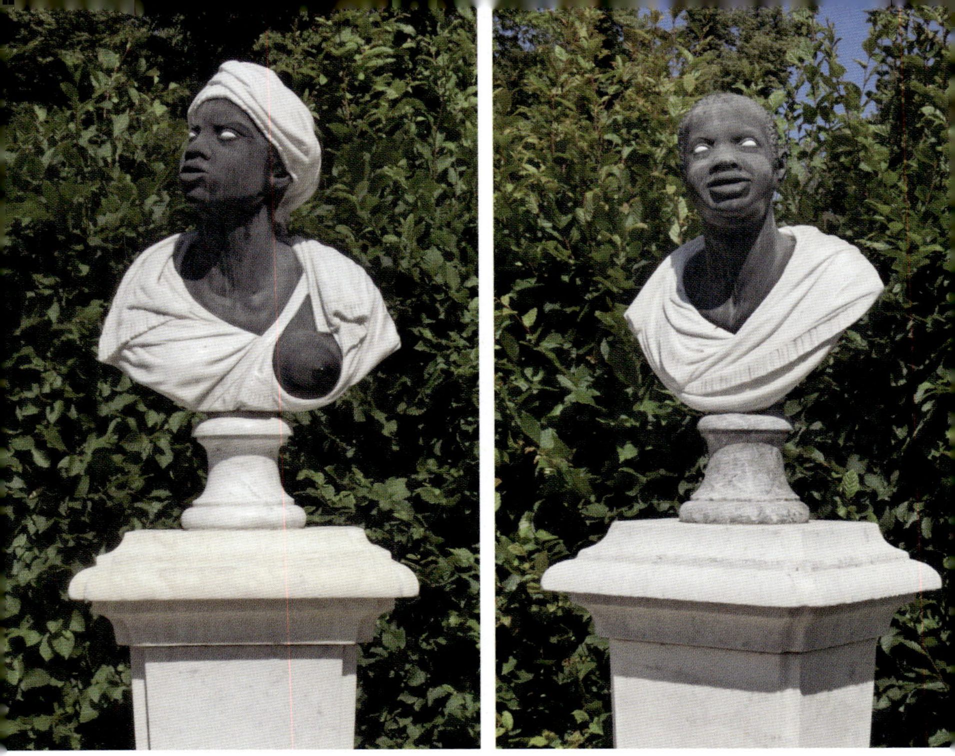

Erstes Rondell mit Büsten von: einer Afrikanerin und einem Afrikaner …

Reihe mit zwölf römischen Plastiken – also die Antike wie schon am Portal. Die Bildwerke stammen aus der Sammlung des französischen Kardinals und Dichters Melchior de Polignac (1661–1741), die ein Jahr nach seinem Tod mit einem Katalog auf dem Kunstmarkt angeboten und von Friedrich II. komplett erworben wurde. An dieser Stelle wurden nun Bildnisse von Jupiter und seiner Tochter Diana sowie von Mitgliedern der kaiserlichen Familie Roms aufgestellt, auch sie Symbole der Herrschaft entlang der »(Zeit-)Achse der Macht«.

Wenige Schritte weiter erreichen wir das erste Rondell, das frühere »Mohrenrondell«, das nun (wieder) **Erstes Rondell** genannt wird. Der inzwischen abgeschaffte Name stammt nicht aus der Entstehungszeit, sondern tauchte erstmals 1962 auf. Als Skulpturen im ersten Heckenkabinett der Hauptallee sind zwei römische Kaiser bzw. Philosophenbüsten zu sehen, außerdem vier antikisie-

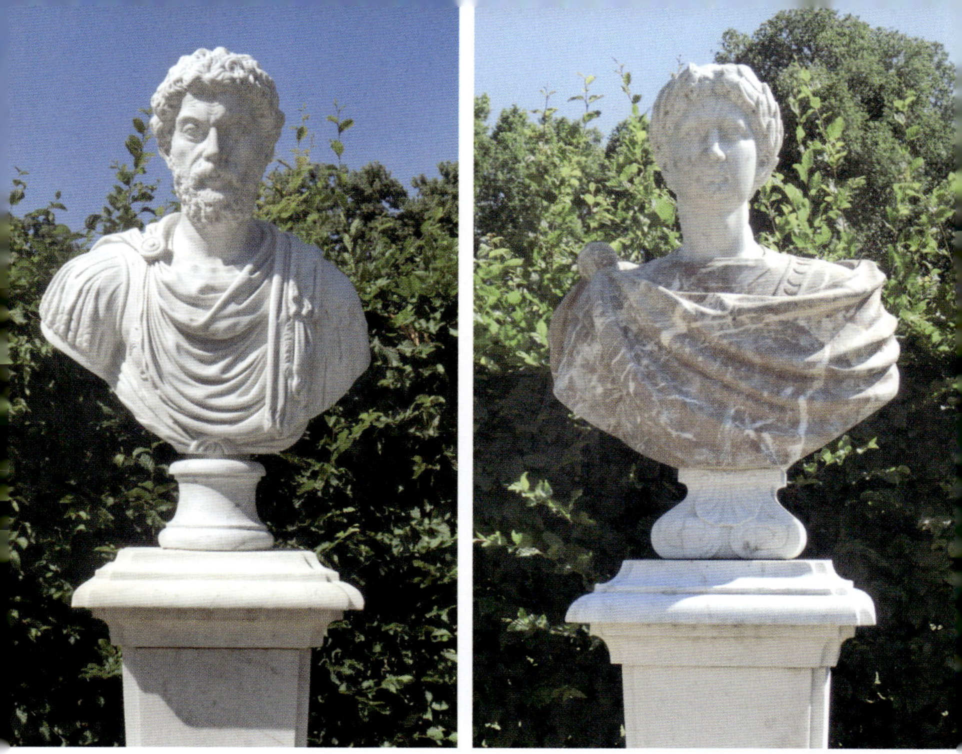

... sowie der römischen Kaiser Marc Aurel (links) und Titus Vespasianus (rechts)

rende Darstellungen schwarzer Menschen. Es sind Schöpfungen des 17. Jahrhunderts, die ursprünglich aus dem Besitz eines der niederländischen Verwandten des Preußenkönigs, Johann Moritz Fürst von Nassau-Siegen (1604–1679), stammten, der auch »der Brasilianer« genannt wurde, da er von 1636 bis 1644 Generalgouverneur in Niederländisch-Brasilien war. Die vier Büsten symbolisieren die »Zivilisierung« der »Wilden« durch die Europäer (unter deren Folgen man in vielen Teilen der Welt bekanntlich bis heute leidet). Eine Schautafel am Rondell erläutert die Thematik und auch den Beschluss, das Heckenkabinett umzubenennen.

Dem Ersten folgt das **Oranierrondell** mit der kleinen Fontäne. Auch hier stammen die meisten Büsten aus dem Besitz des »Brasilianers« und wurden von dem flämisch-wallonischen Bildhauer François Dieussart (1600–1661) um 1647 angefertigt. Die engen Verbindungen des Hauses Hohenzollern zum Haus der Oranier, die

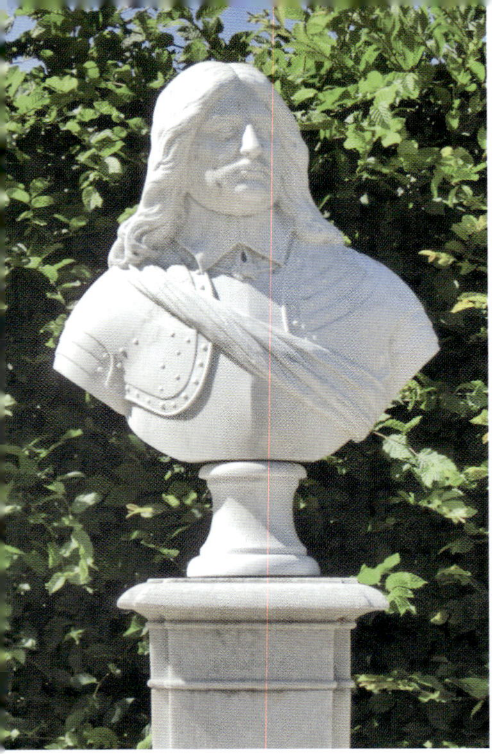
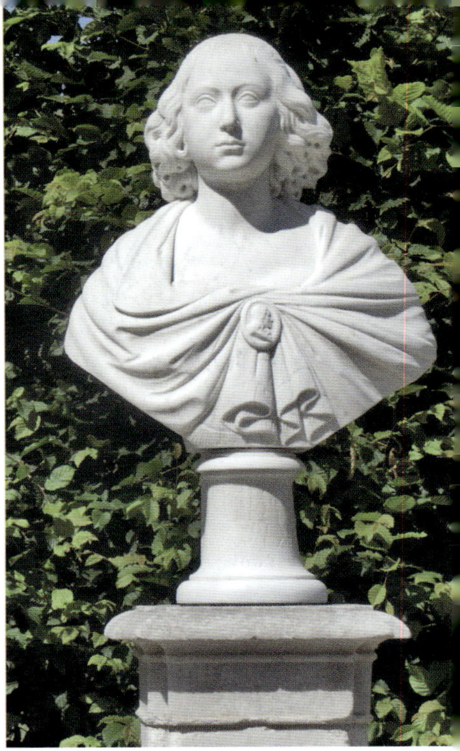

Oranierrondell mit Büsten von Kurfürst Friedrich Wilhelm (links) und Kurfürstin Luise Henriette von Brandenburg (rechts)

auf den Großen Kurfürsten zurückgehen, werden an dieser Stelle symbolisiert – daher fehlen der Kurfürst Friedrich Wilhelm von Brandenburg ebenso wenig wie seine Gattin Louise Henriette von Oranien-Nassau. Immerhin schuf die »Oranische Erbschaft« sogar Verbindungen zum englischen Thron, sodass sie in jeder Hinsicht wertvoll war; darüber hinaus verband eine Freundschaft Friedrich II. mit dem fast gleichaltrigen Oranier Wilhelm IV. und dessen Schwester Anna Charlotte Amalie. Diese enge Verbundenheit bewährte sich noch in den kommenden Kriegen, sodass die Anwesenheit niederländischer Zitate an Bauten und Gartenelementen nur logische Konsequenz ist – dazu gehört auch der Holländische Garten zwischen Oranierrondell und der Bildergalerie, die man rechts vom Rondell aus sehen kann. Wendet man den Blick nach links, entdeckt man etwas abgerückt die Skulptur des Gefesselten Satyrs, ein

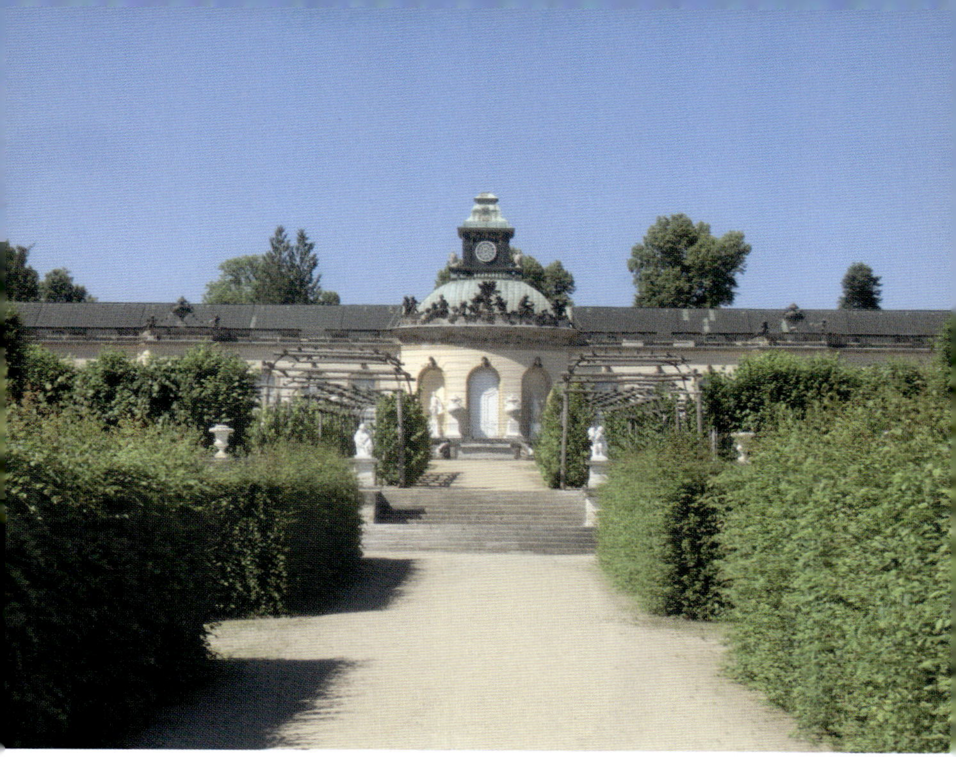

Blick vom Oranierrondell zur Bildergalerie

italienisches Marmorwerk aus der Zeit vor 1760, das hier erst 1938 aufgestellt wurde.

Einer der Höhepunkte jedes Sanssouci-Besuches ist natürlich das Fontänenrondell mit der **Großen Fontäne**, das auch Französisches Figurenrondell genannt wird. Von hier eröffnet sich der Blick auf die Weinbergterrassen und das Weinbergschloss, eines der sicherlich am häufigsten fotografierten Motive, und hier stoßen auch die beiden zuvor beschriebenen Achsen zusammen. Wir übergehen es daher an dieser Stelle, um uns ihm bei der Süd-Nord-Achse ausführlicher zu widmen (S. 65).

Es folgt der westliche Lustgarten mit den Bosketts, was so viel wie Wäldchen oder Gehölz bedeutet und in keinem barocken Garten fehlen darf. Es handelt es sich um von Hecken eingefasste Wäldchen, durch die gerade Wege zu eigenständigen Gartenräu-

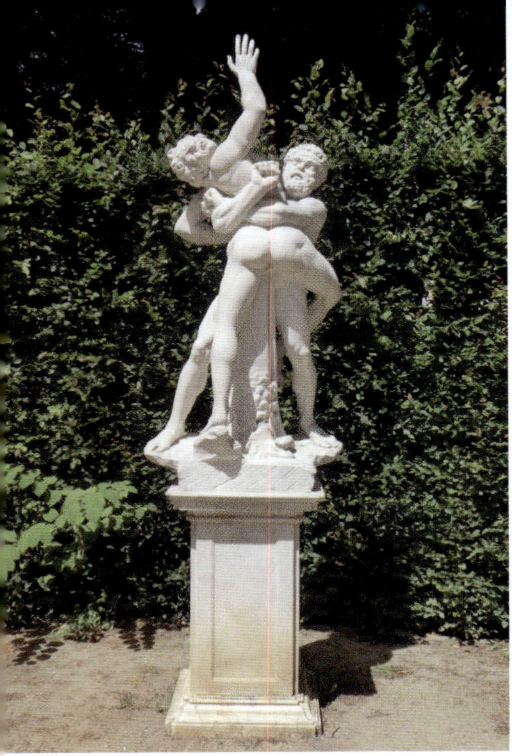

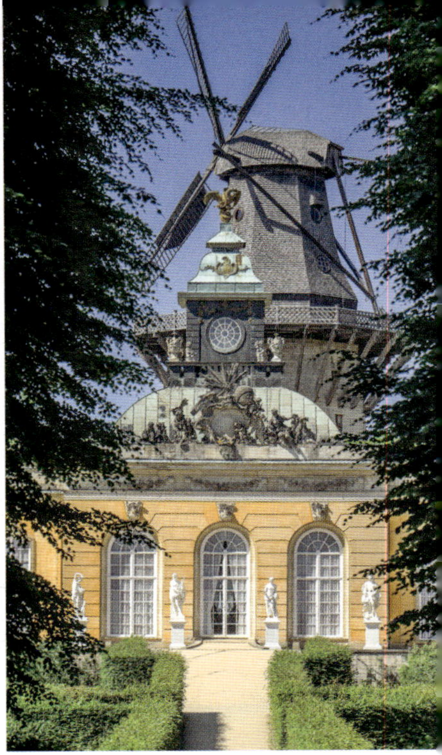

Skulptur von Herkules und Antaeus im Glockenrondell (links), Blick vom Glockenrondell auf die Neuen Kammern und die Historische Windmühle (rechts)

men führen, den sogenannten Cabinets oder Salons. Nach der fast überbordenden Ordnung der Gartengestaltung mit all ihren Symmetrien steht der »Wald« für das wilde und freie Leben, für Libertinage, für erotische Freizügigkeit, aber auch für die Gefahr des Verirrens und der Verirrungen (also durchaus auch für »gefährliche Leidenschaften«). Sieht man sich ein Luftbild an, wird schnell deutlich, dass auch die vermeintliche Wildnis durchgestaltet ist. In den Jahren 1746/48 wurden für immerhin 5.000 Taler Bäume aus der Baumschule Moerbeek bei Haarlem beschafft und angepflanzt, darunter Linden, Ulmen, Silber- und Stechpalmen, Flieder, Geißblatt, Jasmin u. a. Auch die beschnittenen Hecken an den Wegen und den drei Rundplätzen zeugen vom Wirken des Menschen, von seinen Eingriffen in die Natur oder davon, dass er sich die Natur untertan machen soll und ein Herrscher wiederum beide, Natur und Mensch.

Die Rundplätze sind das Rondell an der Glockenfontäne, das Musen- und das Entführungsrondell.

Das erste Rondell eröffnet nach rechts den Blick auf die Neuen Kammern. Es heißt auch **Glockenrondell** nach der Bildung einer besonderen Wasserglocke mit einem Vasenaufsatz nach dem Entwurf von Ludwig Persius (1803–1845) und Ludwig Ferdinand Hesse (1795–1876), um 1843/44 entstanden, also nicht aus der Friedrichzeit stammend. Dass »in Sanssouci viele Wasserspiele aus dem 19. Jahrhundert der Refriderizianisierung im 20. Jahrhundert zum Opfer fielen«, beschreibt das lesenswerte Buch »Zwischen Welt und Erbe. 10 Jahre Masterplan für die preußischen Schlösser und Gärten«, in dem man sich umfassend über die Erhaltungs- und Sanierungsmaßnahmen der SPSG informieren kann und das sowohl für Fachkundige als auch für Laien geschrieben ist. Ursprünglich umstanden acht Figurengruppen mit mythologischer Thematik das

Georg Franz Ebenhecht, auch Ebenhech oder Ebenhoch

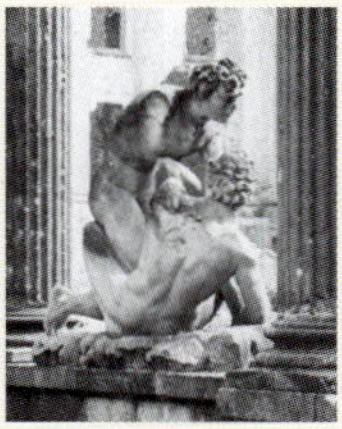

Geboren um 1710 in Kärnten oder Krain, möglicherweise auch in Lodersleben, heute ein Ortsteil von Querfurt, gestorben am 21. Februar 1757 in Berlin oder Leipzig.

Ebenhecht ist erst ab Anfang der 1740er Jahre in Leipzig fassbar, wo er eine Bildhauerwerkstatt eröffnete. Er folgte später einem Ruf an den preußischen Hof und wirkte sowohl in eigener Werkstatt als auch in der des (weitaus bekannteren) Franzosen François Gaspard Adam mit. Beide Künstler wurden 1751 zu Ehrenmitgliedern der Königlich-Preußischen Akademie der Künste und mechanischen Wissenschaften ernannt, eine Schöpfung des Kurfürsten Friedrich III. und ersten Königs in Preußen – hier firmierte er als Friedrich I. Ebenhech(t) war in Potsdam sowohl an der Ausschmückung des Stadtschlosses zu Zeiten Friedrichs II. als auch in Sanssouci tätig.

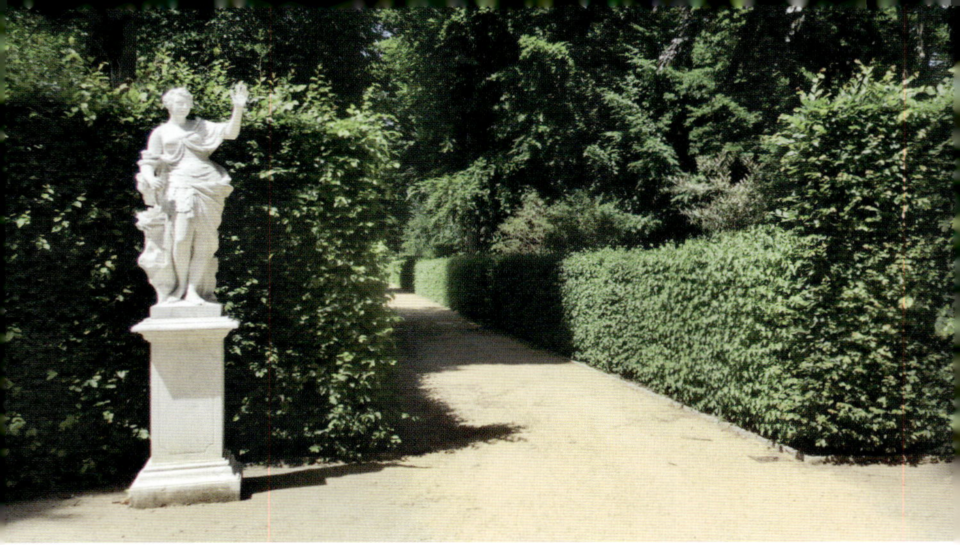

Die Skulpturen am Musenrondell wurden von F. C. Glume geschaffen.

Rondell, die von Georg Franz Ebenhecht (1710–1757) um 1749 aus vergoldetem Blei geschaffen wurden.

Heute stehen am Glockenrondell Skulpturen aus der Hauptallee oder anderen Parkbereichen, die zwischen 1787 und 1798 Ebenhechts Werke ersetzten, darunter Szenen aus der antiken Mythologie wie der Raub der Sabinerin oder Pluto und Proserpina.

Das nächste Rondell ist das **Musenrondell.** Die Skulpturen der acht Musen Kalliope, Klio, Erato, Thalia, Melpomene, Terspchore, Euterpe und Polyhymnia gehören zu den letzten Werken F. C. Glumes, die eine Art (tänzerischen) Reigen bilden und in ihrer – jedenfalls teilweisen – Leichtigkeit und Leichtfüßigkeit wohl dem Vorbild der französischen Künstler folgten, die ebenfalls für Sanssouci wirkten.

Danach folgt das **Entführungsrondell.** Es bildete den Endpunkt des gestalteten westlichen Lustgartens und enthält wieder Skulpturen von Ebenhecht. Der Name des Rondells weist auf die Thematik der Entführungen in der antiken Mythologie (hier der Entführung von Frauen, obwohl ja auch Knaben entführt wurden, wie Ganymed durch Zeus). Im Einzelnen handelt es sich um (wieder) Römer und Sabinerin, Pluto und Proserpina sowie Paris und He-

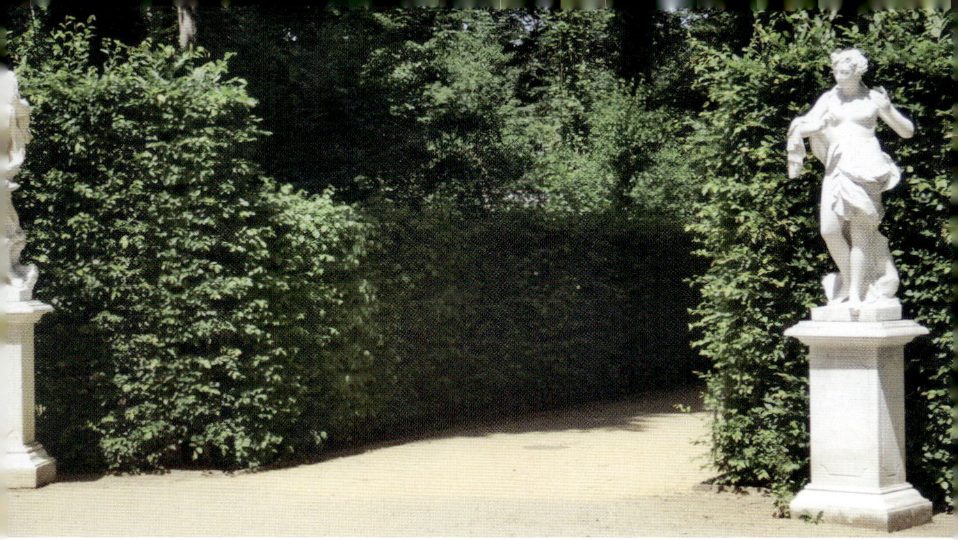

lena und Bacchus und Ariadne. Diese Entführungen korrespondieren mit der »Wildheit des Waldes« auch als Ausdruck der »Wildheit des Mannes« – wobei die gestalteten Bosketts, Cabinets und Salons ja nur scheinbar wild sind. Von diesem Rondell geht der Blick in nördlicher Richtung auf den Sizilianischen und den Nordischen Garten.

Nachdem die Gartenpartien am Weinbergschloss fertiggestellt waren, plante Friedrich II. die Erweiterung seines Parks nach Westen. Zunächst endete er nämlich an einer Mauer, die den Fasanen- und **Rehgarten** vom Park abtrennten, allerdings waren beide Bereiche durch Tore verbunden. Der Rehgarten war unter Friedrichs Vater, Friedrich Wilhelm I., ein Wild- und Jagdrevier. 1745 wurde die Fasanerie von einem Gelände unterhalb des Schlosses Sanssouci in den Süden des Rehgartens verlagert.

Als erster Schritt der Parkerweiterung wurde die Hauptallee 1746 verlängert; das Boskett geht nunmehr auf geradem Wege in den Rehgarten über, in einen noch waldartigeren und geheimnisvolleren Ort, der nach und nach zu einer Parklandschaft umgestaltet wurde. Eine 1750 geplante Grotte sollte den Abschluss der Via triumphalis bilden, deren Fundamente bis 1755 gelegt wurden.

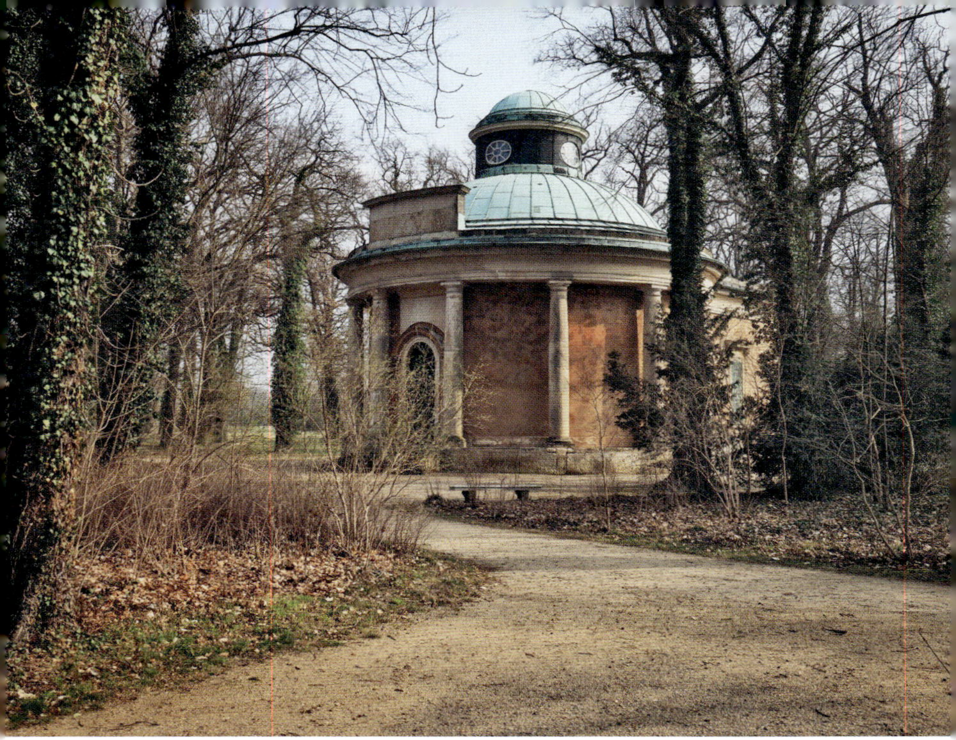

Antikentempel

Letztlich wurde sie aber nie errichtet, weil an ihrer Stelle das Neue Palais entstand. Die Mauer zwischen Bosketts und Rehgarten fiel erst 1763.

Beim Schlendern durch den Rehgarten erreicht man ein weiteres Rondell. Hier stand einst die 1751 von Knobelsdorff entworfene Marmor- oder auch Rehgartenkolonnade, deren Bau 1761 fertiggestellt wurde und an der sich auch Skulpturen von Ebenhecht befanden. Etwas mehr als 30 Jahre später war sie bereits so baufällig, dass sie 1797 abgetragen werden musste; ihre Säulen fanden beim Marmorpalais Verwendung, dem Sommersitz von Friedrichs Nachfolger Friedrich Wilhelm II. Heute nehmen das Rund die Attikaskulpturen (1754) eines Potsdamer Bürgerhauses ein, des sogenannten Plöger'schen Gasthofes, die bei dessen Abriss 1959 geborgen und hier aufgestellt wurden. Wendet man den Blick nach rechts, sieht man das unter Friedrich Wilhelm IV. erbaute Orangerieschloss.

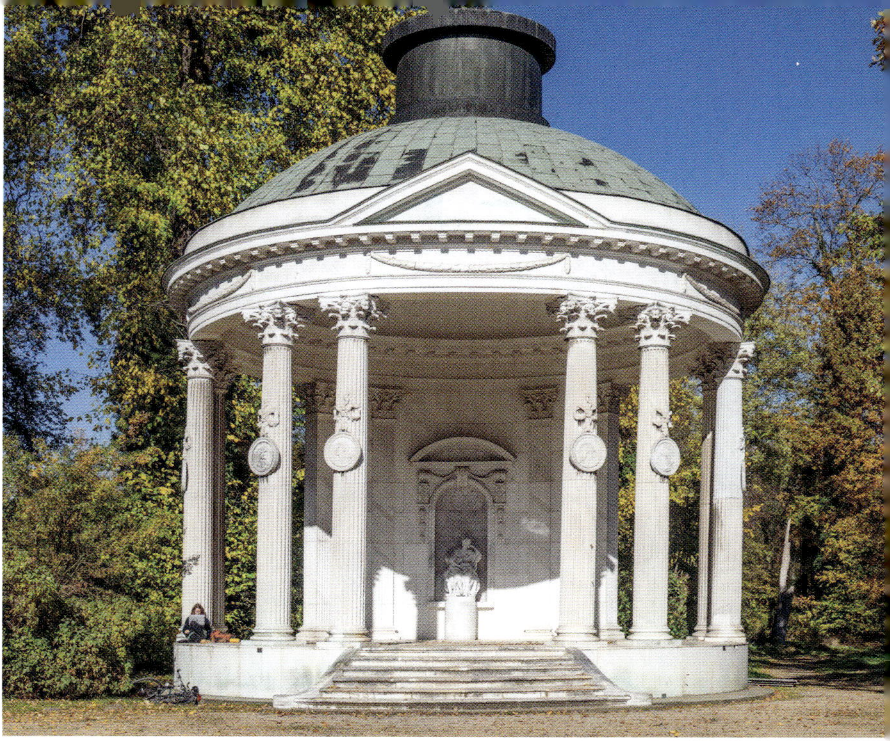

Freundschaftstempel

Wir nähern uns nun ohne Umschweife dem Neuen Palais. Da sie sich nicht weit vom Wege zu dessen beiden Seiten befinden, soll an dieser Stelle auf die beiden Tempel eingegangen werden: den **Freundschaftstempel** (linker Hand) und den **Antikentempel.** Der Weg zum Freundschaftstempel wird von einer Skulptur der Flora, der zum Antikentempel von einer Pomona markiert. Sie stehen hier erst seit 1955.

Wie viele Fürsten seiner Zeit war auch Friedrich II. ein Sammler von Antiken. Er erwarb etwa, wie schon erwähnt, die Sammlung des Kardinals Polignac. Zu den begehrten Objekten gehörten jedoch nicht nur Skulpturen, sondern oft auch Münzen oder Schmucksteine, sogenannte Gemmen (von dem lateinischen Wort gemma für Knospe oder Edelstein). So konnte Friedrich die Gemmensammlung des Barons Philipp von Stosch (1691–1757) ankaufen, einem der bedeutendsten Antikensammler des 18. Jahrhunderts und Gemmenfor-

Carl Philipp Christian von Gontard

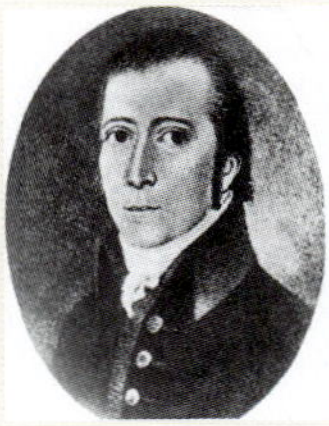

Geboren am 13. Januar 1731 in Mannheim, gestorben am 23. September 1791 in Breslau.

Der Name lässt es schon vermuten: Carl Philipp von Gontard entstammt einer hugenottischen Familie aus der Dauphiné. Sein Vater Alexander Ludwig war Ballettmeister am Theater in Bayreuth, und auch sein Sohn arbeitete zunächst als Ballettmeister an der Markgräflichen Oper. Doch es zog den jungen Mann zur Baukunst. Nach zweijährigem Studium in Paris und dem üblichen – und wohl auch notwendigen – längeren Italienaufenthalt wurde er Hofbaumeister der Markgräfin Wilhelmine von Bayreuth (1709–1758), der Lieblingsschwester Friedrichs II. Als nach dem Tod des Markgrafen Friedrich von Brandenburg-Bayreuth im Jahr 1763 ein sparsamer Nachfolger zur Herrschaft gelangte und die Bauaufgaben nachließen, trat Gontard ein Jahr später in den Dienst Friedrichs II. Der neue Angestellte wurde sofort zur Mitarbeit am Neuen Palais und dessen Nebengebäuden herangezogen. In der Folgezeit war er ein vielbeschäftigter Architekt; so schuf er u. a. in Potsdam das Große Militärwaisenhaus, die Stadtseite des Brandenburger Tores und eben Bauwerke in Sanssouci, in Berlin die Türme des Deutschen und des Französischen Doms, die Spittelkolonnaden und nicht mehr erhaltene Stadttore (Tore der Akzisemauer). Auch von Friedrichs Nachfolger Friedrich Wilhelm II. erhielt er wichtige Aufträge, darunter das Marmorpalais im Neuen Garten, Gontards Meisterwerk. Seine letzte Arbeit war das Holländische Etablissement, ebenfalls im Neuen Garten. Carl von Gontard zählt zu den bedeutendsten Künstlern des friderizianischen Rokoko.

scher. Um seine Sammlung kleinformatiger Stücke unterbringen zu können, beauftragte der König 1768 den Baumeister Carl von Gontard mit dem Bau des Antikentempels, der das römische Pantheon zitiert und damit auch einen Herrschaftsanspruch formuliert: Friedrich II. sah sich sozusagen als Nachfolger der Herrscher des Imperium Romanum, worin auch eine gewisse Hybris liegt, war das Pantheon

Johann Gottfried Büring

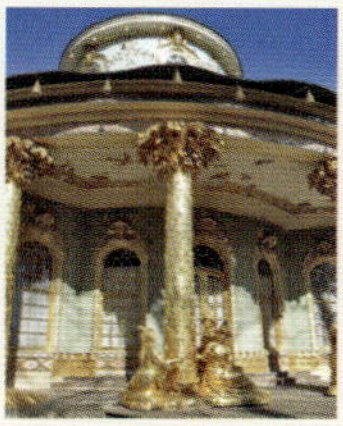

Geboren 1723 in Berlin oder Hamburg,
gestorben nach 1788 an unbekanntem Ort.

Johann Gottfried war der Sohn des in Berlin tätigen Hofzimmermeisters Johann Andreas Adam Büring; eine mögliche Ausbildung beim Vater ist nicht ausgeschlossen, kann aber nicht belegt werden. Warum seine Wahl auf die Architektur fiel, ist ebenfalls nicht bekannt. Jedenfalls nahm er Unterricht bei verschiedenen Künstlern und Baufachleuten, bevor er Kondukteur am Potsdamer Bauamt wurde und sich an der Terrassierung des Weinbergs am Südhang des Bornimer Höhenzugs beteiligte. 1754 folgte er einem Ruf Friedrichs II., der die Residenzstadt Potsdam umfassend verschönern wollte und dazu eine Baucomptoir genannte Hofbaubehörde installierte, an der Büring tätig wurde. Nach seinem ersten Werk, dem nicht mehr erhaltenen Direktionsgebäude der Königlich Preußischen Gewehrfabrique, schuf er das neogotische Nauener Tor und das Chinesische Haus im Rehgarten, dann war er maßgeblich an den Planungen des Neuen – auch Holländischen – Palais beteiligt. Kaum hatten die Arbeiten begonnen, fiel er wie viele Baubeamte beim König in Ungnade und wurde wegen des Vorwurfs falscher Rechnungsführung sogar in Haft genommen. Büring gelang die Flucht nach Sachsen. Nach der Thronbesteigung von Friedrichs Nachfolger wurde ihm die Bitte um Rückkehr gewährt, allerdings kam er nicht zurück. Nach 1788 verliert sich seine Spur. Seit 1996 gibt es in Potsdam-Kirchsteigfeld eine Büringstraße.

doch den Göttern vorbehalten. Seit 1921 dient der Antikentempel als Mausoleum für die sterblichen Überreste der im holländischen Exil gestorbenen letzten deutschen Kaiserin Auguste Viktoria.

Auch der Freundschaftstempel ist ein Werk Gontards. Friedrich beauftragte den Baukünstler 1768 mit der Schaffung eines Gedenkorts für seine zehn Jahre zuvor verstorbene Lieblingsschwester, die drei Jahre älter war als er und mit der ihn ein reger Briefwechsel verband. Der Tempel birgt eine überlebensgroße Sitzfigur der Markgräfin, eine einmalige Arbeit nicht so sehr wegen ihres künstlerischen Wertes, sondern weil es sich um eine Frau handelt. Bildhauer waren die Gebrüder Räntz aus der vor allem für die Markgrafen von Bayreuth tätigen Bildhauerfamilie Räntz: Johann David (1729–1783) und Johann Lorenz Wilhelm Räntz (1733–1776). An den Säulen des Tempels befinden sich Medaillons mit berühmten Freundschaftspaaren aus dem Trojanischen Krieg: Alles Männer!

Den Übergang vom Rehgarten (der nicht mehr so aussieht wie zu Friedrichs Zeiten, dazu später mehr) zum Neuen Palais bildet ein **Gartenparterre**, das 1767/69 als halbovaler Rasenspiegel mit am Rand aufgestellten Citrus-Kübeln angelegt, in der Folgezeit jedoch mehrmals umgestaltet wurde, so 1823 durch Peter Joseph Lenné (1789–1866). Nach dem Ende des Zweiten Weltkriegs wurde es in vereinfachter Form wiederhergestellt. 14 Marmorskulpturen nach römischen Antiken stehen am Rand des Halbkreises.

Treillage-Salon

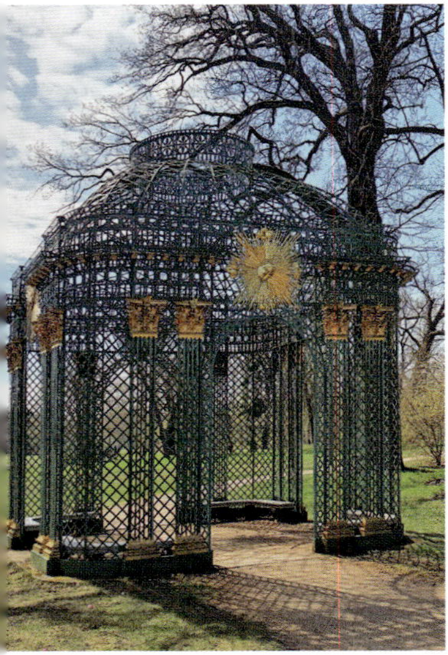

Heckentheater

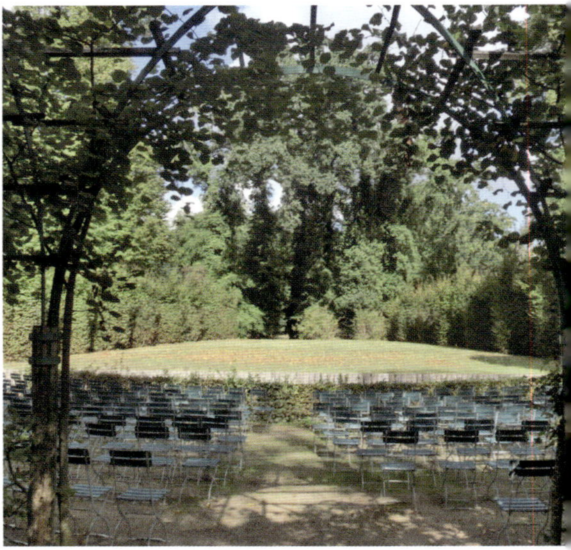

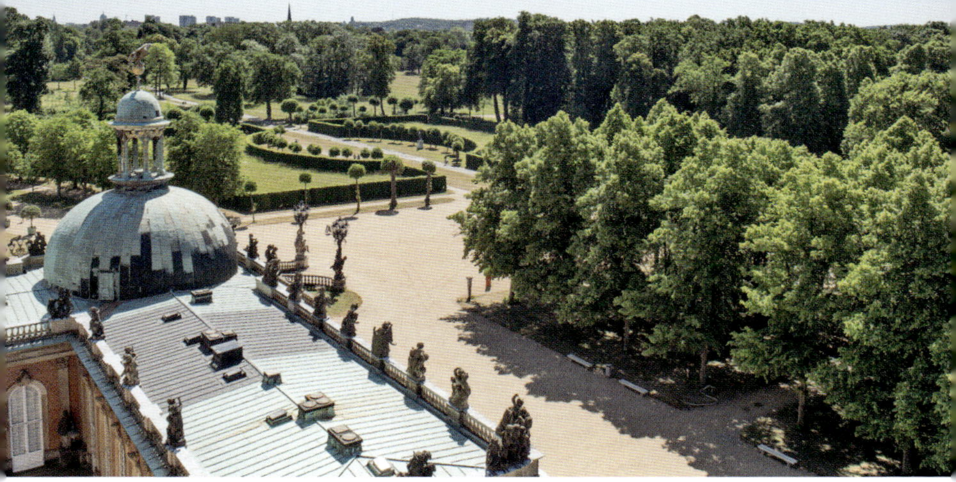

Blick vom Neuen Palais in Richtung Schloss Charlottenhof, links das Gartenparterre

Südlich des Neuen Palais steht ein sogenannter Treillage- oder Gittersalon von 1770 (er wurde 2000 restauriert), sein nördliches Gegenstück bildet das Heckentheater, das im Jahr 2012 rekonstruiert wurde. Der **Treillage-Salon**, auch Treillage-Pavillon oder Sonnenlaube genannt, ist ein Eisenpavillon, dessen Eingänge von goldenen Sonnen geschmückt werden und der Musikaufführungen diente. Das gilt auch für das **Heckentheater**, das der Hofgärtner Heinrich Christian Eckstein (1719–1756) für Lustbarkeiten im Freien schuf, mit denen der König sich selbst und seine Gäste zu unterhalten pflegte. Heute dient es als Spielort für den Theatersommer Sanssouci.

Doch nun zum **Neuen Palais.** Schon vom Obeliskenportal aus sichtbar, entfaltet es aus der Nähe seine ganze barocke Pracht. Friedrich II. nannte das Bauwerk, an dessen Realisierung mehrere Architekten beteiligt waren, eine Fanfaronade, eine Prahlerei. Ursprünglich war am westlichen Abschluss der Via triumphalis, also der Hauptallee, gar kein Schloss geplant, sondern es sollte in südlicher Verlängerung der Terrassenachse des Weinbergs am Havelufer entstehen. Und es war mehr als nur eine Prahlerei, nämlich eine

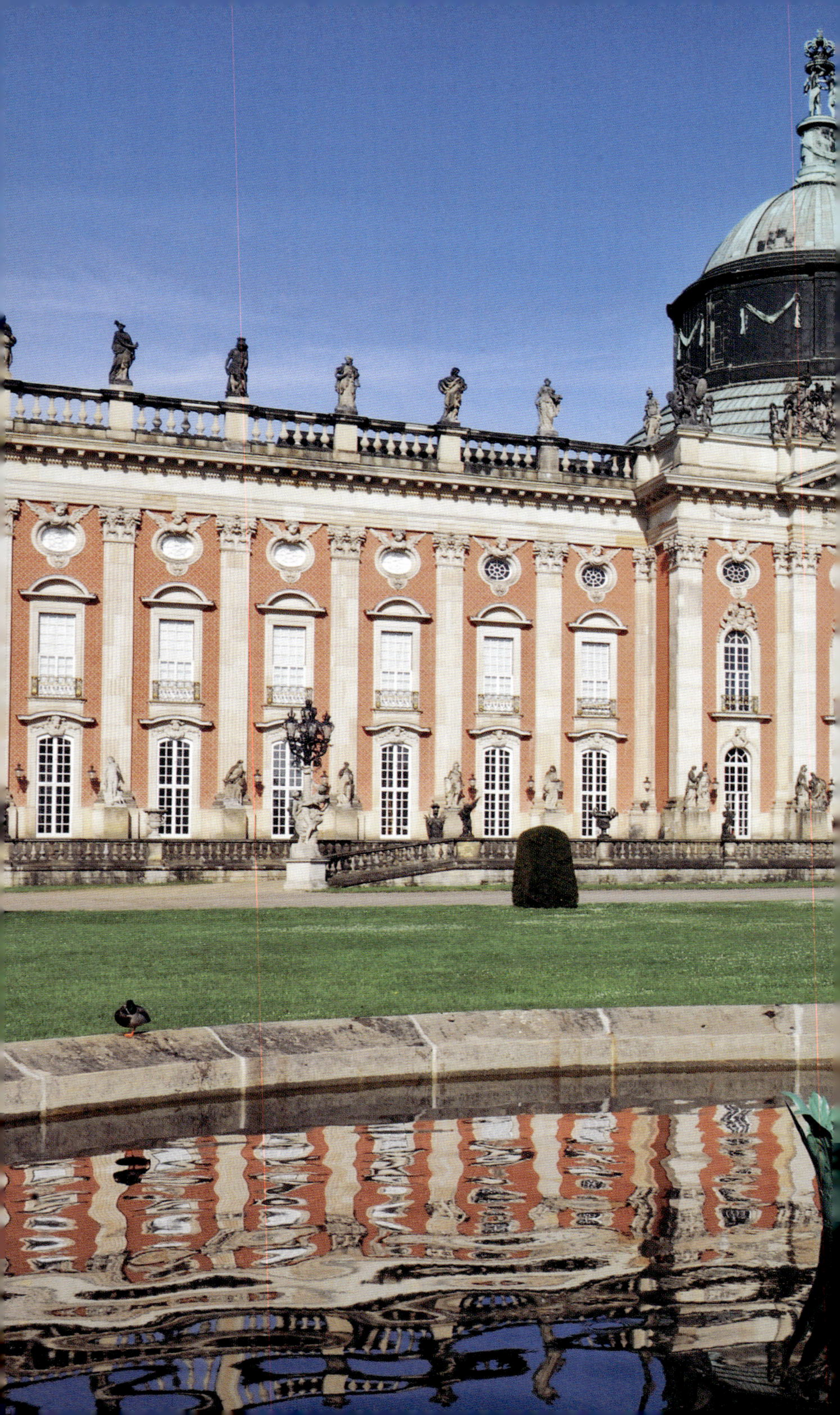

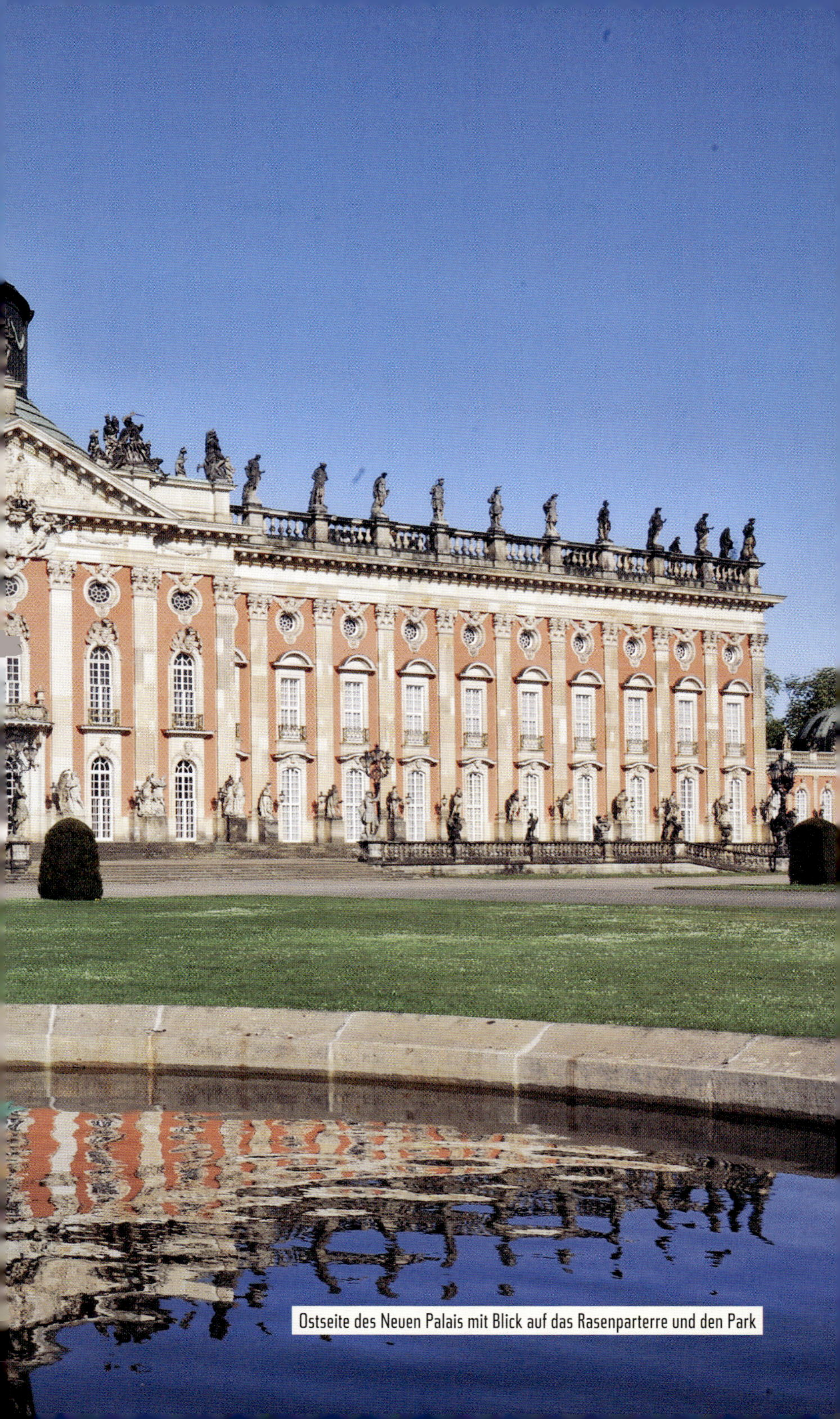

Ostseite des Neuen Palais mit Blick auf das Rasenparterre und den Park

Machtdemonstration nach dem Ende des für Preußen siegreichen Siebenjährigen Krieges.

Mitte der 1750er Jahre begannen die Planungen, in die sich der Monarch immer und immer wieder selbst einmischte, sehr zum Verdruss der Baumeister, wie schon beschrieben. Den Auftakt machten Johann Gottfried Büring (siehe S. 43) und Heinrich Ludwig Manger (siehe S. 50).

Die Planungen am Neuen Palais wurden von Carl von Gontard fortgeführt. Vom Rasenparterre aus wirkt das Gebäude mit seiner Ausdehnung von etwa 220 Metern bereits imposant, von der anderen Seite fällt dann auf, dass es sich um eine Dreiflügelanlage mit kurzen Seitenflügeln handelt, die einen Cour d'honneur einfassen, einen Ehrenhof. Dieser Schlosstyp wurde in der französischen Renaissance entwickelt und ist für die symmetrischen Schlossbauten des Barock typisch. Den Ehrenhof umgeben die Flügel und das Corps de logis, der vornehmlich zum Wohnen gedachte Teil des Bauwerkes.

Die zweiflügelige Anlage des Neuen Palais mit Ehrenhof

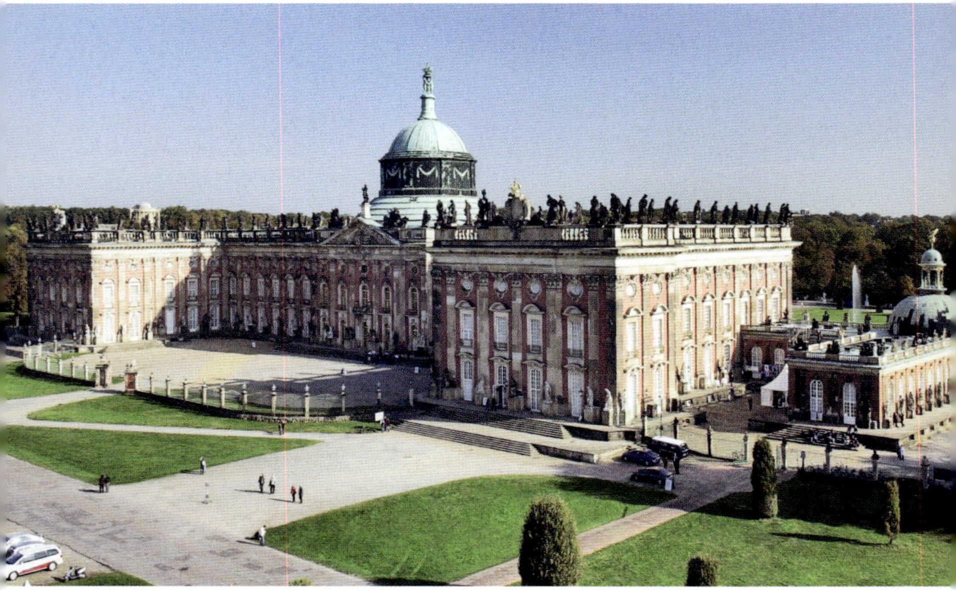

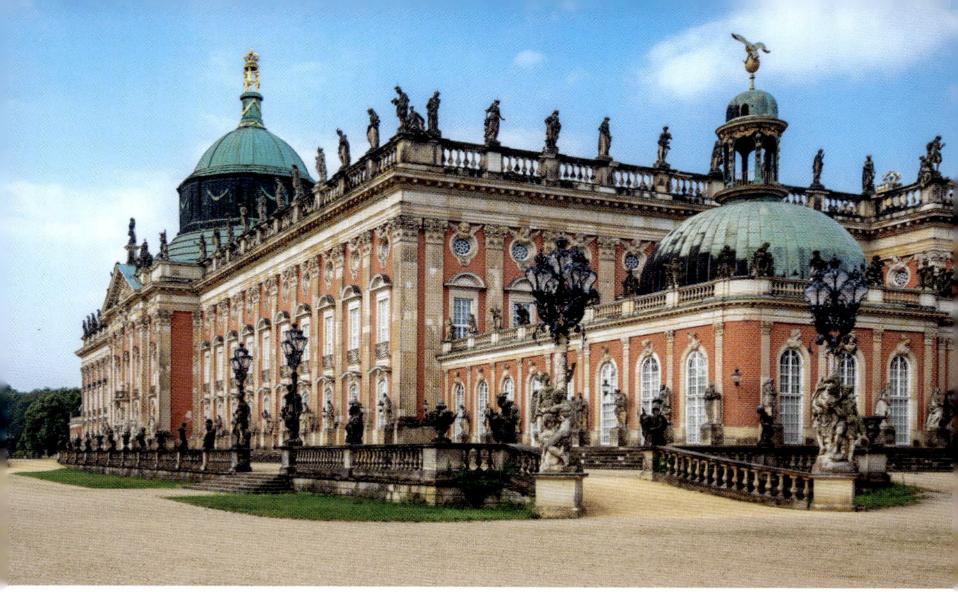

An der Fassade des Neuen Palais findet sich reichhaltiger Figurenschmuck.

So ist es auch beim Neuen Palais, das zudem aber auch noch zwei eingeschossige Nebentrakte aufweist. Die 55 Meter hohe Kuppel wird von drei Grazien bekrönt, die die preußische Königskrone tragen. Die Fassadengestaltung folgt englischen und holländischen Vorbildern, der rote Anstrich mit den aufgemalten Fugen imitiert unverputztes Ziegelmauerwerk. Auffallend ist der reiche plastische Schmuck aus Sandstein. Die Fassadenskulpturen stammen von Johann Peter Benkert (1709–1765/69) und Johann Gottlieb Heymüller (1718–1763), Christoph Wohler d. Ä. (1748–1799) und von den Gebrüdern Räntz.

Im Innern gliedert sich der Schlossbau in mehrere Flügel. Im Westen – in dem eingeschossigen Nebenbau – befindet sich der Friedrichsflügel mit den Wohnräumen des Königs, die er jedoch nur selten nutzte, im Osten der Hofdamenflügel. Der westliche Flügel zum Ehrenhof beherbergt das Theater, weshalb er Theaterflügel genannt wird, sein östliches Pendant ist der Heinrichsflügel – Namensgeber ist Friedrichs Bruder Prinz Heinrich. Die ungefähr 200 Räume sind repräsentativ ausgestattet, wobei auch hier der König maßgeblichen Einfluss auf Raumprogramm und Dekor genommen hat. Auf vier Räume soll näher eingegangen werden: den Grotten-

Heinrich Ludwig Manger

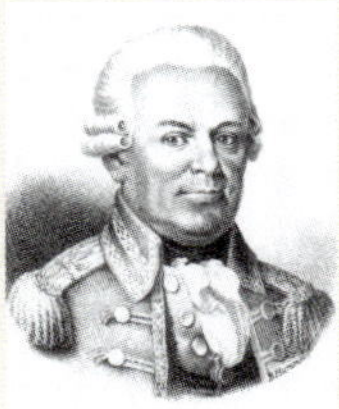

Geboren am 31. Juli 1728 in der sächsischen Kleinstadt Kitzscher in der Nähe von Leipzig, gestorben am 30. April 1790 in Potsdam.

Manger erging es nicht besser als Büring, denn er musste ein ähnliches Schicksal erdulden, auch wenn er nicht in den Zeitläuften verloren ging. Der Sohn eines Gärtners nahm Unterricht bei einem Leipziger Baumeister und ließ sich nebenher in Zeichnen, Mathematik und Physik unterrichten. 1753 erhielt er den Ruf nach Potsdam, wo er als Baukondukteur – als niederer Baubeamter – in die Baubehörde eintrat. Neben der Erstellung von Entwürfen mussten die Baukondukteure in der Regel auch Aufgaben eines Bauleiters ausführen. Manger machte Karriere: 1763 Bauinspektor, 1775 Baudirektor. Er war an der Ausarbeitung der Pläne für das Neue Palais beteiligt, beinahe ein Himmelfahrtkommando, wie sich herausstellen sollten, denn auch er fiel bei Friedrich II. in Ungnade. Unter den herbeigesuchten Vorwürfen der schlechten Geschäftsführung und Untreue wurde er inhaftiert, aus der Haft befreite ihn nach 14 Tagen der Tod des Königs. Dessen Nachfolger Friedrich Wilhelm II. restituierte ihn vollständig und ernannte ihn zum Oberhofbaurat und Königlichen Garteninspektor. Manger hatte sich schon lange für den Obstbau interessiert und führte nun die Oberaufsicht über alle Gärtner und Gartengebäude. H. L. Manger war im Übrigen auch schriftstellerisch tätig; so verfasste er einen dreibändigen Beitrag zur praktischen Baukunst. Posthum erschien sein als Quelle wichtigstes Werk »Heinrich Ludewig Manger's Baugeschichte von Potsdam, besonders unter der Regierung König Friedrichs des Zweiten«, in dem er die Bauakten veröffentlichte, die er entgegen Friedrichs ausdrücklichen Befehl nicht vernichtet, sondern in seinem Privathaus aufbewahrt hatte. Dass sich Manger darin durchaus kritisch mit den baulichen Wünschen seines Auftraggebers auseinandersetzt, ist nicht nur aus seiner Biografie zu erklären. Die Kritik besteht vor allem hinsichtlich konstruktiver Fragen oft zu Recht. Friedrich wollte Wirkung – von den technischen Problemen verstand er nichts.

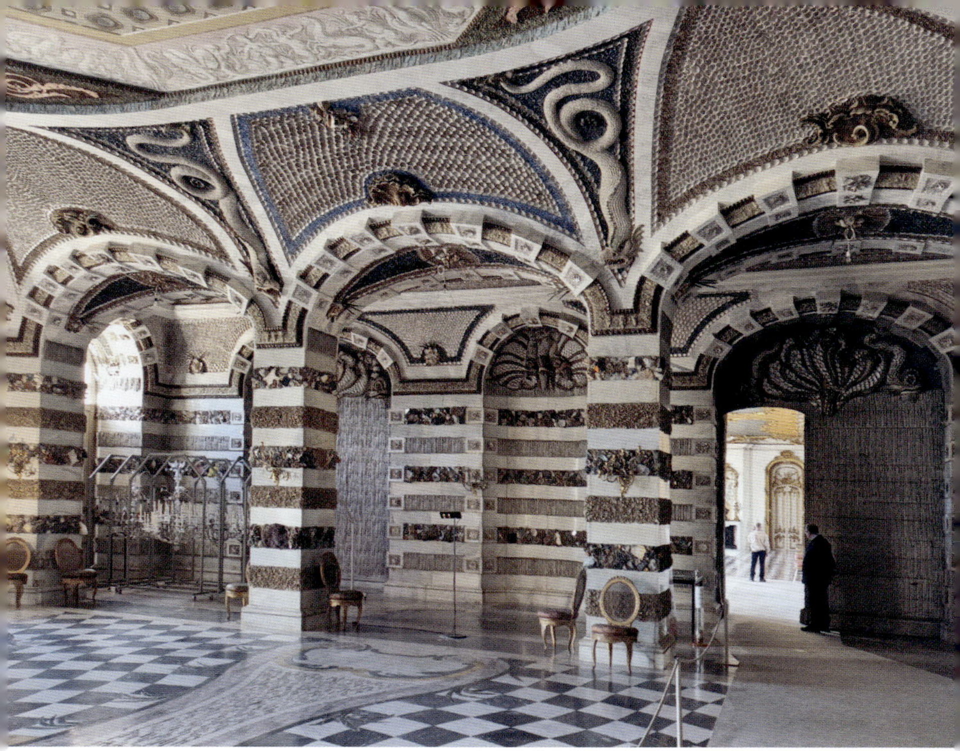

Grottensaal

und den Marmorsaal, die Marmorgalerie sowie das Schlosstheater. Die barocke Vorliebe für künstliche Grotten wurde hier in einem Raum umgesetzt, der durch Pfeilerstellungen in drei Teile gegliedert ist und etwas gedrückt wirkt. Brunnennischen mit Skulpturen vertiefen das Thema Grotte und Wasser, ebenso wie die Marmorinkrustationen des Fußbodens mit Meerestieren und -pflanzen. Die Ausstattung mit Mineralien, Fossilien und Muscheln stammt vom Ende des 19. Jahrhunderts. Als ebenerdiger Gartensaal (Sala Terrena) diente der **Grottensaal** – wie in vielen anderen Schlossbauten des 18. Jahrhunderts – auch als Saal für Feste und zur sommerlichen Abkühlung.

Die **Marmorgalerie** ist mit farbigem Marmor und nach dem Vorbild französischer Spiegelgalerien gestaltet, das dreiteilige Plafondgemälde zeigt die Tageszeiten. Der über dem Grottensaal befindliche **Marmorsaal** erstreckt sich über das Ober- und das Atti-

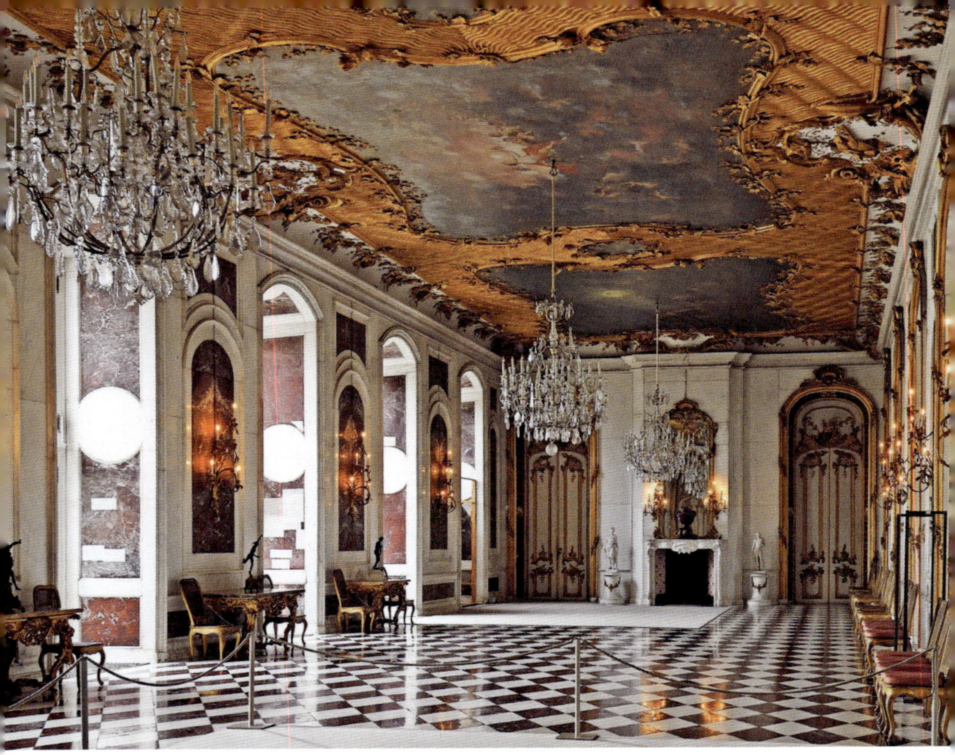

Marmorgalerie

kageschoss, gehört zu den Hauptsälen des Schlosses und diente festlichen Zwecken. Zwölf Marmorstatuen von Kurfürsten Brandenburgs und von römischen wie deutschen Kaisern sind darin aufgestellt (Kaiser des Heiligen Römischen Reiches Deutscher Nation wohlgemerkt). Da Friedrich der Große Theater und Oper liebte, gibt es natürlich auch ein **Schlosstheater**, das zu den schönsten Theaterräumen des Rokoko zählt – es wird bis heute bespielt. Das recht intim wirkende Theater wurde in Anlehnung an Kobelsdorffs Theater im Potsdamer Stadtschloss entworfen, der Zuschauerraum zeigt ein amphitheatralisch ansteigendes Parterre und durch vergoldete Hermen gegliederte Räume, aber keine Logen. Friedrich II. pflegte im Parkett zu sitzen. Der Skulpturenschmuck stammt von dem Zierratenbildhauer Johann Christian Hoppenhaupt d. J. (1719–1785), der mit seinem Bruder Johann Michael seit 1740 an der Ausstattung mehrerer preußischer Schlösser beteiligt war.

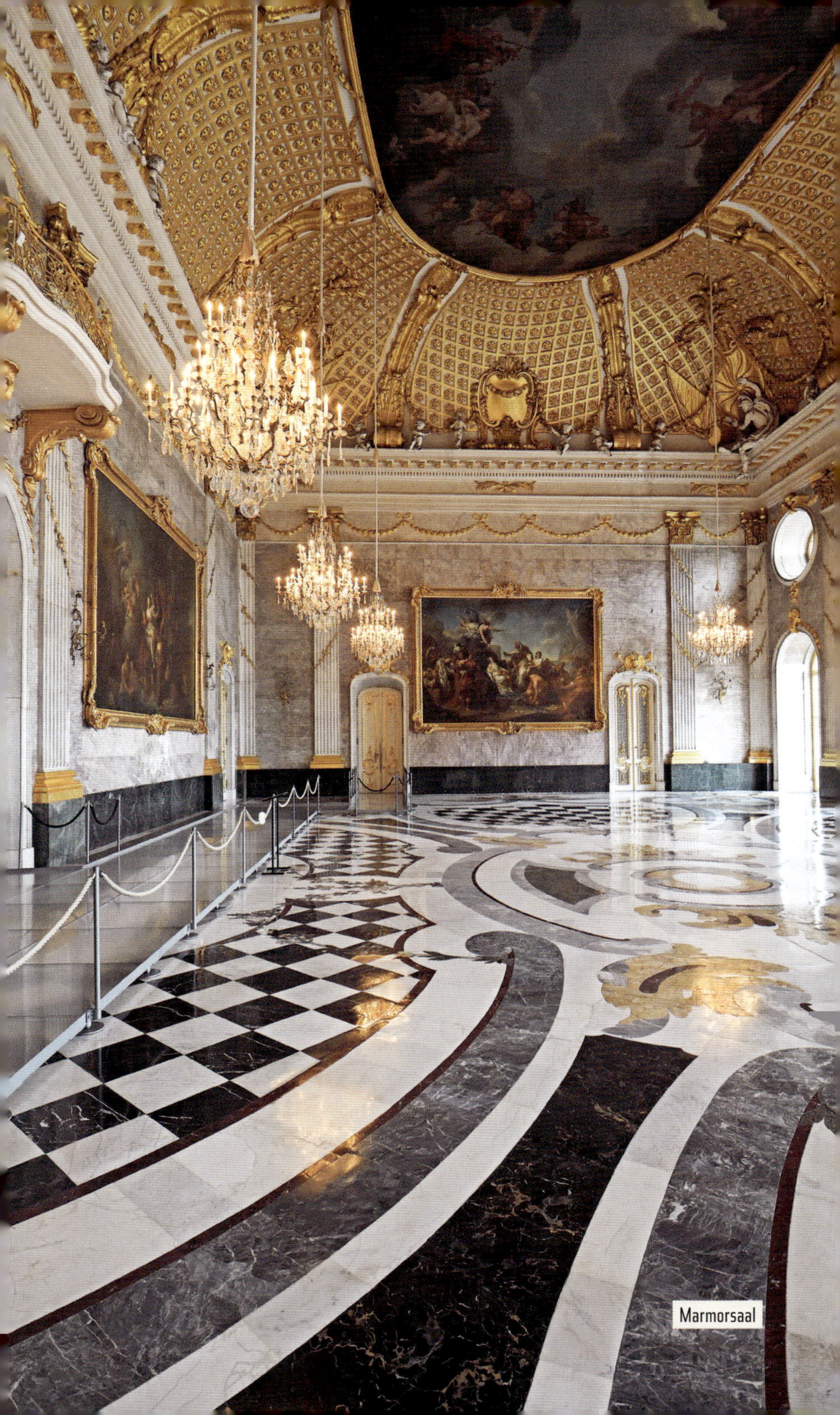

Marmorsaal

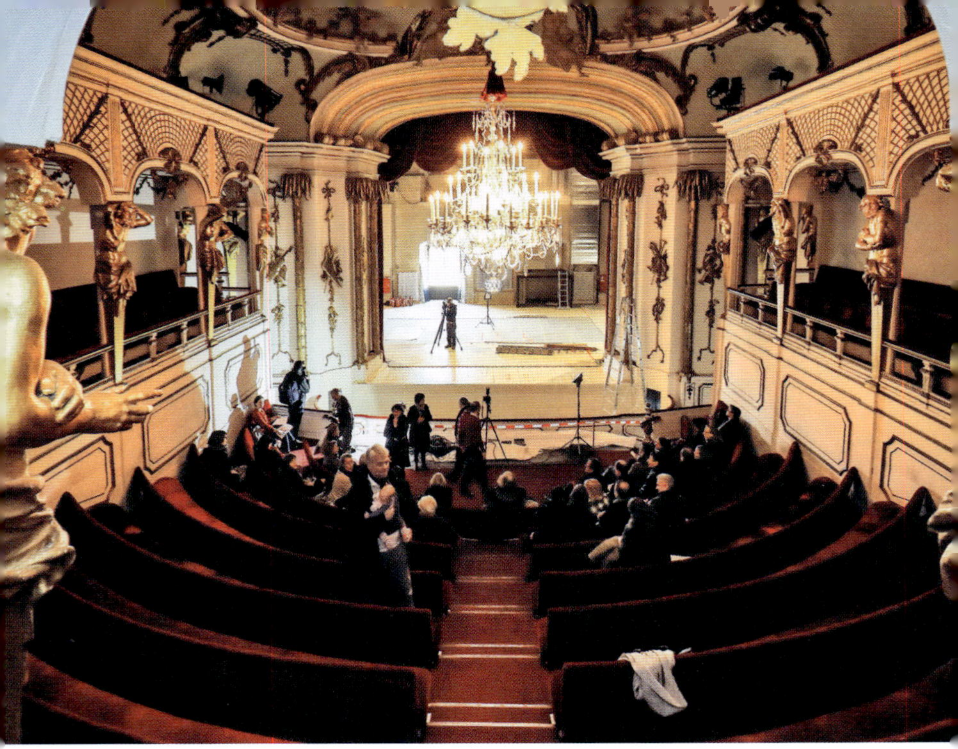

Schlosstheater

Der Bereich des Neuen Palais (und damit auch der Park) kann durch ein Tor im Süden und eines im Norden betreten werden. Im Süden befindet sich das **Besucherzentrum am Neuen Palais.** Zu ihm heißt es in »Zwischen Welt und Erbe«: »Das historische Wachhaus aus der Zeit Friedrichs des Großen wird nun durch eine zeitgenössische architektonische Schicht ergänzt. Funktionale Flächen für einen zeitgemäßen Besucherservice wurden denkmalverträglich mit der überwiegend erhaltenen friderizianischen Bausubstanz in Einklang gebracht. Dabei wurde der historische Hof durch eine filigrane Überdachung behutsam geschlossen, wodurch ein neues Raumerlebnis entstand.«

Im Norden befindet sich das **Hofgärtnerhaus** – eines von vielen – und dahinter eine **Orangerie**. Beide Bauwerke wurden 1769 durch Gontard angelegt, flankieren symmetrisch die Einfahrten zu dem durch Balustraden und Gitter begrenzten äußeren Schlosshof,

Jean Laurent Legeay, auch Le Geay

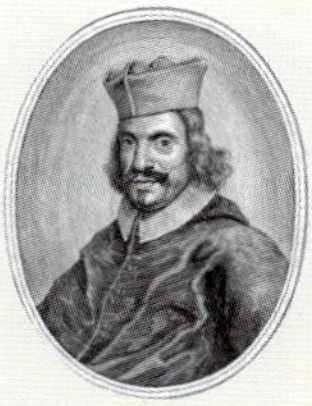

Geboren nach 1710 in Paris, gestorben nach 1786 in Rom oder in Frankreich.

Legeay studierte an der Académie royale d'architecture, er gewann den Rompreis und hielt sich von 1739 bis 1742 in Rom auf, von wo er zunächst in seine Heimatstadt zurückkehrte. Wann genau er nach Preußen kam, ist nicht mehr nachvollziehbar.
1756 folgte er jedenfalls dem Ruf Friedrichs II. und wurde für ihn bei verschiedenen Projekten tätig, so der sogenannten Puttenmauer unterhalb der Bildergalerie. Sein Hauptwerk für Friedrich sind die Communs mit der Kolonnade. Als der König sich an Gontard mit der Bitte wandte, Legeays Entwürfe zu überarbeiten, überwarf (auch) er sich mit Friedrich. 1765 ging er nach London, wo er vor allem als Kupferstecher tätig war. Wo genau er starb, ist nicht bekannt.

Das Besucherzentrum am Neuen Palais befindet sich in einem ehemaligen Wachhaus.

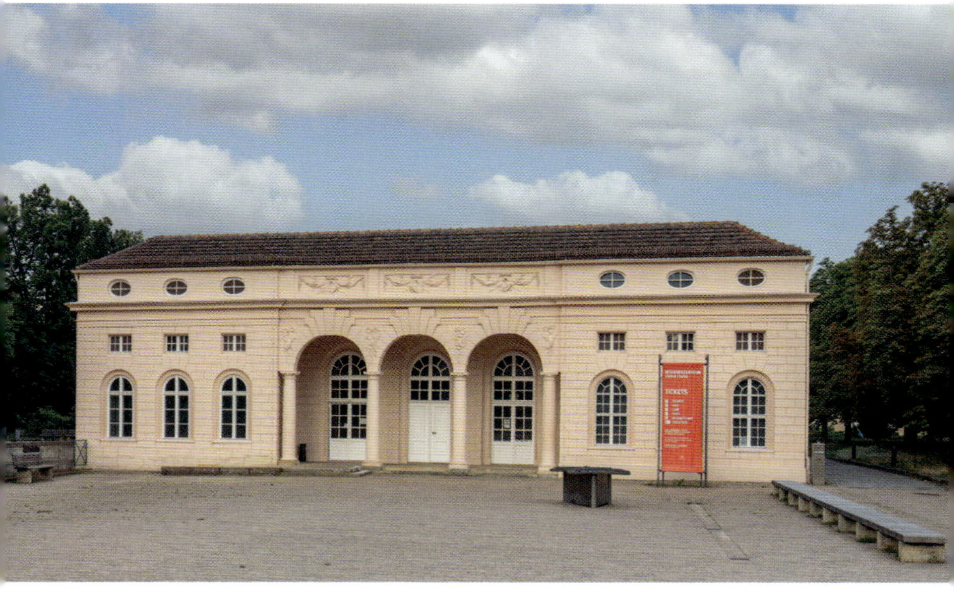

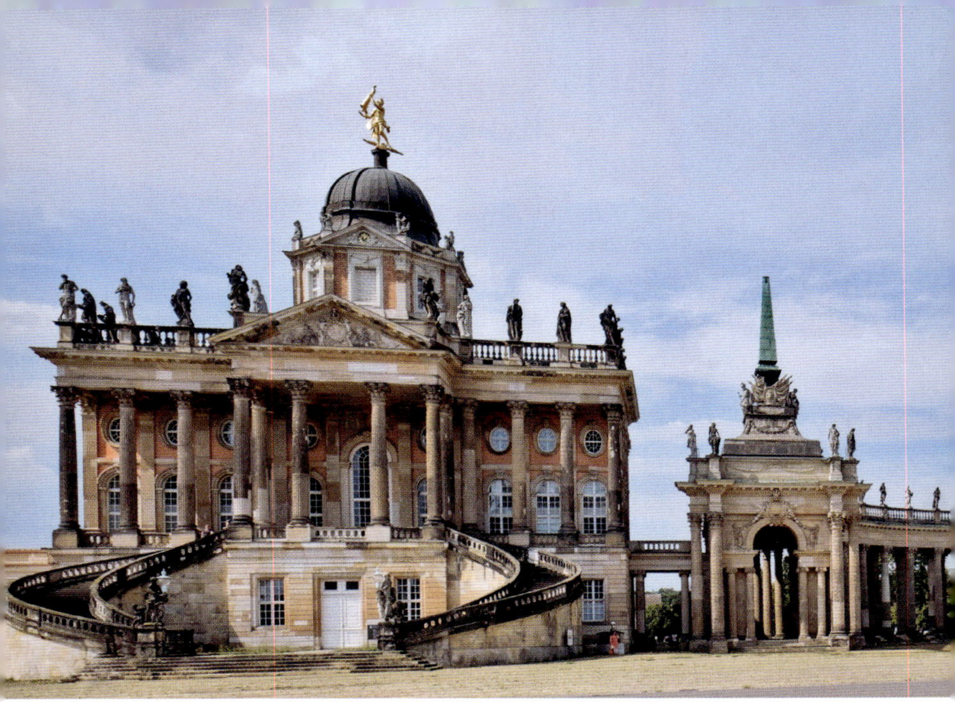

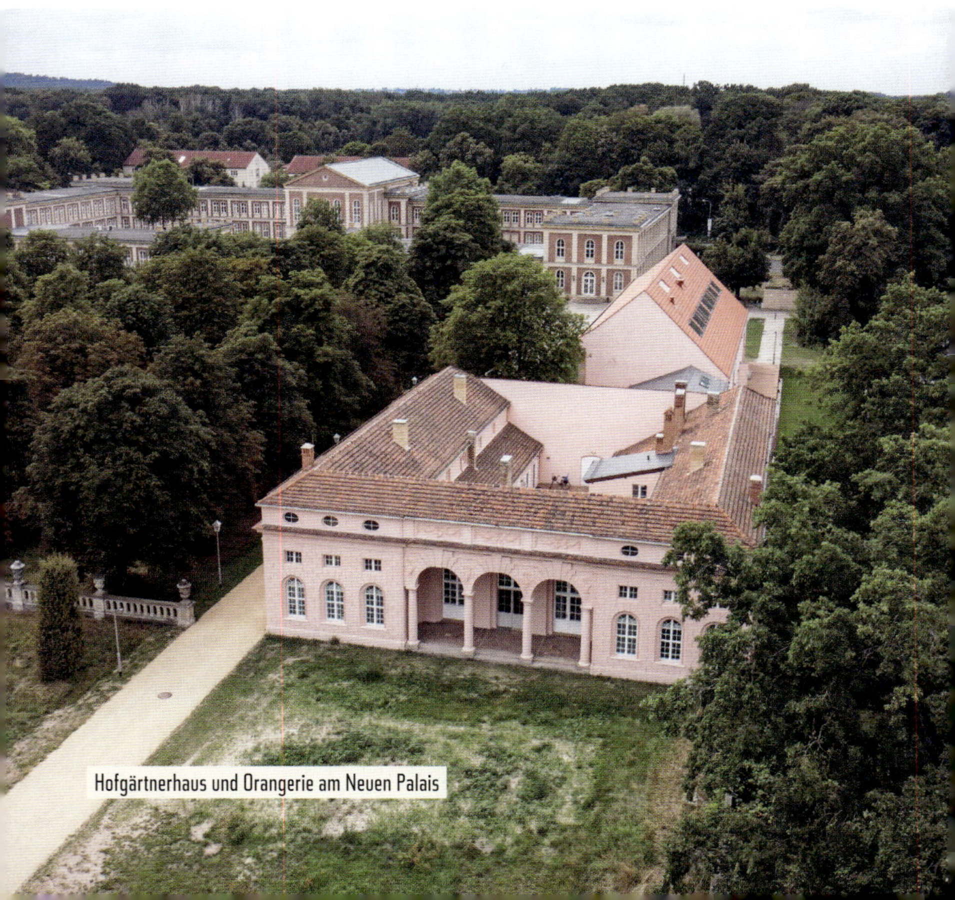

Hofgärtnerhaus und Orangerie am Neuen Palais

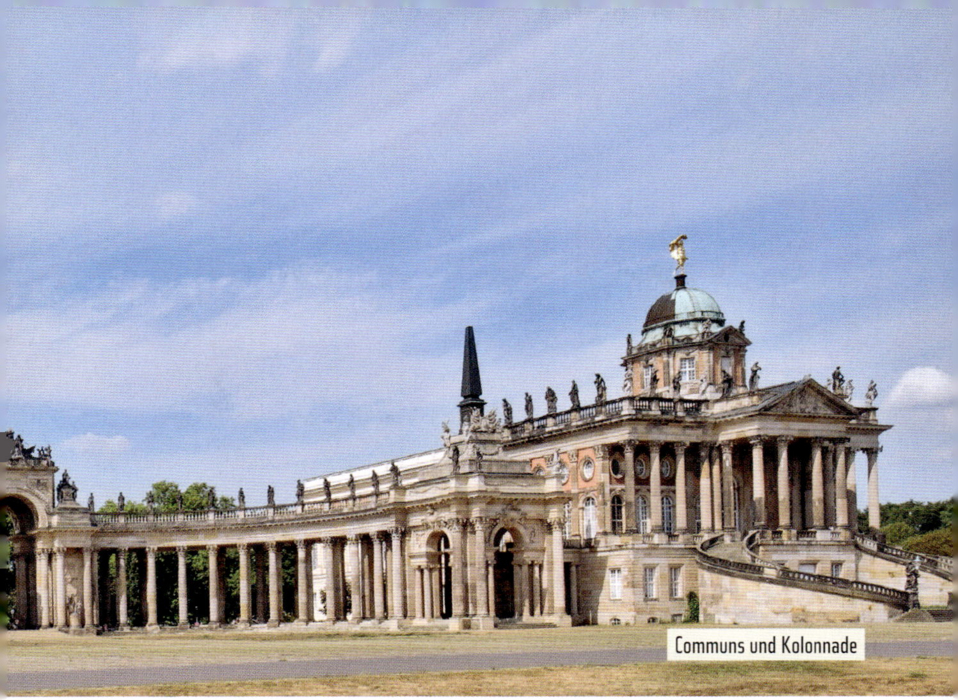

Communs und Kolonnade

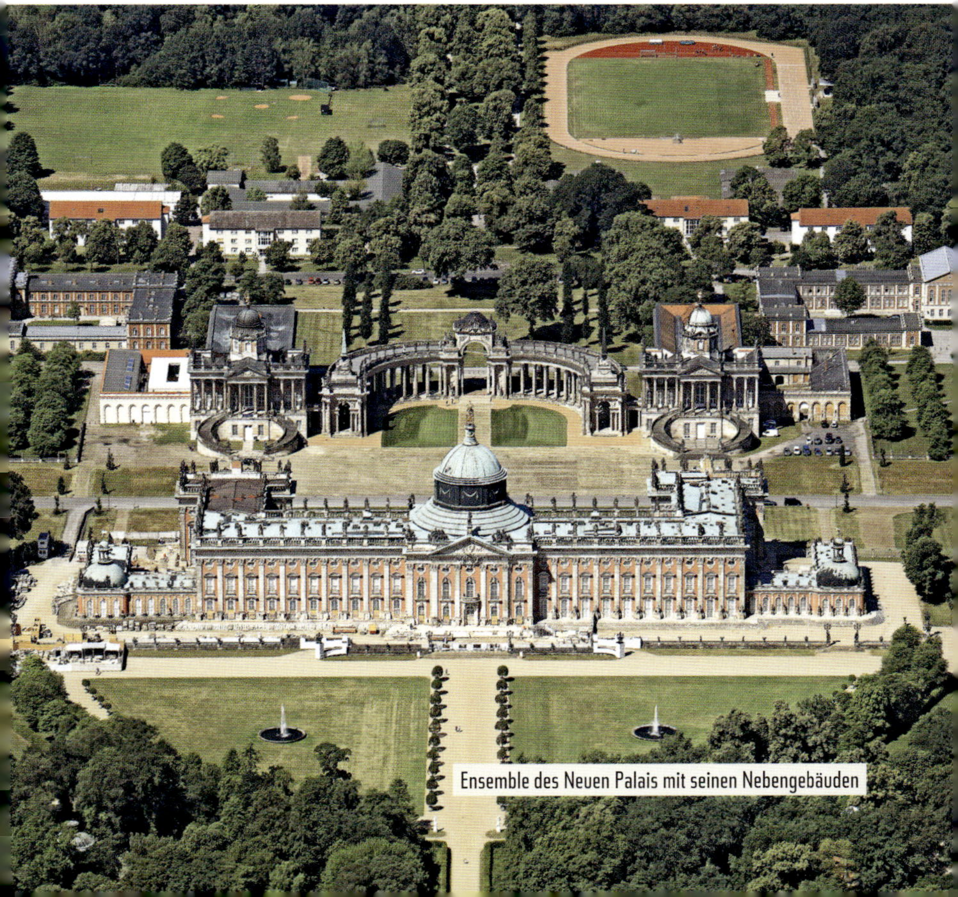

Ensemble des Neuen Palais mit seinen Nebengebäuden

GÄSTEBUCH

Emanuel Geibel (1815–1884)

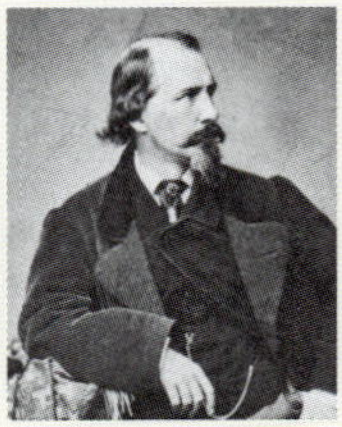

Sanssouci (Auszug)

Dies ist der Königspark. Rings Bäume, Blumen, Rasen;
Sieh, wie ins Muschelhorn die Steintritonen blasen!
Die Nymphe spiegelt klar sich in des Beckens Schoß;
Sieh hier der Flora Bild in hoher Rosen Mitten,
Die Laubengänge sieh, so regelrecht geschnitten,
Als wären's Verse Boileaus.

Vorbei am luft'gen Haus voll fremder Vogelstimmen
Laß uns den Gang empor zu den Terrassen klimmen,
Die der Orange Wuchs umkränzt mit falbem Grün;
Dort oben ragt, worin sich Tann' und Buche mischen,
Das schmucklos heit're Schloß mit breiten Fensternischen,
Darin des Abends Feuer glühn.

Dort lehnt ein Mann im Stuhl. Sein Haupt ist vorgesunken,
Sein blaues Auge sinnt, und oft in hellen Funken
Entzündet sich's: so sprüht aus dunkler Luft ein Blitz;
Ein dreigespitzter Hut bedeckt der Schläfe Weichen,
Sein Krückstock irrt im Sand und schreibt verworrne Zeichen;
Nicht irrst du – das ist König Fritz.

der Mopke. Im Norden wird der Mopkebereich durch die **Kolonnade** und die **Communs** begrenzt. Dazu vermerkt »Zwischen Welt und Erbe«: »Die Kolonnade wurde als prachtvolle Prospektarchitektur und bauliches Pendant zum Neuen Palais in den Jahren 1767–69 unter der Leitung des Baumeisters Carl von Gontard errichtet. Die

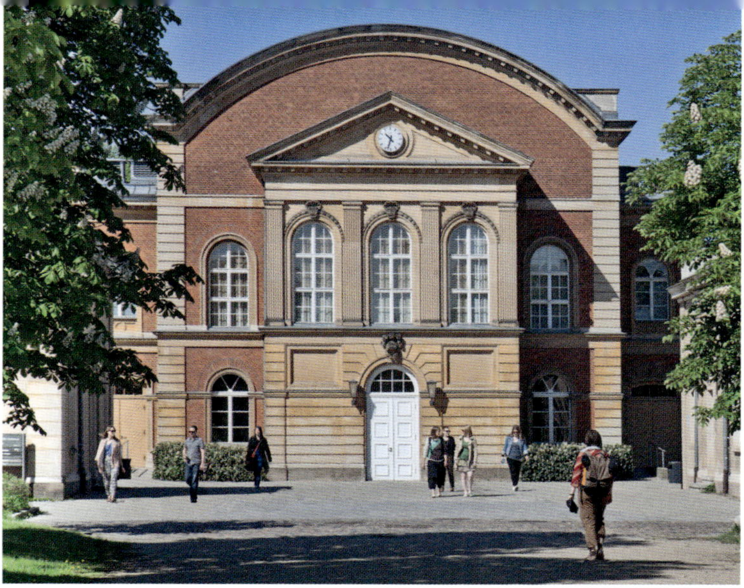

Der ehemalige Kaiserliche Marstall ist heute Audimax der Universität Potsdam

ursprüngliche Planung stammte von Jean-Laurent Legeay, die Gontard übernahm und weiterentwickelte. [...] Legeay (siehe S. 55) gliederte die Nebenfunktionen aus dem Schloss aus und brachte sie in zwei Wirtschaftsgebäuden, den Communs, unter, die er dem Palais baulich gegenüberstellte. Dadurch entstand eine Platzanlage, die das Konzept des ›Forum Friderizianum‹ aufgriff, das Georg Wenzel von Knobelsdorff bereits 1740 als städtebaulichen Akzent für die Berliner Residenz entwickelt hatte. Zwischen den Communs plante Legeay eine große Sandsteinkolonnade, die den Platz nach Westen in majestätischer Form abschließen sollte. Die Kolonnade wurde in einer sehr kurzen Bauzeit von weniger als drei Jahren errichtet und war 1769 fertiggestellt.«

Hinter den Communs und der Kolonnade befindet sich noch ein Werk, das den definitiven Abschluss des Weges bildet: der **Neue Marstall**. Er wurde 1891–94 in neubarocken Formen erbaut und bezieht sich formal auf das Neue Palais. Sein nördliches Gegenstück – früher ein Gebäude der Pädagogischen Hochschule Potsdam –, das heute u. a. die Mensa der Universität Potsdam an diesem Standort beherbergt, wurde erst 1956/57 gebaut.

DIE TERRASSENACHSE

Hofmarschall-Keith-Haus, Französisches Rondell, Große Fontäne, Weinbergterrassen, Gruft Friedrichs II., Schloss Sanssouci und Ruinenberg

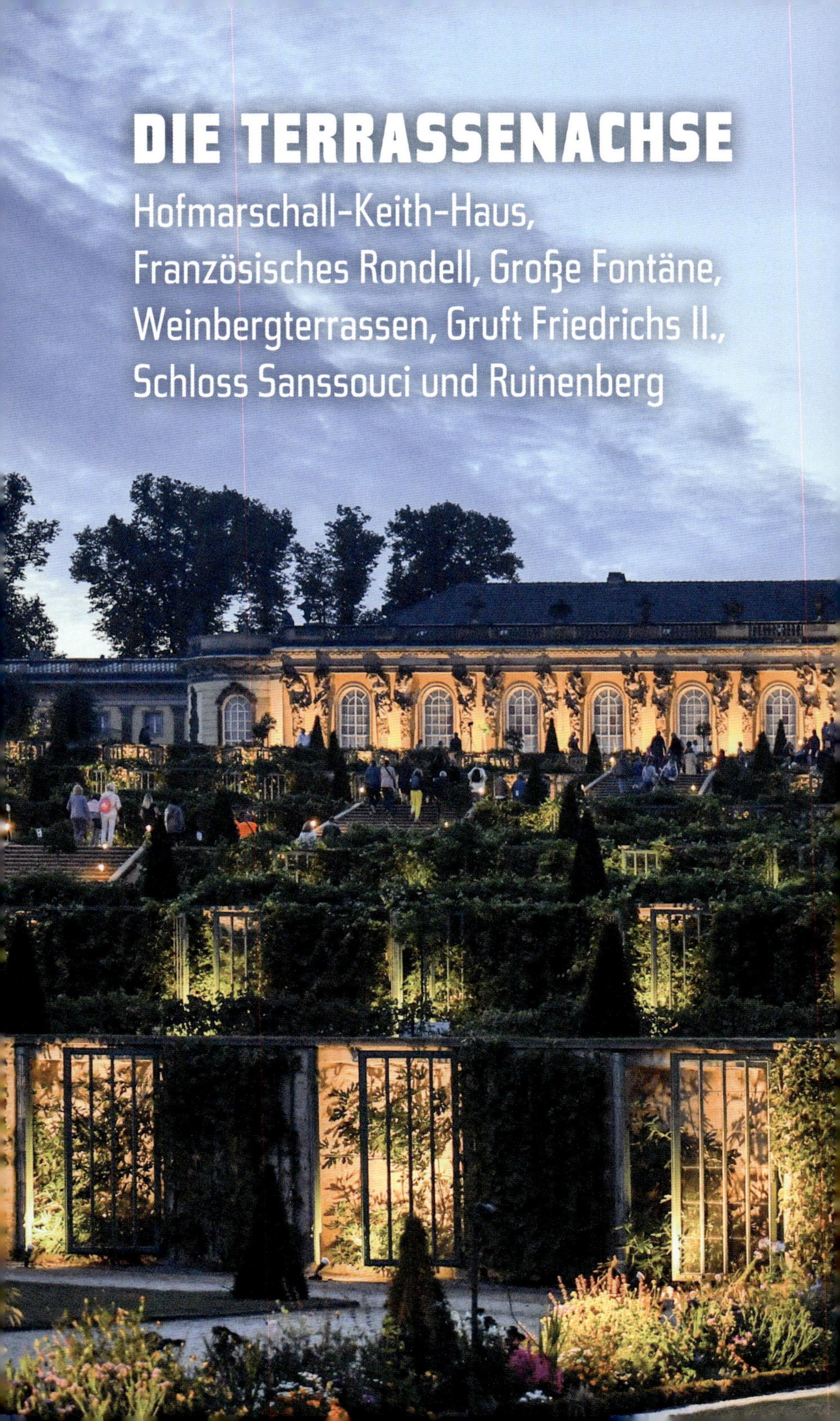

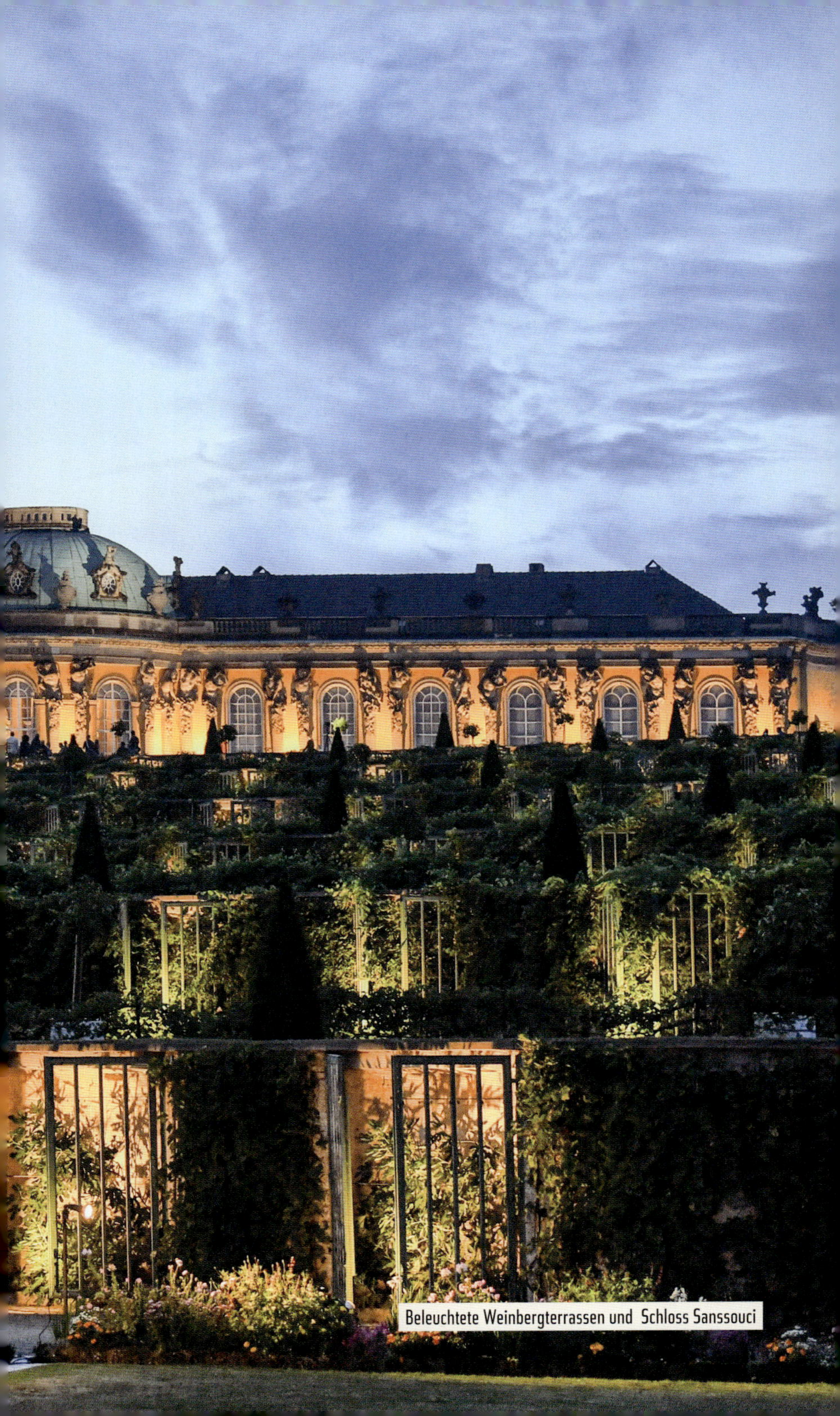

Beleuchtete Weinbergterrassen und Schloss Sanssouci

Der Weg über die Terrassenachse ist durch zwei Eingänge zu erreichen. Man kann das Grüne Gitter in der Nähe vom Luisenplatz benutzen, dann die Allee am Grünen Gitter entlang wandeln und sich vor dem eingezäunten Bereich mit den Funktionsbauten der Gartenverwaltung nach rechts wenden. Oder man kommt von der Lennéstraße und benutzt den sogenannten Affengang zwischen dem auch Lordmarschallhaus genannten Hofmarschall-Keith-Haus und dem Garten der Villa Liegnitz. Das **Hofmarschall-Keith-Haus** (Lennéstraße 9) wurde auf Befehl Friedrichs II. für seinen engen Freund George Keith (1693–1778) errichtet. Keith, der 9. Earl Marishal, war ein schottischer Adliger, ein Anhänger und Freund Rousseaus und häufiger Gast von Friedrichs berühmten Tafelrunden. In dem Haus in Sichtweise von Sanssouci, das der König für ihn bauen ließ, starb der Lordmarschall 1778.

Am Ende des Gartens des Hofmarschall-Keith-Hauses steht eine Bank, die man auch auf dem »Affengang« erreicht. Sie lädt zum Verweilen und zur Betrachtung des Weinbergschlosses oben auf dem

Hofmarschall-Keith-Haus

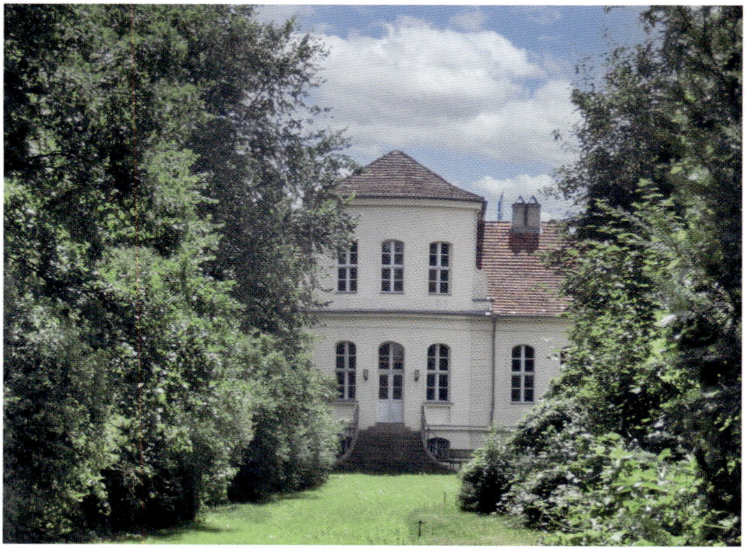

EXKURS

Rokoko

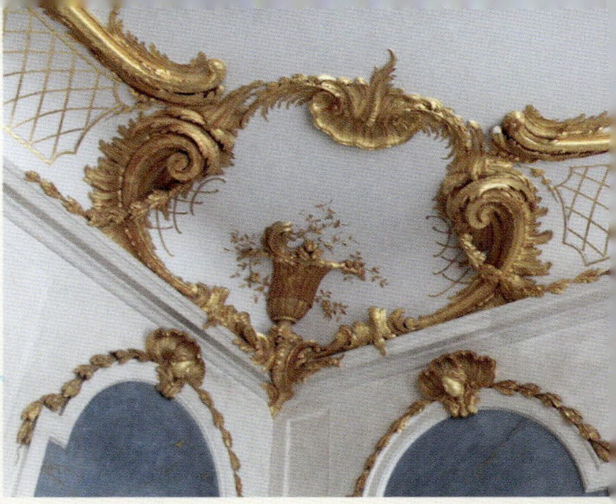

Laut dem Lexikon der Kunst bezeichnet Rokoko »eine letzte Stilphase des Spätbarock etwa zwischen 1720/30 und 1760/70, in der einerseits viele Elemente des Barock ausreiften, andererseits aber auch schon der folgende Klassizismus vorbereitet wurde. [...] Der Begriff leitet sich ab von Rocaille, einer als ›Leitmotiv‹ der Epoche zu bezeichnenden, um 1700 nach dem Vorbild der Muschelinkrustationen von Grotten und Fontänen entwickelten Ornamentform, die zum bestimmenden Dekorationsmotiv wurde. [...] Das Rokoko strebte tatsächlich nach einer möglichst vollständigen Ornamentalisierung, nach malerischen und bizarren Werten und vor allem danach, die Großform zum Intimen hin zu brechen. Der Begriff des Geschmacks, des ›bon goût‹, und der Mode bestimmten die Kunst; bezeichnend war z. B. die Vorliebe für asiatische, besonders chinesische Sujets und Ausstattungsstücke. Daraus sprach der Wunsch nach Kultivierung und Verfeinerung, nach einem utopischen Ideal von Schönheit, nach dem Intimen, Eleganten und Exotischen.«

Friderizianisches Rokoko

Mit diesen Begriff wird eine spezifische Art des Rokoko in Preußen bezeichnet, die den Zeitraum 1740 bis 1760 umfasst. Der Stil zeichnet sich durch eine gemäßigtere und eher klassizistische Formensprache aus, die barocke und Rokokoelemente einbezieht. Das friderizianische Rokoko gilt als zierlicher und eleganter, das Ornament wirkt organischer, ja mitunter beinahe naturalistisch: Manche Formen scheinen lebendig zu sein.
Maßgeblich geprägt wurde es durch Georg Wenzelslaus von Knobelsdorff, der in seiner Zeit als Oberintendant der königlichen Schlösser und Gärten eine typische Sprache entwickeln konnte. Am reinsten ist das friderizianische Rokoko in den Schlössern Charlottenburg, Berlin, Potsdam und Sanssouci ausgeprägt. Im Bereich der Bildhauerkunst müssen Johann August Nahl d. Ä. (1710–1781), der schon erwähnte Christian Glume, aber auch Johann Christian Hoppenhaupt und dessen Bruder Johann Michael erwähnt werden, in der Malerei Antoine Pesne (1683–1757). Der von Friedrich hoch verehrte französische Maler Antoine Watteau (1684–1721) als Vertreter des französischen Rokoko soll hier ebenfalls genannt werden, weil seine Werke sich prägend auf dem Geschmack des Königs ausgewirkt haben.

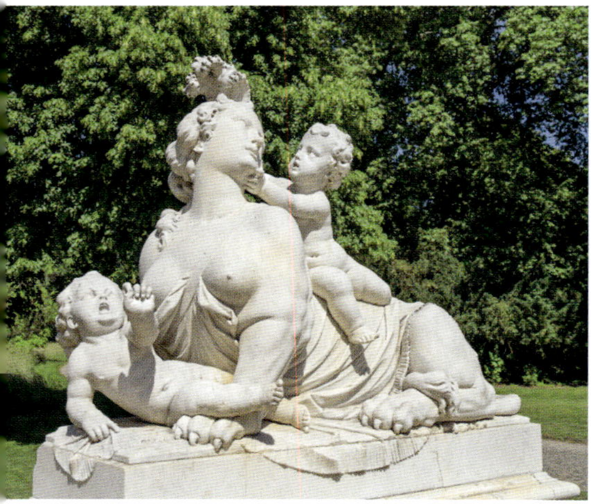

Sphinx mit Putten

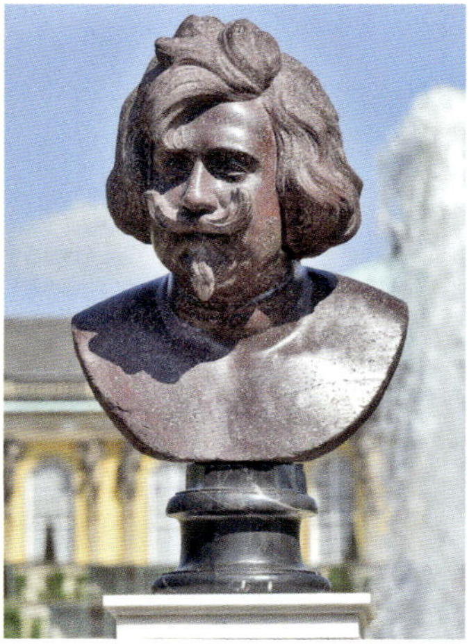

Büste des Herzogs von Bracciano

Höhenzug ein, jenem von Knobelsdorff errichteten Meisterwerk des friderizianischen Rokoko, dessen Name Sanssouci inzwischen auf die gesamte Anlage übertragen wurde.

Nach einer Pause auf der Bank gehen wir, das Schloss fest im Blick, zwischen den Gebäuden der Gartendirektion hindurch zum Ökonomieweg. Die flankierenden Gebäude stammen auch von Knobelsdorff, in einem lebte später der berühmte Gartenschöpfer und Gartendirektor Peter Joseph Lenné, dessen Wirken für Park Sanssouci noch gewürdigt wird – schließlich wurde er erst lange nach Friedrichs Tod tätig. Zwei Sphingen mit Putten bewachen den weiteren Weg, der von zwei Kanälen begleitet wird. Sie sind Werke des Georg Franz Ebenhecht und wurden 1755 aufgestellt – auch hier gibt es also eine Anspielung auf Ägypten. Auffallend ist jedoch die stark erotisierende Gestaltung der Frauenfiguren.

Der Weg nähert sich dem Parkgraben und dem Französischen Rondell bei der Großen Fontäne. An dieser Stelle sei ein kleiner dendrologischer Hinweis erlaubt: Auf der Wiese rechts steht ein Gemeiner Trompetenbaum, links erheben sich Sumpfzypressen. Bevor man das Französische Rondell betritt, stellt sich einem eine

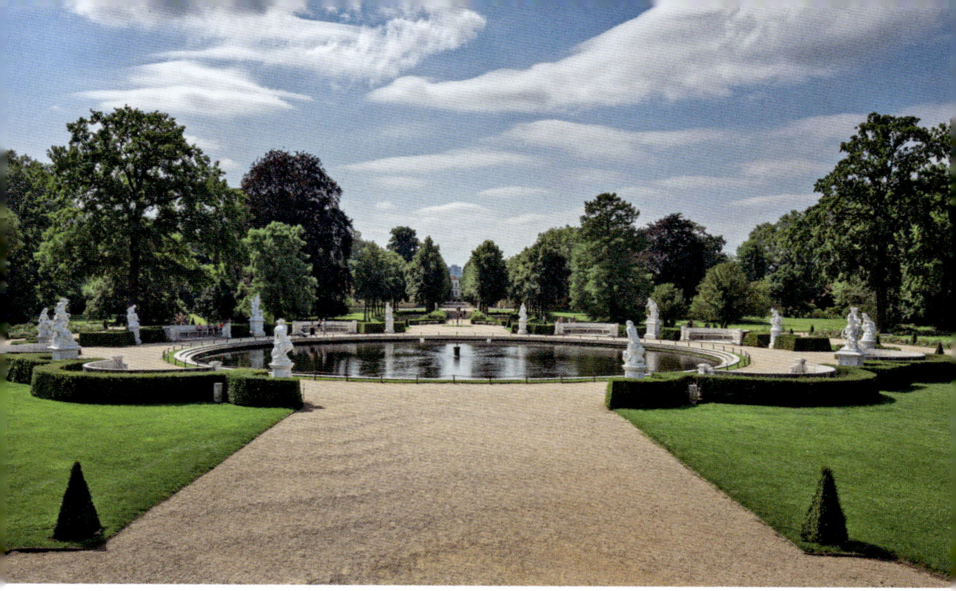

Französisches Rondell rund um die Große Fontäne

Büste auf einer Säule in den Weg; es handelt sich um die Replik einer Büste, die der berühmte italienische Barockbildhauer Gian Lorenzo Bernini (1598–1680) vom kunstsinnigen Herzog von Bracciano (1591–1656) angefertigt hatte. Während das Original aus Marmor besteht, wurde die Kopie aus antikem Porphyr gearbeitet und kam mit der Sammlung Polignac an Friedrich.

Im Schnittpunkt der beiden Hauptachsen liegt das Wasserbecken der **Großen Fontäne**. Das erste Becken wurde 1748 als Vierpass gestaltet, 1787 zum Oval vereinfacht und 1841 von Ludwig Persius zum Kreis gestaltet. Die Fontäne selbst, für die das Becken angelegt worden war, funktionierte jedoch nicht richtig. Trotz des Einsatzes erheblicher finanzieller Mittel gelang es unter Friedrich II. nicht, die Wasserspiele in Sanssouci dauerhaft in Betrieb zu halten. Erst unter Friedrich Wilhelm IV. wurde Abhilfe geschaffen. Das »große hydraulische Werk« wurde unter dem »Romantiker auf dem Thron« durch den Maschinenbaumeister August Borsig (1804–1854), den Gartenkünstler Lenné und den Architekten Ludwig Persius bewältigt; dabei entstand 1843 das Dampfmaschinenhaus an der Havel, das als Moschee gestaltet wurde.

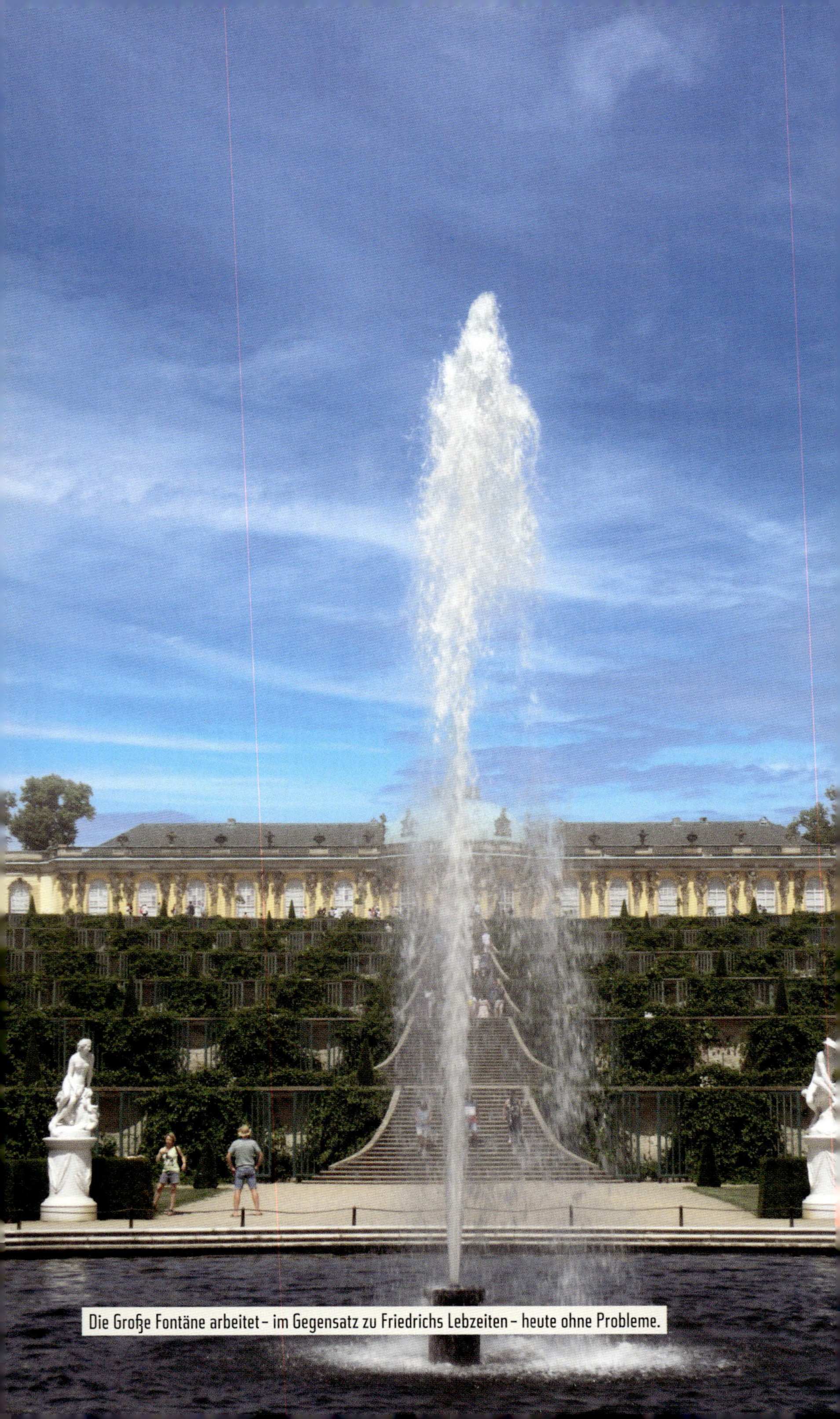

Die Große Fontäne arbeitet – im Gegensatz zu Friedrichs Lebzeiten – heute ohne Probleme.

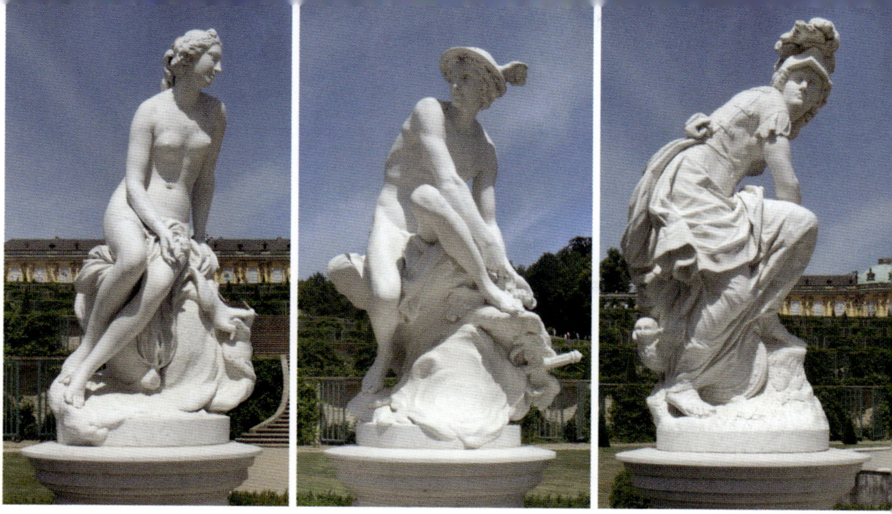

Venus, Merkur und Minerva vom Französischen Figurenrondell

Das **Französische Figurenrondell** umgibt die Fontäne und besteht aus in Marmor gearbeiteten allegorischen Darstellungen der vier Elemente sowie von acht olympischen Göttern. Zwei bedeutende französische Bildhauer schufen diese Meisterwerke im frühen 18. Jahrhundert: Jean Baptiste Pigalle (1714–1785) und Lambert Sigisbert Adam (1700–1759, siehe S. 68).

Jean Baptiste Pigalle

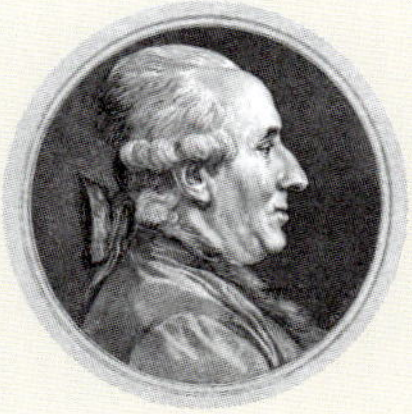

Geboren am 26. Januar 1714 in Paris,
gestorben am 20. August 1785 daselbst.

Pigalle gehörte zu den bekanntesten Bildhauern seiner Zeit und steht an der Übergangszeit vom Rokoko zum Klassizismus.
Eine seiner bekanntesten Figuren ist die Skulptur des Merkur, und als Ludwig V. eine Marmorausführung von ihr bestellte, war dies sein erster Auftrag, der seinen Ruf festigte. Die Merkur-Statue schenkte der französische König zusammen mit ihrem Pendant, einer Venus, Friedrich II. von Preußen. Spektakulär ist Pigalles Skulptur von Voltaire, wie dieser nackt auf einem Baumstumpf sitzt – eine Kopie davon erwarb Friedrich und ließ sie im Vestibül von Sanssouci aufstellen.

Lambert Sigisbert Adam

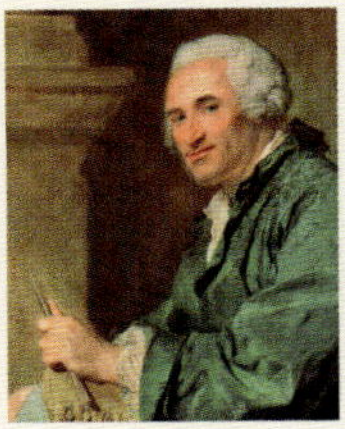

Geboren am 10. Oktober 1700 in Nancy,
gestorben am 13. Mai 1759 in Paris.

Der auch Adam d. Ä. genannte Barockkünstler wurde in eine Familie von Bronzegießern und Bildhauern hineingeboren. Bis 1718 arbeitete Lambert Sigisbert in der Werkstatt seines Vaters, wo er auch seine Ausbildung erhielt, 1719 ging er nach Paris und erarbeitete sich den begehrten Romaufenthalt der Académie royale de peinture et de sculpture. Seine Werke sind als Übergang vom Barock zum Rokoko zu charakterisieren. Nach Paris zurückgekehrt, eröffnete er eine gemeinsame Werkstatt mit seinem Bruder Nicolas Sébastien (1705–1778). Sie erhielten mehrere Aufträge vom Hof insbesondere für die Ausgestaltung der königlichen Gärten.

Zu den für Friedrich II. tätigen Bildhauern zählt überdies

François Gaspard Adam

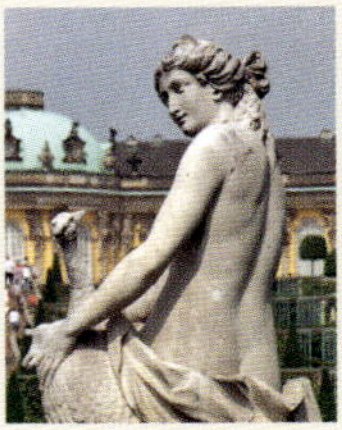

Geboren am 23. Mai 1710 in Nancy,
gestorben am 18. August 1761 ebenda.

Der jüngste Bruder von Lambert Sigisbert erhielt, wenig überraschend, seine Ausbildung ebenfalls in der väterlichen Werkstatt. Auf Vermittlung des Marquis d'Argens (1703–1771), der sich etliche Jahre am Hof Friedrichs II. aufhielt, trat François Gaspard 1747 in den Dienst des Preußenkönigs und leitete dort das französische Bildhaueratelier. 1759 kehrte F. G. Adam nach Paris zurück und hinterließ einige unvollendete Werke, die nun wiederum sein Neffe Sigisbert François Michel zu Ende führte.

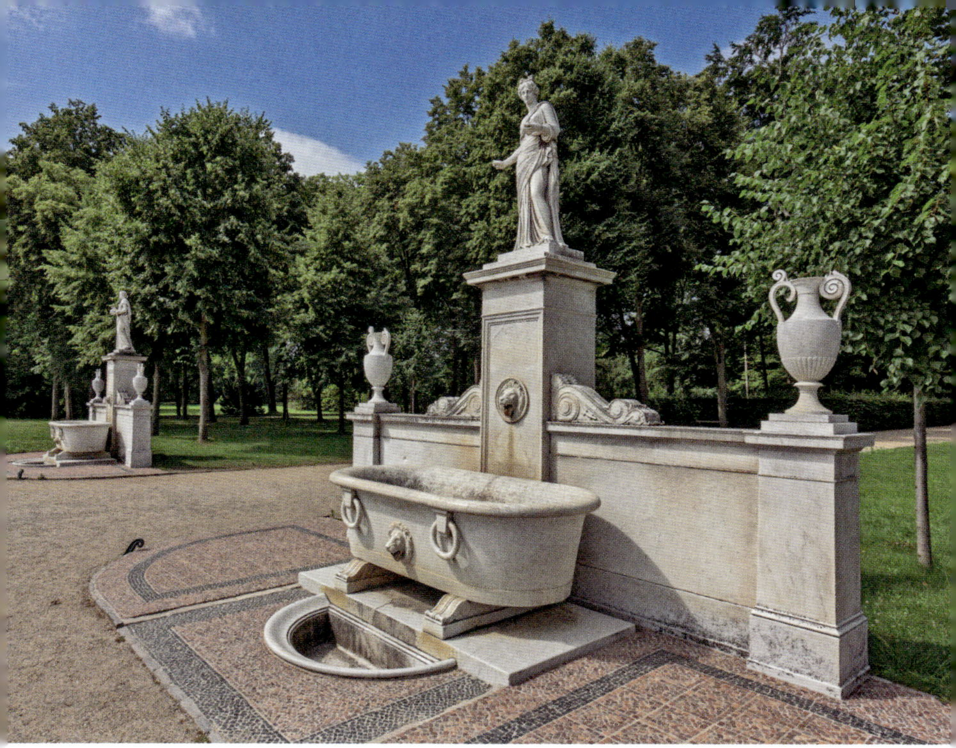

Die Brunnenwände stammen aus der Zeit Friedrich Wilhelms IV.

Nehmen wir nun die einzelnen Werke in Augenschein. Der Weg, den wir gekommen sind, wird an seiner Mündung in den Platz des Rondells von Jupiter (links) und Juno (rechts) eingefasst, dem folgen nach links das Element Erde, nach rechts das Element Feuer. (Wer mit größeren Kindern Sanssouci besucht, kann sie raten lassen, welche Skulpturengruppe welches Element symbolisiert. Aber vielleicht macht das auch Erwachsenen Freude.) Jupiter mit Io und Juno mit Pfau stammen von François Gaspard Adam. Die Hauptallee in Richtung Neues Palais wird von Mars (Süden) und Minerva (Norden) flankiert, beide vom selben Bildhauer, Mars wurde allerdings von Gaspards Neffen vollendet. Nach Norden zum Weinbergschloss hin folgt die Luft von Lambert Sigisbert Adam, den Weg zum Schloss rahmen Venus (links) und Merkur (rechts) – sie wurden von Pigalle gefertigt. Im Nordosten findet sich die Figurengruppe des Wassers (L. S. Adam), am Weg nach Osten folgen Apoll mit getötetem Python und Diana im Bade (François Gaspard Adam). Den Abschluss in dieser Runde macht das Feuer vom selben Bildhauer. Damit sind allerdings nicht alle bildhauerischen Werke des Parterre erfasst; sehr auffällig sind etwa die vier hohen Marmorsäulen, die acht Marmorbänke und die vier Brunnenwände mit den Musenstatuen. Diese Gestaltungselemente stammen aus der Zeit Friedrich Wilhelms IV. Die Marmorbänke und die Brunnenwände wurden von dem Baumeister und Hofarchitekten Ludwig Ferdinand Hesse entworfen und um 1848 in Carrara angefertigt. Die Säulen waren beim Bau der Walhalla in Regensburg, einem antikisierenden Nationaldenkmal zur Präsentation bedeutender Persönlichkeiten »teutscher Zunge« nicht verwendet und auf Wunsch des preußischen Königs hier aufgestellt worden. In den Himmel ragen Skulpturen der Venus von Medici, eines Apollino, eines Bacchanten und eines Mädchens mit Vogelnest.

Vom Parterre erfolgt der Aufstieg zum Schloss Sanssouci über die berühmten **Weinbergterrassen**, mit der Schlossterrasse sechs an der Zahl. Der Weinberg war praktisch der Mittelpunkt der gesamten Anlage, wobei nicht nur Wein, sondern auch Feigen gezogen wurden – und bis heute werden. Der Kriegsrat und Baumeister Friedrich Wilhelm Diterichs zeichnete für Entwurf und Herrichtung der parabolisch angeordneten Terrassen und Spaliere verantwortlich, wobei die geschwungene Form zur Speicherung der (Sonnen-)Wärme diente. Der Weinberg war schon vorhanden, als Friedrich II. am 13. Januar 1745 schriftlich die Order zum Bau eines Lusthauses erließ – die Baukosten waren durch die Einkünfte des Fürstentums Ostfriesland gesichert, das ein Jahr zuvor an Preußen gefallen war. Beim Aufstieg fällt auf, dass das Schloss immer wieder in der oberen Terrasse zu versinken scheint, um dann allmählich wieder aufzutauchen. Manche Autoren vermuten hierin eine tiefere Bedeutung (Aufstieg zu immer wieder sich entziehender tiefer Erkenntnis), man kann es aber auch als Baupfusch bezeichnen, wie es Knobelsdorff tat – wenn auch mit anderen Worten. Als er den König

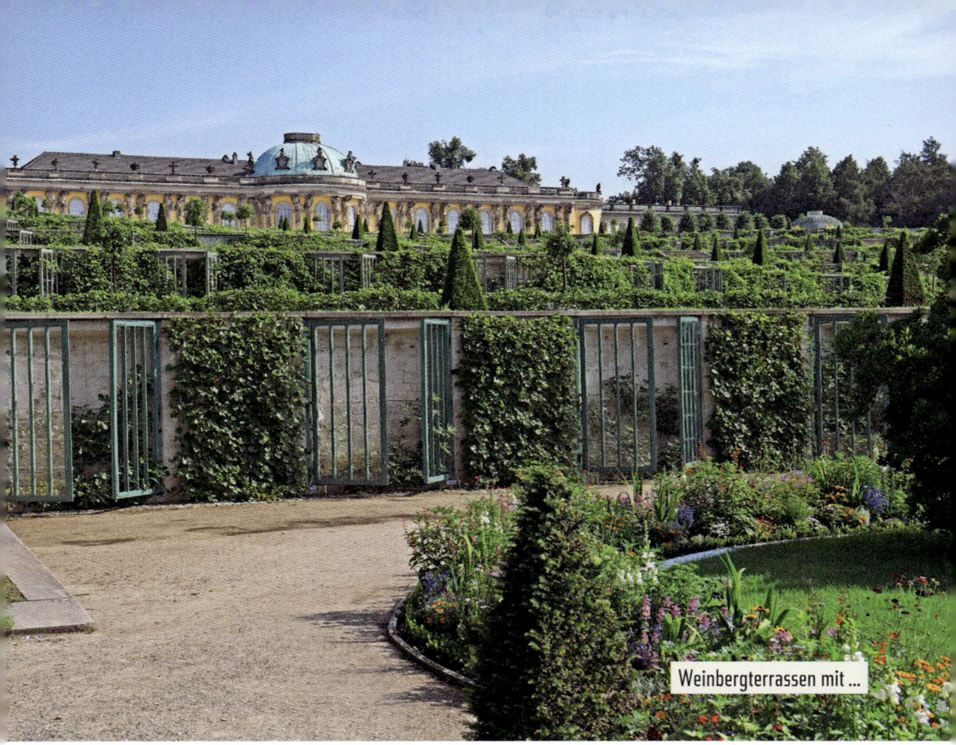
Weinbergterrassen mit …

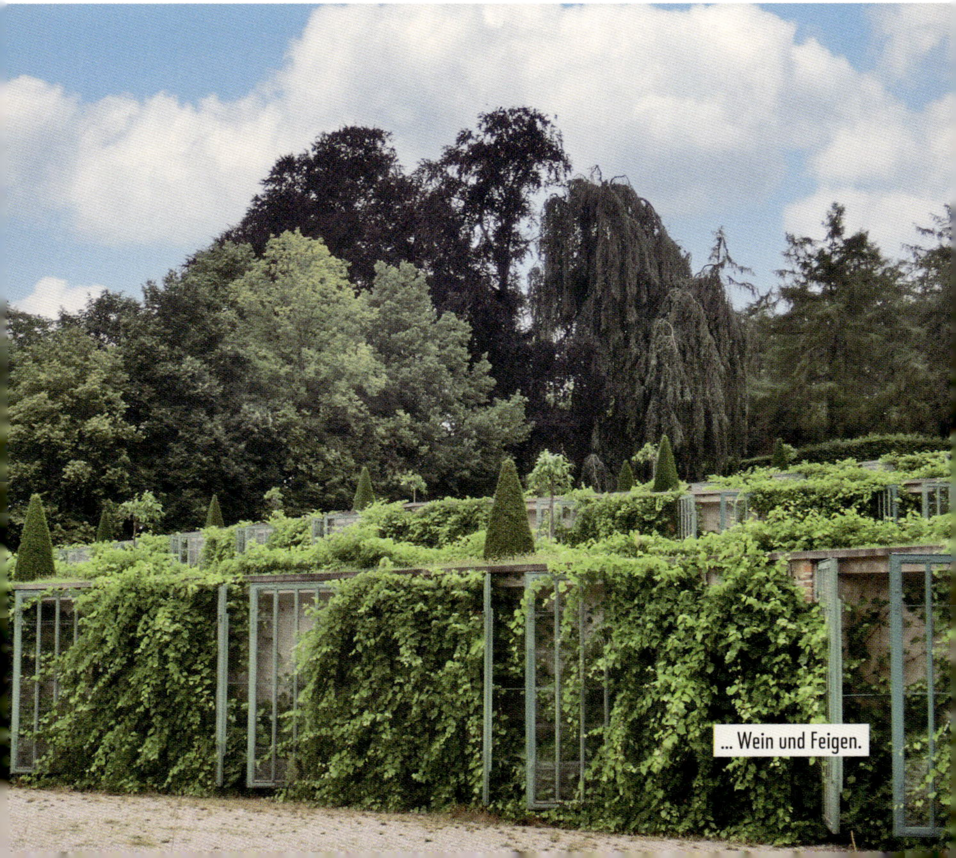
… Wein und Feigen.

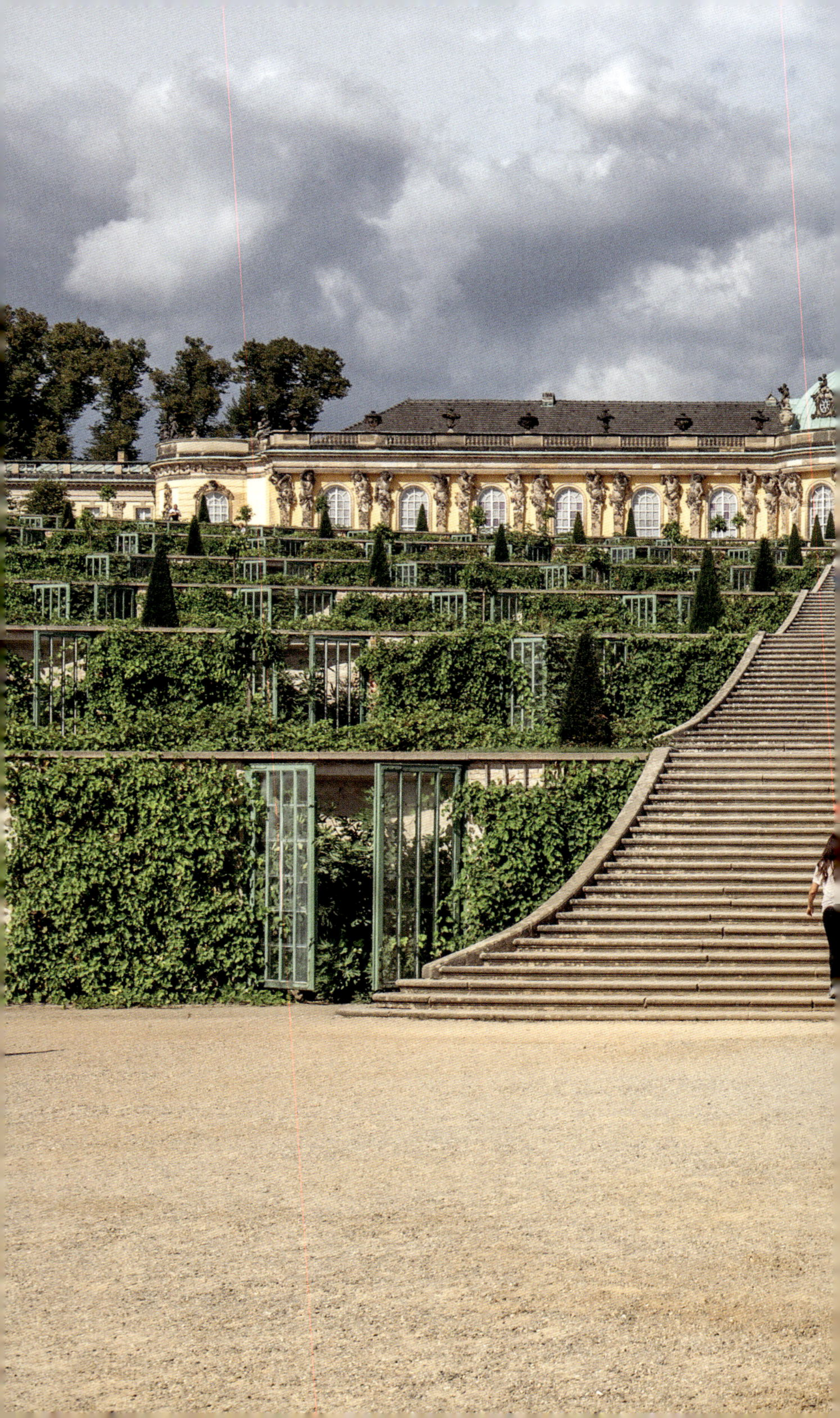

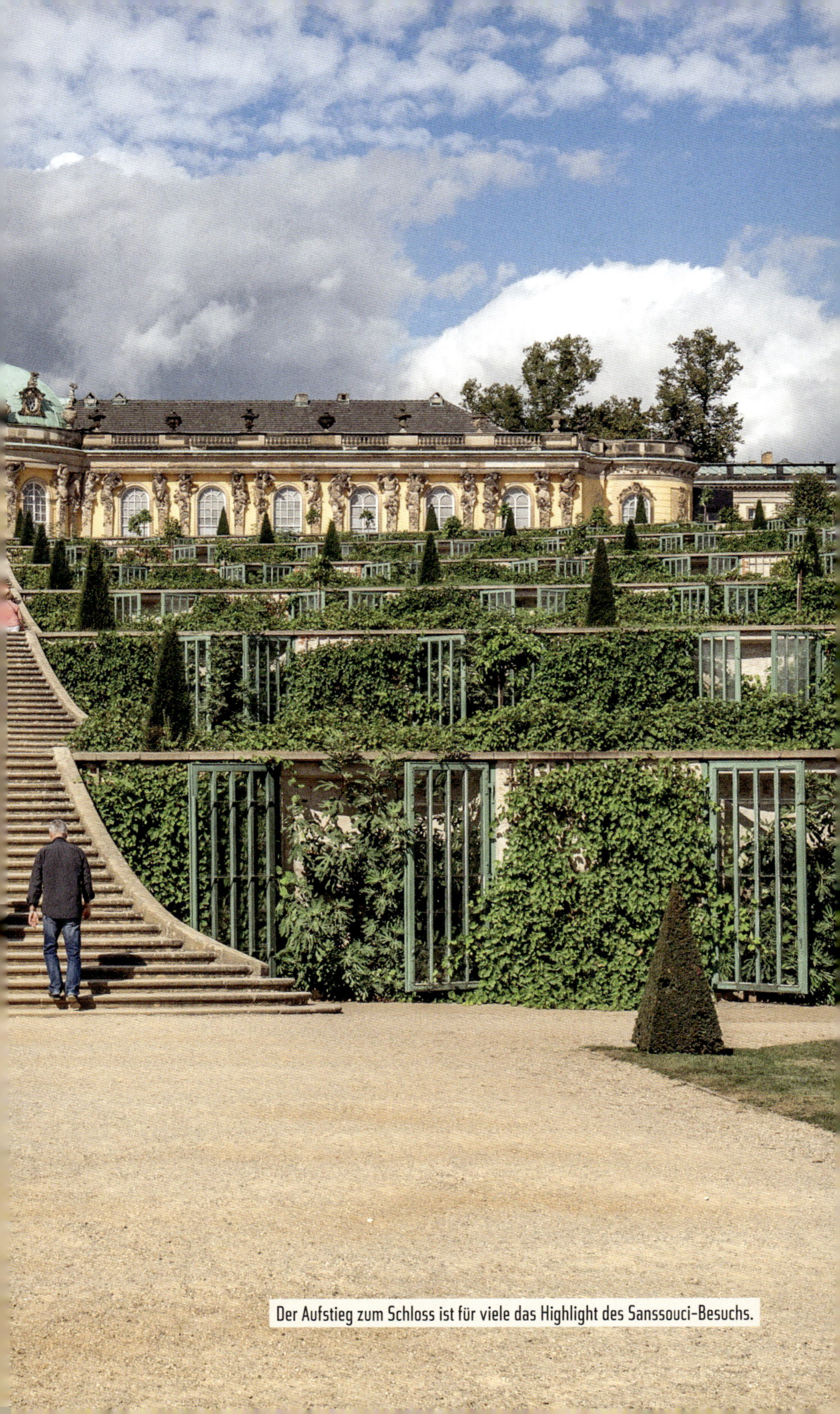

Der Aufstieg zum Schloss ist für viele das Highlight des Sanssouci-Besuchs.

Georg Wenzeslaus vom Knobelsdorff

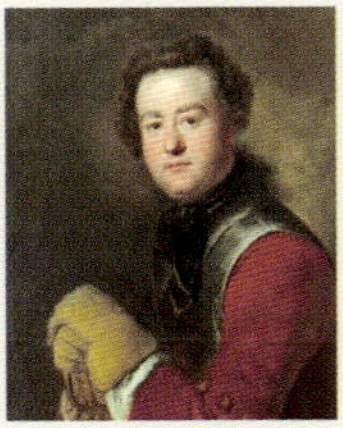

Geboren am 17. Februar 1699 auf dem väterlichen Gut bei Crossen an der Oder (heute Krosno Odrzańskie in Polen), gestorben am 16. September 1753 in Berlin.

Wie so viele Söhne aus adligem Hause begann der junge Knobelsdorff eine militärische Laufbahn und war schon ab dem Alter von 16 Jahren an verschiedenen Feldzüge des Soldatenkönigs beteiligt. 1717, inzwischen Offizier, schied er aus gesundheitlichen Gründen aus dem Militärdienst aus und widmete sich seinen künstlerischen Interessen, wobei er sich einerseits autodidaktisch Fähigkeiten aneignete, aber auch Unterricht bei dem aus Frankreich stammenden preußischen Hofmaler Antoine Pesne nahm. Seine architektonischen Kenntnisse eignete er sich vorwiegend im Selbststudium an. Es waren vor allem seine Darstellungen von Bauwerken, die ihm einige Anerkennung einbrachten und durch die Friedrich Wilhelm I. auf ihn aufmerksam wurde. 1732 schickt der König den Kavalier Knobelsdorff zu seinem Sohn in der Hoffnung, dass er einen mäßigenden Einfluss auf den Kronprinzen ausübte. Friedrich hatte ein Regiment in Neuruppin übernommen, Knobelsdorff wurde ihm ein wichtiger Gesprächspartner in Sachen Kunst und Architektur, und er entwarf den Amaltheagarten. 1736 ermöglichte der Kronprinz ihm eine Studienreise nach Italien. Nach der Rückkehr verwirklichte er etliche Bauwerke zunächst für den Prinzen (z. B. Rheinsberg) und dann für den König. Knobelsdorff stieg zum führenden Baumeister des friderizianischen Rokoko auf; zu seinen Werken zählen die Erweiterung der Schlösser Monbijou und Charlottenburg (sog. Knobelsdorff-Flügel), der Umbau des Potsdamer Stadtschlosses und natürlich Schloss Sanssouci. Ein Spätwerk ist die Französische Kirche zu Potsdam, die für die Hugenotten-Gemeinde erbaut wurde. Knobelsdorff litt jahrelang an einer Lebererkrankung, die sich 1753 durch immer stärkere Schmerzen bemerkbar machte und auch durch einen Kuraufenthalt in Spa nicht wirksam eingedämmt werden konnte. Am 16. September starb er, und an diesem Tag schenkte König Friedrich Kobelsdorffs letztes Bauwerk der Französischen Gemeinde.

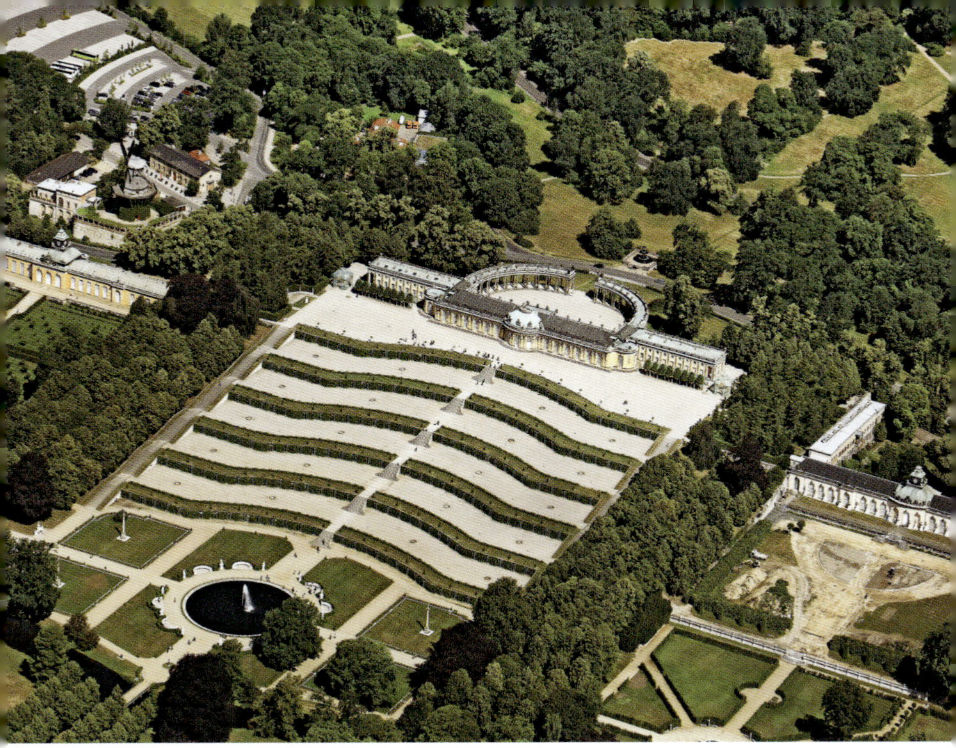

Schloss Sanssouci mit den Weinbergterrassen und der Großen Fontäne

darauf aufmerksam machte und meinte, dem Schloss müsse ein Sockelgeschoss untergeschoben werden, kam es zum Zerwürfnis. Allerdings sollte berücksichtigt werden, dass Friedrich ja von oben – vom Schloss und seiner Terrasse – in die Ferne schauen wollte und ihm die Wirkung des Aufstiegs womöglich egal war.

Nun also **Sanssouci**: das namengebende Lustschloss, vom König als Ort der Ruhe, des Naturgenusses, des häuslichen Lebens und der Musen konzipiert. Nach dem Bruch mit Knobelsdorff übernahm Johann August Nahl (1710–1781) die Leitung der Arbeiten, vor allem bei der Innengestaltung. Doch war der Druck des Königs auf deren zeitlichen Fortgang so enorm, dass Nahl nach Straßburg floh. Friedrich II. ließ ihn mit Steckbrief suchen und er wurde verhaftet, aber da Nahl das Straßburger Bürgerrecht besaß, entging er der Auslieferung. Andere Meister wie die Hoppenhaupts führten das Werk ohne Qualitätseinbußen zu Ende.

Trotz seiner Vorbehalte setzte Knobelsdorff die Vorgaben seines Königs um. So bekam Sanssouci (Friedrich nannte es liebevoll »mein Weinberghäuschen«) kein Sockel- und kein Kellergeschoss. Das wiederum hatte Folgen für die Gesundheit des Königs, die man ihm vorausgesagt hatte und die er dann ohne großes Klagen ertrug: Die fußkalten Räume verursachten bzw. verschlimmerten seine Gicht. Fast 40 Jahre lang verbrachte Friedrich die Sommermonate von April/Mai bis Oktober in Sanssouci, das eigentlich für ein Schloss viel zu klein wirkt und eher einem französischen Maison de Plaisance gleicht, was es ja auch war: ein Land- und ein Lusthaus. In den Wintermonaten wohnte der König im Potsdamer Stadtschloss.

Doch widmen wir uns zunächst der oberen Terrasse. Sie wird an den beiden Seiten von Lärchenwäldchen begrenzt, die zur Schlossseite hin Exedren bilden; in diesen Halbrondells stehen Marmorbüsten römischer Kaiser, italienische Kopien aus dem 18. Jahrhundert nach Vorbildern aus der Antike. Außerdem findet sich in der westlichen Exedra die Skulpturengruppe Kleopatra mit trauerndem Armor, in der östlichen Flora mit Zephyr (1749), beides Werke von François Gaspard Adam. Unter der Florastatue befindet sich die **Gruft Friedrichs II.**, die er bereits 1744 von Oberbaudirektor Friedrich Wilhelm Diterichs anlegen ließ. Äußerste Geheimhaltung verband sich mit der einfachen Gruft, in keinem Dokument wird sie je erwähnt, außer in Friedrichs Testamenten. Im Testament von 1752 verbot er ausdrücklich die Sektion seiner Leiche und ihre Einbalsamierung, im Testament von 1769 heißt es: »Gern und ohne Klage gebe ich meinen Lebensodem der wohltätigen Natur zurück, die ihn mir gütig verliehen hat, und meinen Leib den Elementen, aus denen er besteht. Ich habe als Philosoph gelebt und will als solcher begraben werden, ohne Gepränge, ohne feierlichen Pomp. Ich will weder geöffnet noch einbalsamiert werden. Man bestatte mich in Sanssouci auf der Höhe der Terrassen in einer Gruft, die ich mir habe herrichten lassen.«

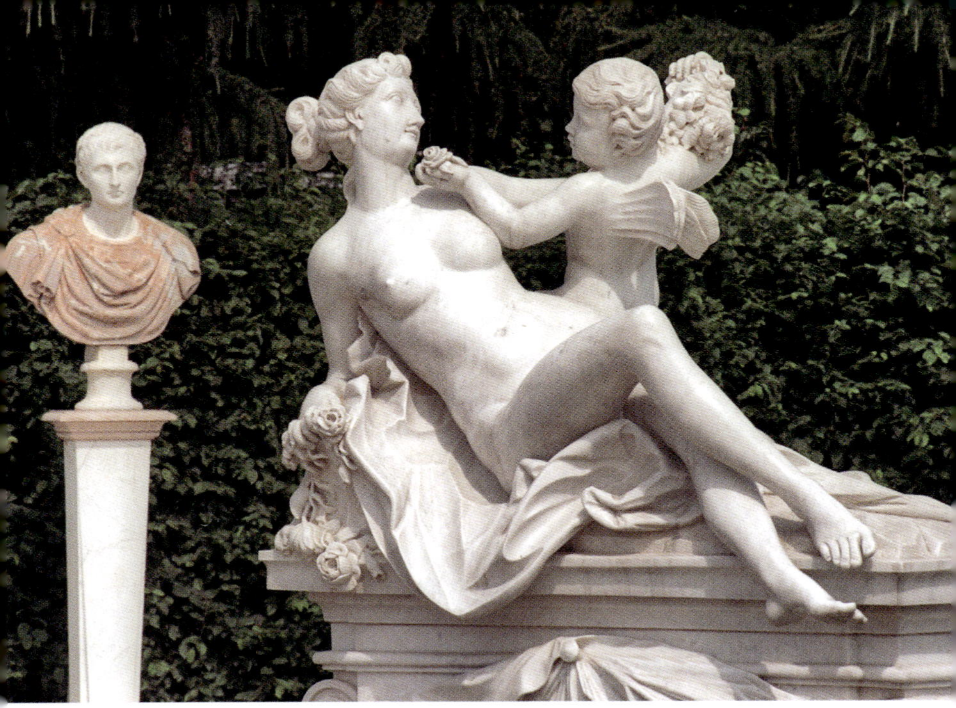

Florastatue über der Gruft Friedrichs II.

Grabtafel mit der Aufschrift »Friedrich der Große«

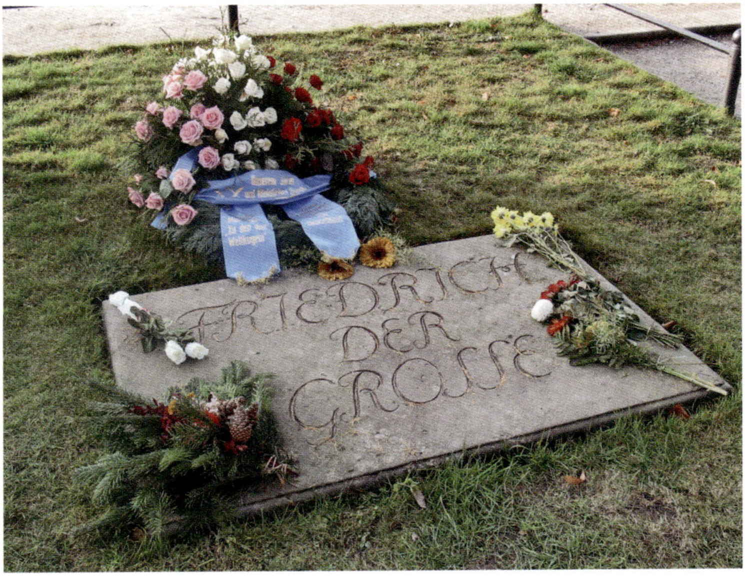

Mit anderen Worten: Auch in seiner Maison de Plaisance, also einem Ort der Lebensgenüsse, war der Tod in Form einer Art Maison du Mort immer gegenwärtig, und zwar in durchaus auch symbolischer Form: das Lusthaus oberirdisch, das Haus des Todes unter der Erde. Man kann das als philosophisches Programm – oder vielleicht besser als philosophisches Augenzwinkern – bezeichnen. Für Friedrichs Bauten und Gärten gilt eben auch, was der italienische Landschaftsarchitekt Pietro Porcinai (1910–1986) im Jahr 1979 schrieb: »Das Wesen des Gartens, seine Lehre für unser Leben, besteht nicht allein in der Betrachtung seiner historischen Entwicklung, das Interesse am Garten ist immer ein metaphysisches Interesse.« Und in dem »Führer durch die Gartenwelt Friedrichs des Großen« mit dem Titel »Tod, Glück und Ruhm in Sanssouci« heißt es: »Zur Markierung seiner Begräbnisstätte gab Friedrich eine 1749 aufgestellte Skulpturengruppe bei François Gaspard Adam in Auftrag, die die entspannt lagernde Frühlingsgöttin Flora mit dem Westwind Zephir in Gestalt eines Putto zeigt, welcher der Schönheit galant eine Rose überreicht. Neben diesem erotisch anmutenden Sinnbild der Rückkehr von Körper und Seele in den Kreislauf der Natur fällt das merkwürdige Spiel mit der Draperie ins Auge, die den Sockel der Florastatue über der Gruft Friedrichs gerade da geheimnisvoll verhüllt, wo man auf einer Tabula eine Inschrift zum Gedenken des Verstorbenen erwarten würde. Offensichtlich handelt es sich um ein sorgfältig aufgehängtes Velum (einen aus den antiken Mysterienkulten und sakralen Zusammenhängen geläufigen ›heiligen Vorhang‹), der (sic!) die Tabula ganz verdeckt: An die Stelle der Ruhmpreisung ist im Falle Friedrichs gerade das Gegenteil getreten, nämlich das Mysterium der Transformation des historischen Helden und seines individuellen Ichs in die völlige Anonymität der Natur.«

Ganz und gar nicht anonym erfolgte dagegen die Beisetzung von Friedrichs Windspielen, jener Hunde also, die er fast immer um sich hatte. So befinden sich beim Östlichen Halbrondell mit Grabplat-

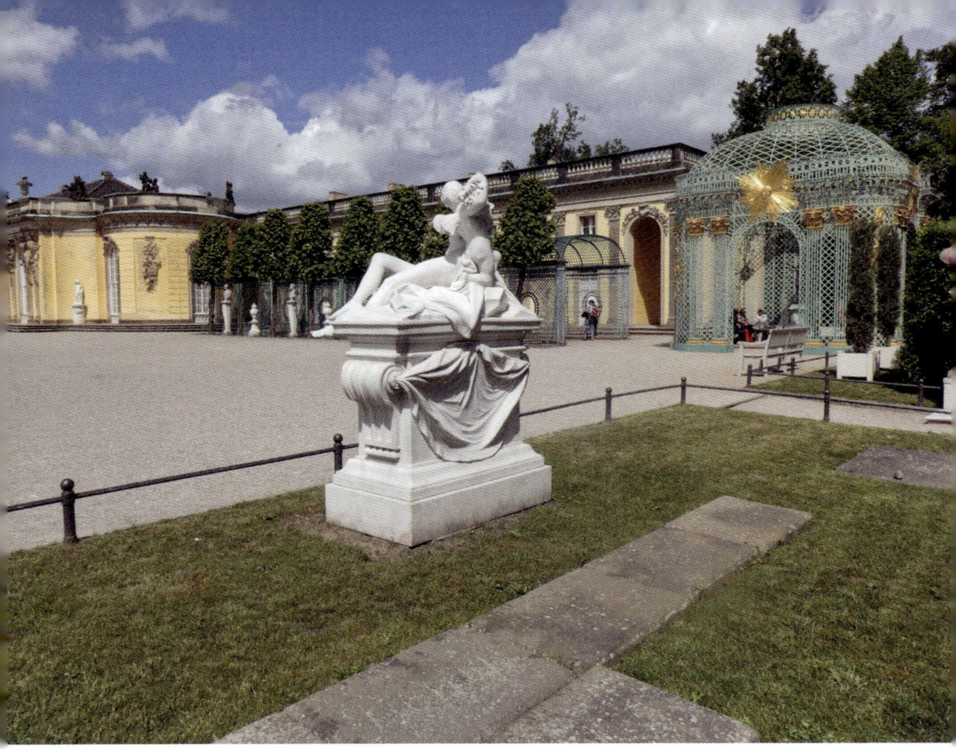

Gräber von Friedrichs Windspielen neben seiner Gruft

ten markierte Begräbnisplätze für elf, bei der Westlichen Exedra für zwei Windspiele.

Im Übrigen folgte sein Nachfolger dem Testament Friedrichs nicht und ließ den großen König in der Potsdamer Garnisonskirche beisetzen. Erst am 17. August 1991 wurde sein Wunsch erfüllt und seine sterblichen Überreste dort bestattet, wo er es verfügt hatte: in der Gruft auf der Terrasse von Sanssouci. Eine durchaus umstrittene Aktion, es gab sogar Gegendemonstrationen.

Bevor wir uns dem Schloss zuwenden, sollen noch zwei Bauten auf der Terrasse erwähnt werden: die **Gittersalons** zu beiden Seiten, die durch Laubengänge an das Schloss angebunden sind. Treillage-Salons und Laubengänge gehen auf Entwürfe von Knobelsdorff zurück, sind aber keine Originale mehr; so waren die Salons ursprünglich aus Holz und wurden erst später durch eiserne Pavillons ersetzt. Im östlichen Pavillon befindet sich ein Bronze-

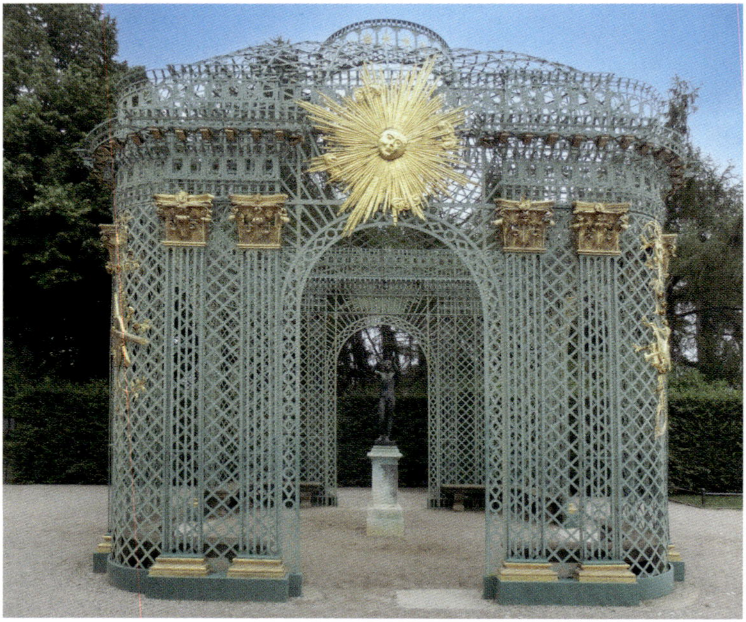

Gitterpavillon mit Betendem Knaben

nachguss einer berühmten antiken Skulptur: der **Betende Knabe**, »der wohl berühmtesten Berliner Antike«, wie Adrian von Buttlar und Marcus Köhler im »Führer durch die Gartenwelt Friedrichs des Großen« schreiben: »Sie war offenbar ein Stein des Anstoßes und wurde deshalb gleich nach Friederichs Tod 1786 ins Berliner Stadtschloss verbracht. Im Zuge des Kunstraubs von Napoleon nach Paris entführt, kehrte sie nach dem Sieg von Waterloo 1815 im Triumph nach Berlin zurück, wo sie ihre endgültige Aufstellung 1830 im Museum am Lustgarten fand. In Sanssouci steht – dank des verständigen Urgroßneffen Friedrich Wilhelm IV. – seit 1846 wieder ein Betender Knabe. Heute ist es ein um 1900 angefertigter Nachguss.« Das Original zählt zu den wenigen erhaltenen antiken Großbronzen, es entstand um 300 v. Chr. und wurde 1503 auf Rhodos gefunden. Beide Arme sind Ergänzungen eines namentlich nicht bekannten französischen Bildhauers. Der nackte Knabe, der die Arme

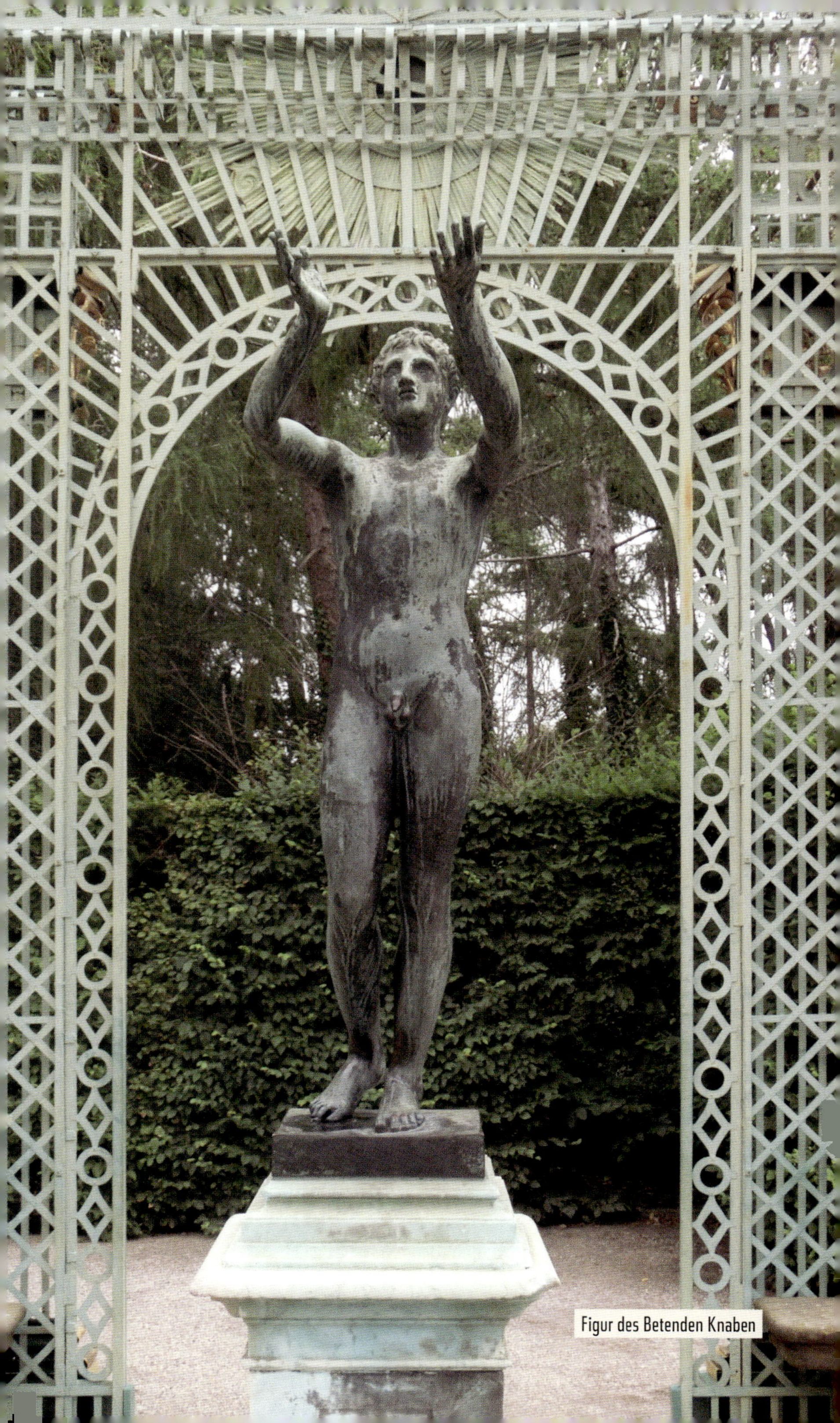

Figur des Betenden Knaben

in Orantenhaltung in die Höhe hebt, wird mitunter dem griechischen Erzgießer Boidas (auch Boedas) zugeschrieben, wobei bereits zweifelhaft ist, ob der Knabe überhaupt betet – oder ob es sich nicht um eine Siegerstatue handelt. Häufig dient der Betende Knabe zu Spekulationen über Friedrichs Homosexualität, an denen wir uns nicht beteiligen wollen. Auch heißt es, die Statue sei so aufgestellt worden, dass der König sie von seiner Bibliothek aus sehen konnte. Einer Überprüfung hält das kaum stand – es sei denn, Friedrich habe zur Betrachtung des nackten Jungen ein Fernrohr benutzt.

Und nun: das Schloss. Friedrich hat seine Maison de Plaisance voll Überschwang selbst bedichtet:

»Dort auf des Hügels luft'ger Spitze,
Wo frei das Auge schwelgt in fernen Sichten,
Ließ sich der Bauherr zum erhabnen Sitze
Mit Fleiß und Kunst das Haus errichten.
Der Stein, vom Meißel zubereitet,
In Statuen zierlich ausgebreitet.
Sanfte Terrassen lassen euch entfliehn
Ins Laubrevier, ins hundertfältige Grün.
Und Silberwellen sprühen über Marmorglieder
Steinerner Nymphen von so hohem Werte,
Wie einst ein Phidias sie uns bescherte.«

Das eingeschossige Schloss ist ein leuchtend gelb gestrichener Bau, auf dessen Gartenseite ein Mittelbau halboval hervortritt, der wiederum von einer Kuppel überragt und auf diese Weise zweifach hervorgehoben wird: im Inneren befindet sich der Festsaal. Nach Osten und nach Westen schließen Rundpavillons das Gebäude ab. Auf den aus der Fassade heraustretenden Festsaal – den Marmorsaal – folgen nach Osten die fünf königlichen Wohnräume und nach Westen fünf Gästezimmer. Wie erwähnt, lehnte Friedrich II. den Vorschlag Knobelsdorffs ab, das Gebäude zu unterkellern und

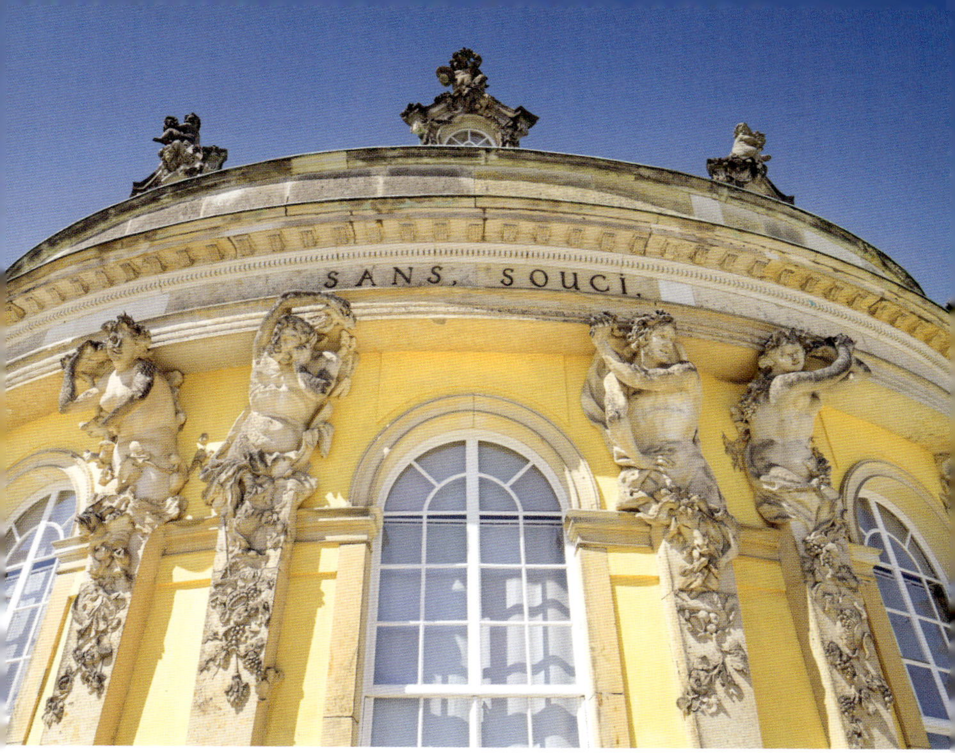

Der Mittelbau des Schlosses mit dem berühmten Schriftzug

es wegen einer besseren Fernwirkung auf einen Sockel und näher an die Terrassenkante zu stellen. Selbst den Hinweis, dass durch die fehlende Unterkellerung Gicht und häufige Erkältungen drohten, schlug der König in den Wind. Genau diese gesundheitlichen Folgen traten später ein, wobei die Gicht wohl eher den Aufenthalten im Freien während der Kriege geschuldet sein dürfte; sie verschlimmerte sich aber in Sanssouci durch die aufsteigende Fußkälte. Außerdem ruinierte die von unten hochdrängende Feuchtigkeit das Parkett.

Mit seinen zehn Wohnräumen, einem Festsaal, dem Vestibül und zwei Gängen (die zweigeschossigen Anbauten stammen aus späterer Zeit) gemahnt Sanssouci eher an ein Gartenhaus, wenn auch eines von Adel. Der König musste nur drei Stufen nehmen, um aus dem Schloss auf die Terrasse zu gelangen, wo er mit seinen Windspielen philosophierend spazieren ging. Hier unterzeichnete

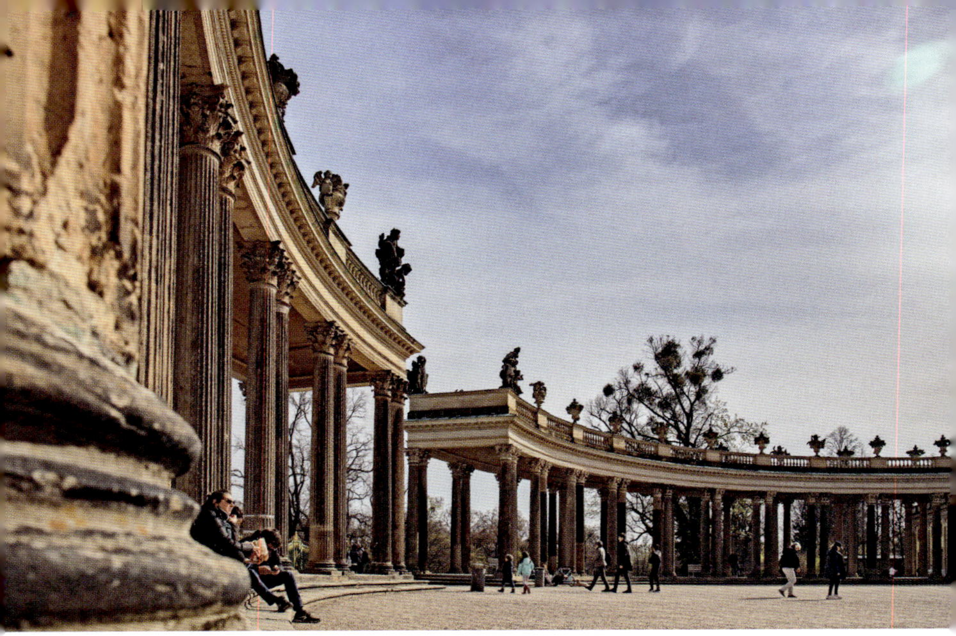

Kolonnade an der Nordseite des Schlosses

er am 24. Juli 1747 zum ersten Mal ein Schriftstück mit »Philosophe de Sanssouci«. Seinen poetischen Werke, die in Sanssouci entstanden, gab er den Titel »Œuvre du philosophe de Sanssouci« (»Werke des Philosophen von Sanssouci«). Seine ihm vom Vater aufgezwungene Ehegattin, Elisabeth Christine von Braunschweig-Wolfenbüttel-Bevern (1715–1797), war hier nicht erwünscht, sie hielt sich vorwiegend im Schloss Schönhausen auf.

Mit seinen Rundbogenfenstern und den Fenstertüren, die ebenfalls mit einem Rundbogen nach oben abschließen, sieht das Weinbergschloss eher wie eine Orangerie aus. Die Einheit von Architektur und (Lust-)Garten kommt auch in der skulpturalen Gestaltung zum Ausdruck. So verzieren, von Friedrich Christian Glume und seiner Werkstatt geschaffen, 36 Tragefiguren die Terrassenfront, Faune, Mänaden, Kinder mit Weinreben – alles Begleiter des Weingottes Bacchus. Auf der anderen, der Kolonnadenseite, zeigen sinnliche Sirenen und Drachen die berauschende Wirkung des Weins. Überhaupt sind der Gartenbau und der Wein Leitmotive in der Außen- und Innendekoration von Sanssouci. Waren das Schloss und seine Umgebung doch als eine Art Arkadien konzipiert, wo der Lebensgenuss im Mittelpunkt steht.

Die Hofseite des Schlosses diente dem Empfang der Gäste. Der Ehrenhof wird von den Kolonnaden (1747, von Knobelsdorff) aus gekuppelten Sandsteinsäulen korinthischer Ordnung umfangen, in deren Mitte eine Lücke freigelassen wurde, zu der die Rampe führte, auf der die Gäste sich dem Schloss näherten – exakt gegenüber befindet sich das Vestibül. Diese Auffahrt gab zugleich den Blick frei zum heute so genannten Ruinenberg, wo die Ruinenvedute einen besonderen Point de vue bildet. Die Ruinen sind eine Reminiszenz an die römische Antike, zugleich umstehen sie das große runde Becken, in dem Wasser für den Betrieb der Wasserspiele gesammelt wurde – die bekanntlich nicht funktionierten. Im Sichtfeld an der Straße befindet sich der 1852 nach einem Entwurf von König Friedrich Wilhelm IV. geschaffene Rossbrunnen.

Korinthische Doppelsäulen als repräsentative Architekturform kennzeichnen auch die beiden Haupträume des Schlosses, das **Vestibül** und den Marmorsaal. Der helle Vorsaal ist mit weißem schle-

Vestibül des Schlosses

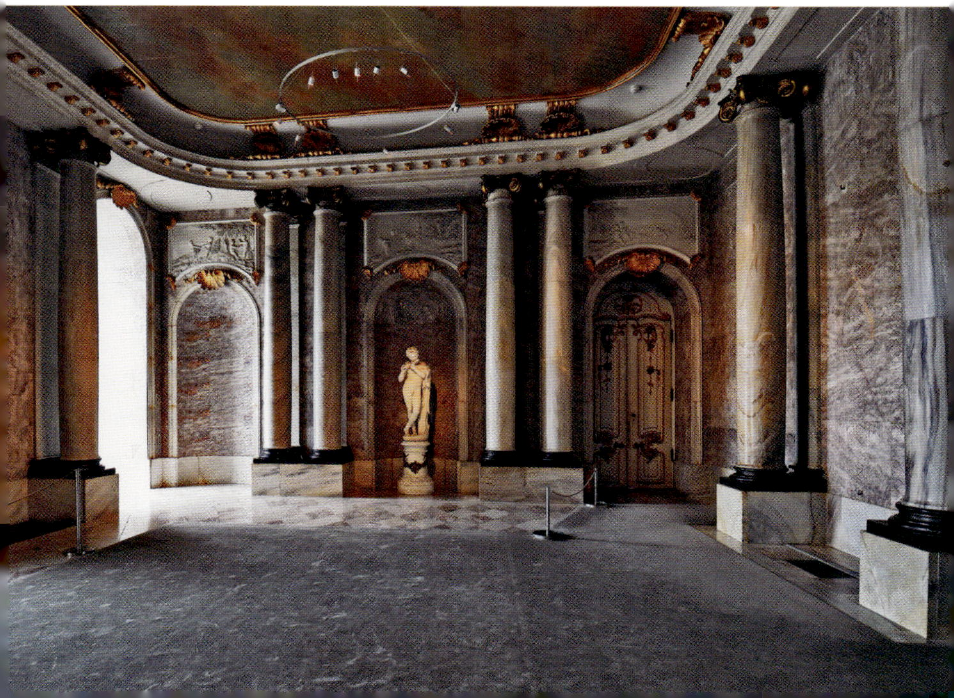

sischen Marmor ausgelegt, auch die Säulen aus Stuckmarmor sind weiß. Kapitelle und Säulenbasen sind vergoldet. Mit Gold wurde nicht gespart. Eine ausführliche Beschreibung der Ausstattung ist auf diesen Seiten nicht möglich, dafür sei auf andere Publikationen verwiesen. Erwähnt werden soll nur die Skulptur des Ares Ludovisi, 1730 geschaffen von Lambert Sigisbert Adam. Diese war ein Geschenk Ludwigs XV. an Friedrich II. und eine Kopie nach einem antiken Original, das sich einst in der Villa Ludovisi in Rom befand, daher der Name. Wichtig ist die Botschaft: Der Kriegsgott hat Waffe, Schild und Helm abgelegt und symbolisiert so, dass man sich an einem friedlichen Ort befindet. Die Sitzstatue gegenüber ist ebenfalls eine Kopie nach einem antiken Original und zeigt Agrippina, die Mutter des römischen Kaisers Nero. Sie wurde erst 1846 aufgestellt.

Der Besucherrundgang führt durch die **Kleine Galerie** zu den Wohnräumen Friedrichs II., fünf an der Zahl, darunter das Arbeits- und das Schlafzimmer sowie die Bibliothek. Durch die Galerie, die bereits zum Privatbereich des Königs zählte, gelangte Friedrich vom Vestibül direkt zur Bibliothek sowie zum Schlaf- und Arbeitszimmer. Bei den Gemälden in den aufwendig geschnitzten und vergoldeten Rahmen handelt es sich um Werke von Antoine Watteau und seinen Schülern Nicolas Lancret (1690–1743) und Jean-Baptiste Pater (1695–1736). Watteau hatte mit den Fêtes galantes ein neues künstlerisches Genre geschaffen. In idealisierten ländlichen Landschaften werden oft verliebte Paare, Tänzer, elegante Damen und Hirten gezeigt, manchmal aber auch ganze Gesellschaften, die sich, überstrahlt von Heiterkeit, dem spielerischen Lebensgenuss hingeben. Diese galante französische Gesellschaft gefiel Friedrich besonders, und er erwarb bis 1750 immerhin 13 Gemälde Watteaus, von denen vier in Sanssouci zu sehen sind.

Nun aber zu den einzelnen Räumen des königlichen Appartements: Direkt an den Marmorsaal, dem wir uns später widmen, schließt sich das **Audienzzimmer** an, in dem Besucher des Königs auf den Empfang warteten. Das relativ kleine Zimmer wurde aber

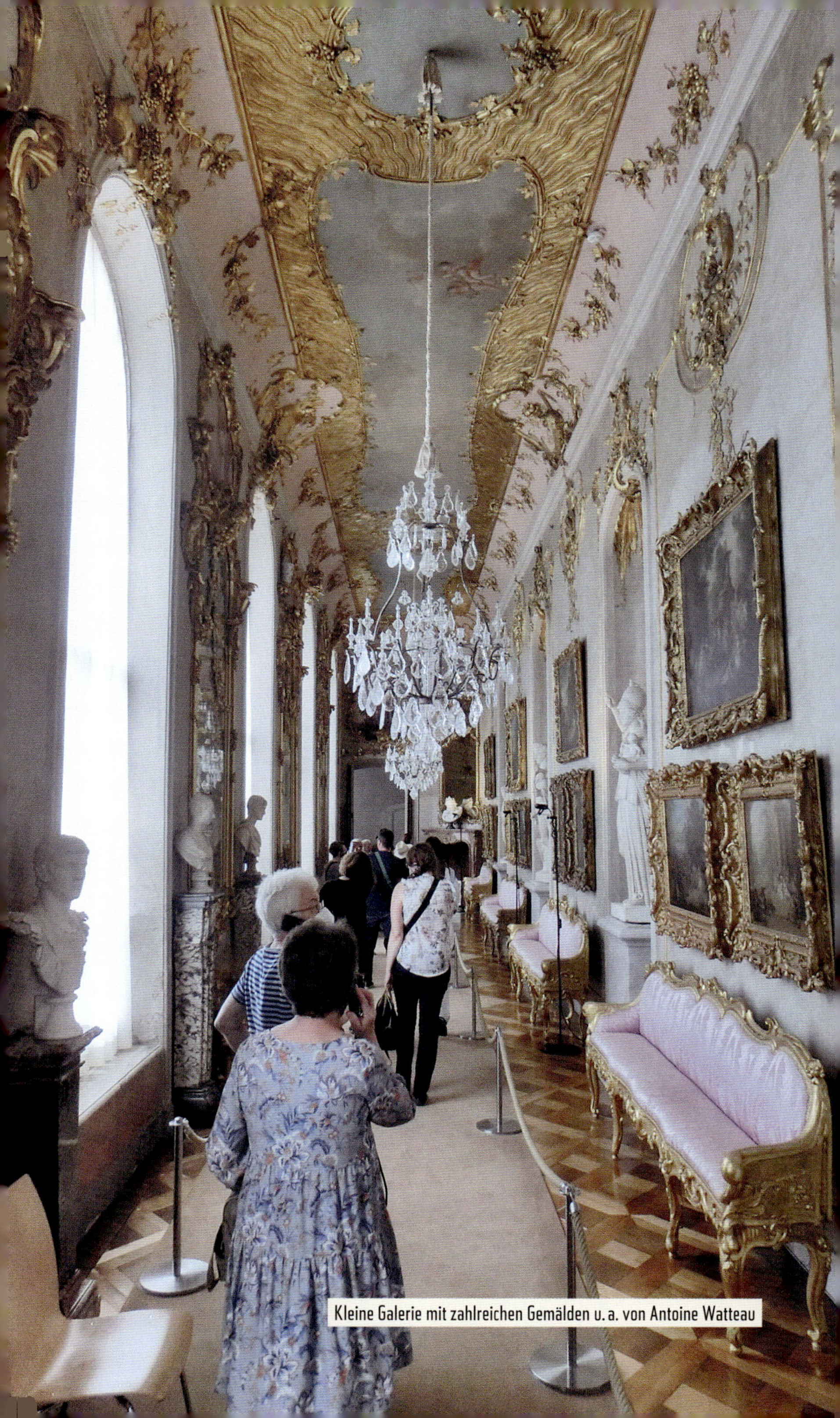

Kleine Galerie mit zahlreichen Gemälden u. a. von Antoine Watteau

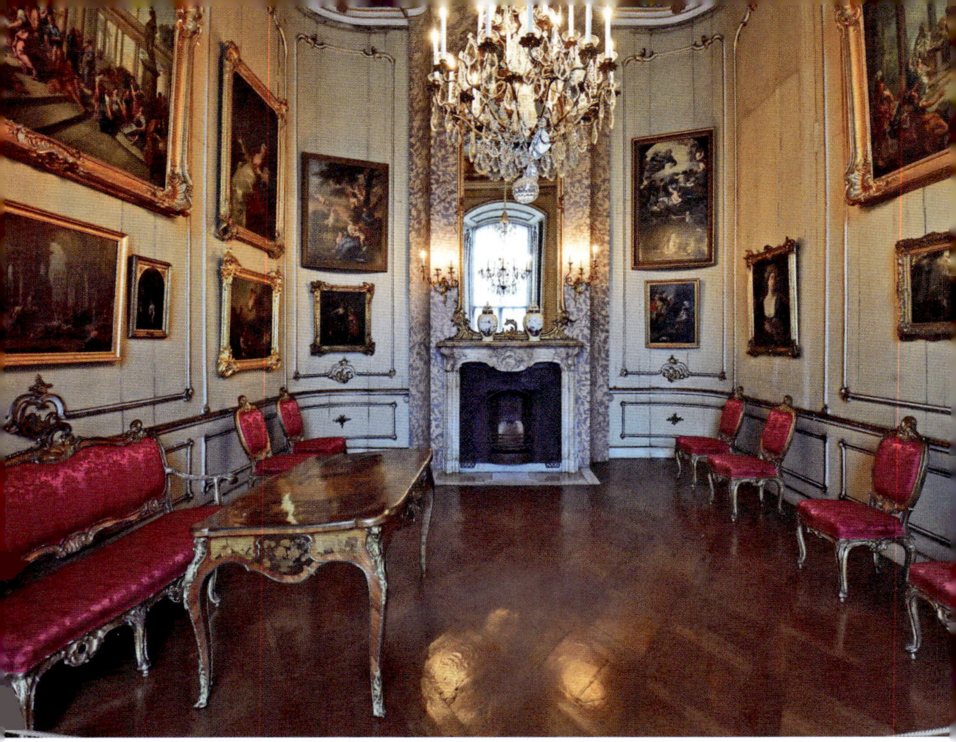

Audienzzimmer

auch als Speisezimmer genutzt, so für die königliche Mittagstafel – der benachbarte Saal diente besonderen Anlässen. Bekannt sind Friedrichs Tafelrunden vor allem durch das 1945 zerstörte Gemälde von Adolph Menzel, das allerdings erst 1850 entstand. Viele wichtige Gäste der königlichen Tafelrunde sind abgebildet, darunter auch Voltaire (1694–1778) und Lordmarschall Keith, um zwei zu nennen. Voltaire beschreibt in seinen Memoiren ein Souper wie folgt: »Soupiert wurde in einem kleinen Saal, wo als kuriosester Schmuck ein Bild hing, zu dem er seinem Maler Pesne, einem unserer besten Koloristen, den Vorwurf gegeben hatte. Es war eine prächtige Priapee (nach Priapea, einer antiken Sammlung erotischer Gedichte – F. G.). Junge Männer, Frauen umarmend, waren darauf abgebildet, Nymphen unter Satyrn, Amouretten im Spiel der Enkolpe und Lustknaben, ein paar Figuren, die sich beim Anblick dieses Liebesspiele vor Lust wanden, schnäbelnde Turteltauben, Böcke und Widder, Ziegen und Schafe bespringend. Die Mahlzeiten verliefen meist nicht weniger philosophisch. Wäre jemand plötzlich eingetreten, hätte dieses Bild gesehen und uns zugehört, er hätte geglaubt, die sieben Weisen Griechenlands unterhielten sich im Bordell. Nirgends auf der Welt wurde je mit so viel Freiheit über den Aberglauben der Menschen gesprochen, und nie mit so viel Spott und Verachtung. Gott war ausgenommen; aber von denen, die in seinem Namen die Menschen getäuscht hatten, blieb keiner verschont. Weder Frauen noch Priester betraten je das Schloss. Kurz, Friedrich lebte ohne Hof, ohne Rat und ohne Religion.«

Das Deckengemälde des Hofmalers Pesne (siehe S. 90) stellt die auf einer Wolke sitzende Blumengöttin Flora dar, die der Windgott Zephyr bekränzt. Zwei Putten streuen Blumen, ein Genius gießt Tau aus einer Amphore. Die vergoldeten Reliefs über den Türen schuf F. C. Glume.

König Friedrichs II. Tafelrunde in Sanssouci. Gemälde von Adolph Menzel, 1850

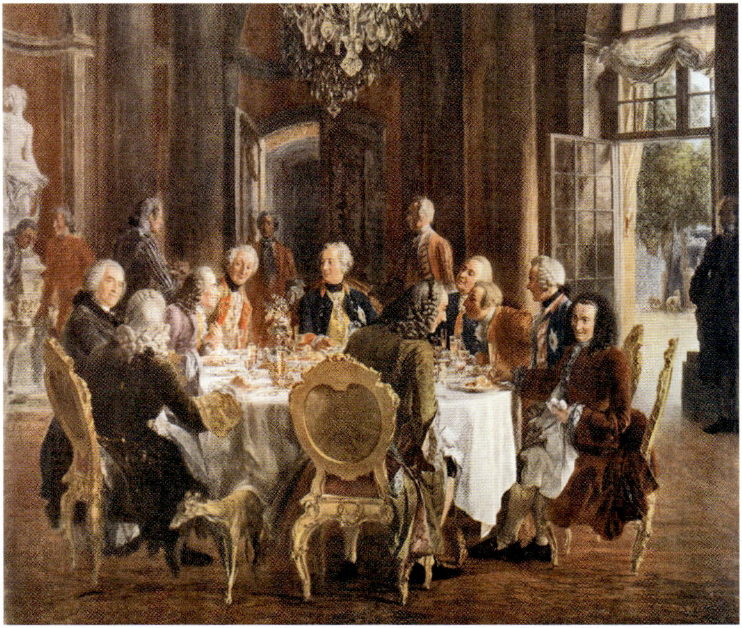

Antoine Pesne

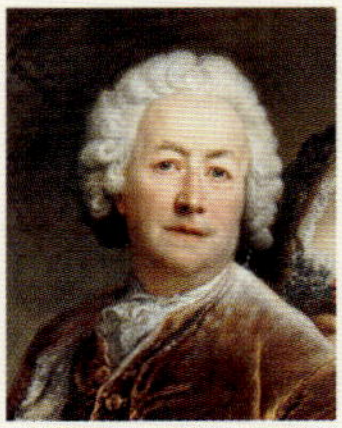

Geboren am 23. Mai 1683 in Paris,
gestorben am 5. August 1757 in Berlin.

Der französische Rokokomaler wurde von seinem Vater Jean Pesne (1623–1700) und von seinem künstlerisch bedeutenderen und einflussreichen Großonkel Charles de La Fosse (1636–1716) ausgebildet, der es bis zum Hofmaler Ludwigs XIV. und zum Direktor der Königlichen Akademie brachte. 1710 berief ihn der erste König in Preußen, Friedrich I., an den Hof nach Berlin. 1722 wurde Pesne Direktor der Berliner Kunstakademie. Auch unter König Friedrich Wilhelm I., also dem Vater von Friedrich II., blieb Pesne Hofmaler, allerdings – nicht untypisch für den »Soldatenkönig« – mit gekürzten Bezügen. Der Maler weilte von 1736 bis 1740, dem Jahr des Regierungsantritts von Friedrich, in Rheinsberg, wo er zu den dort bereits abgehaltenen Tafelrunden Zugang fand. So wurde Antoine Pesne nahtlos Hofmaler bei einem dritten preußischen König. Pesne erlangte seinen Ruf nicht allein durch die Ausmalung von Schlossräumen, sondern auch als Porträtist von Angehörigen der Königsfamilie(n) und des Hofstaates.

Zu den Tafelrunden lud der König täglich sieben bis zehn Personen ein, in der Regel Gelehrte und Offiziere. Am Morgen um zehn Uhr ging ihnen die Einladung zu. Die Speisefolge hatte der König bereits am Vorabend kontrolliert. Die Mahlzeiten erstreckten sich über Stunden, begleitet von Konversation in französischer Sprache, wobei, wie Voltaire es beschrieben hat, kein Blatt vor den Mund genommen wurde.

Als nächstes Zimmer in westlicher Richtung – entgegen dem Besucherrundgang – schließt sich das **Konzertzimmer** an, das als einer der schönsten Räume des deutschen Rokoko gilt. Die vergoldeten Wand- und Deckenornamente rufen mit ihren Pflanzen-, Tier- und Muschelmotiven die Natur an, die sich vor den Fenstern

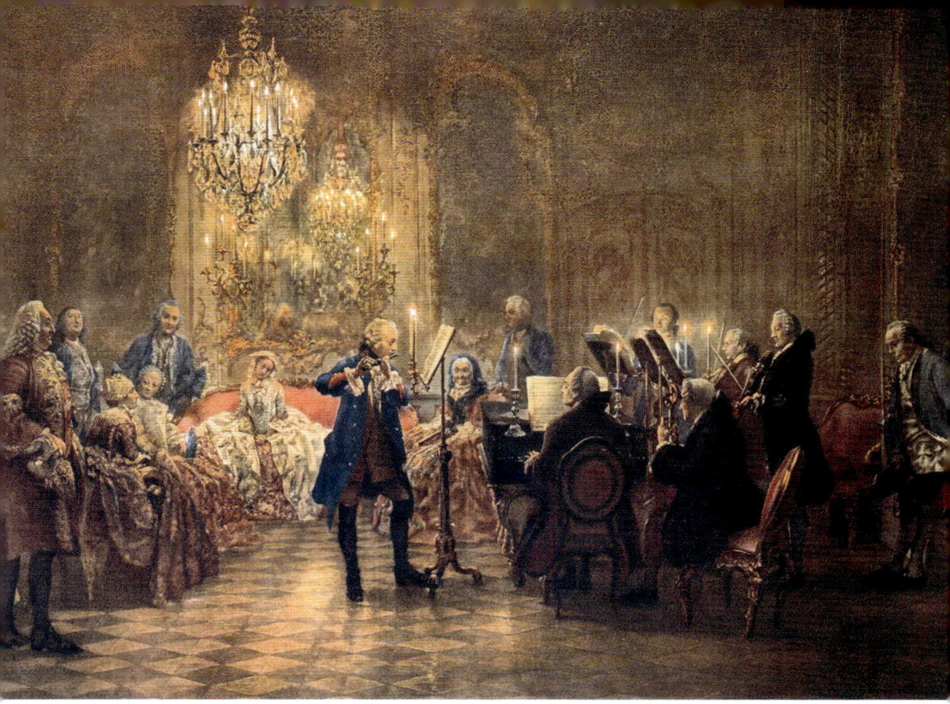

Flötenkonzert Friedrichs des Großen in Sanssouci. Gemälde von Adolph von Menzel, 1850

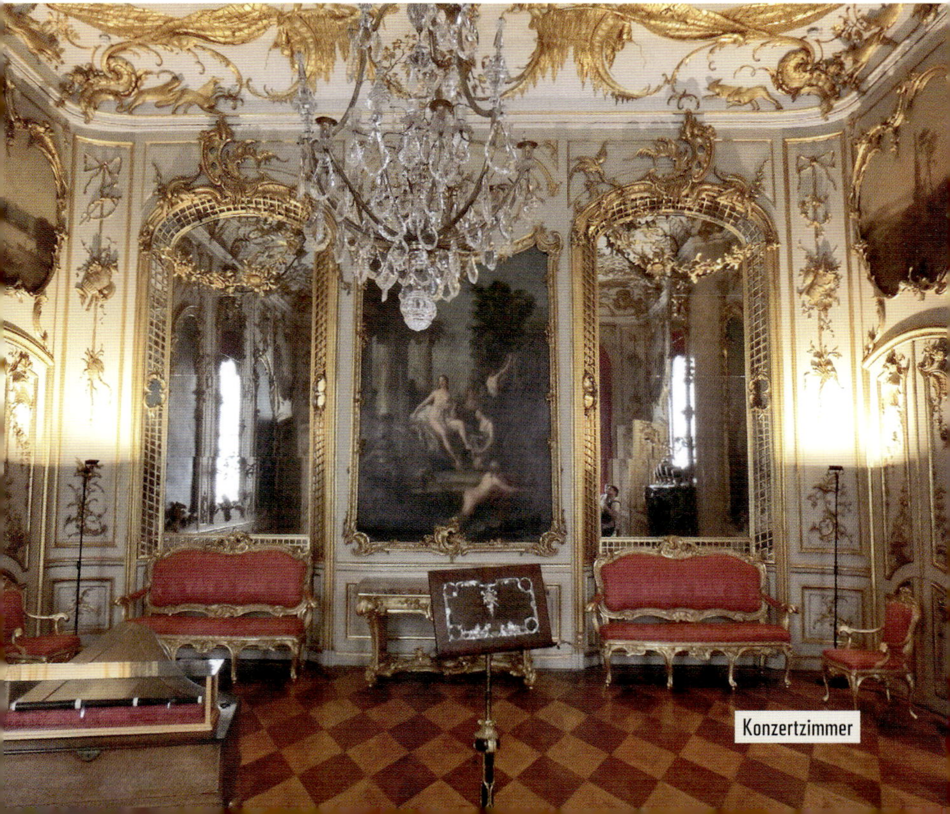

Konzertzimmer

erstreckt, auch wenn es sich um gestaltete Natur, also eigentlich um Kunst handelt. Die Gemälde von Antoine Pesne illustrieren Szenen aus den Metamorphosen des Ovid, die zur Lieblingslektüre des Königs zählten. Oftmals wird die Verwandlung von Menschen in allerlei Pflanzen geschildert, ein Umstand, der für die Psychoanalyse des Herrschers von Interesse sein könnte, wobei wir die allfälligen Spekulationen den Besuchern überlassen wollen. Friedrich II. soll ein guter Querflötenspieler gewesen sein; von seiner Begeisterung für die Musik zeugen eine Flöte und ein Notenpult des Königs. Friedrich nutzte den Raum auch als zweites Empfangszimmer, außerdem soll hier nach dem Mittagessen der Kaffee gereicht worden sein.

Dem Konzert- folgt das **Schlaf- und Arbeitszimmer**, dessen ursprüngliche Gestalt nicht erhalten ist (im Gegensatz zu allen anderen Räumen). Friedrich II. sah sich nicht nur als Poet und Philosoph, sondern er begriff seine königliche Rolle als die eines ersten Diener des Staates – im Gegensatz etwa zu Ludwig XIV., der gesagt haben soll: »L'État c'est moi« (der Staat bin ich). Trotz dieser scheinbaren

Friedrich der Große in seinem Arbeitszimmer zu Sanssouci. Farbdruck von Carl Röchling, 1890

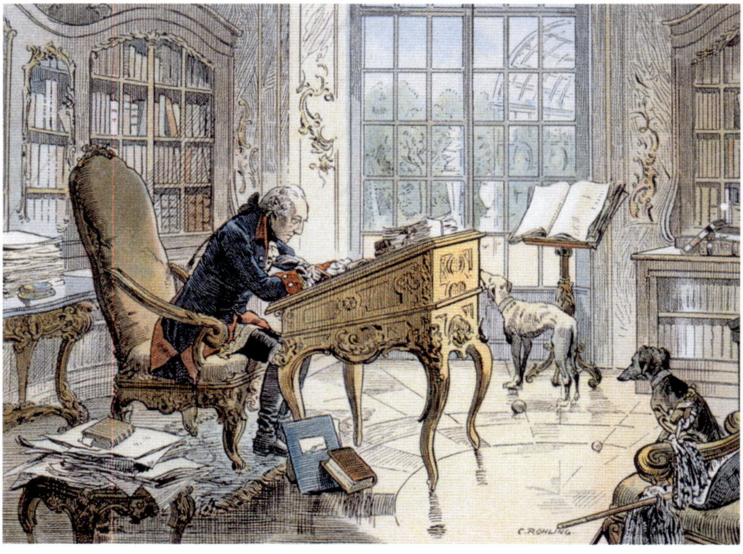

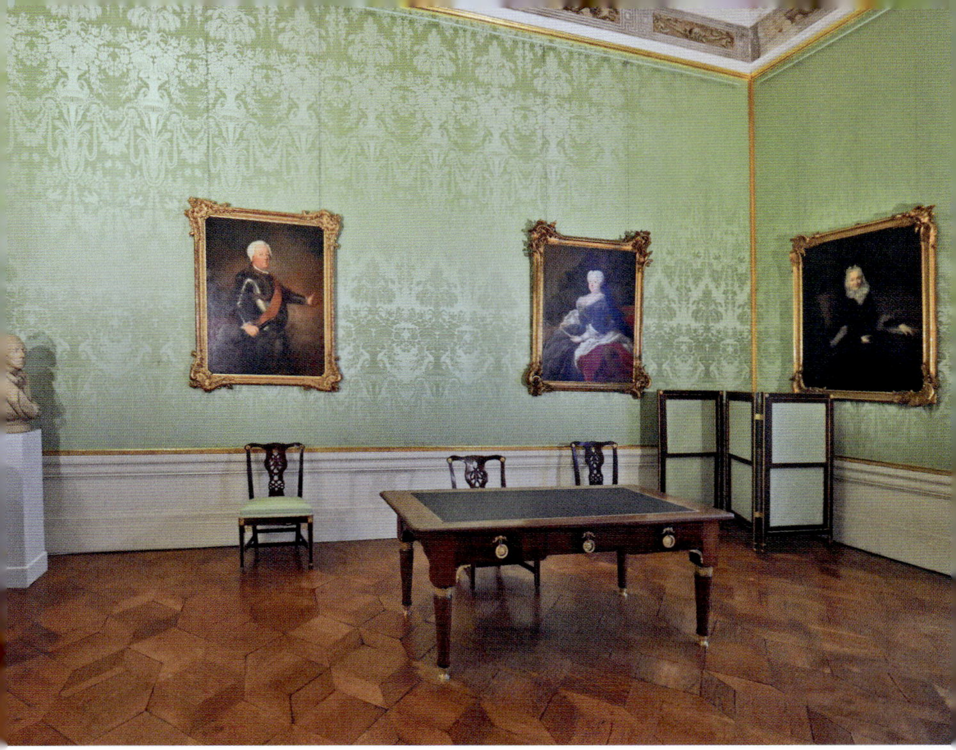

Das Arbeitszimmer wurde unter Friedrich Wilhelm II. umgestaltet.

Selbstverleugnung war Friedrich ein absolutistischer Herrscher. Andererseits regierte er Preußen mit äußerster Disziplin und lebte selbst recht bescheiden, jedenfalls für einen König. Friedrich war sparsam, was den Pfusch an vielen seiner Bauten erklärt, und diese Sparsamkeit muss sich im Alter zu Geiz ausgewachsen haben. So wurde das Schlaf- und Arbeitszimmer in den 40 Jahren, in denen er es bewohnte, nicht ein einziges Mal renoviert. Sein Neffe und Nachfolger Friedrich Wilhelm II. sah sich daher genötigt, es in klassizistischem Stil umgestalten zu lassen.

Hielt sich der König in Sanssouci auf, regierte er sein Reich von diesem Raum aus. Hier empfing er seine Räte und Minister, hier verfertigte er Unmengen an Erlassen. Seine Nächte verbrachte er auf einem einfachen Feldbett, das in der Nähe des Kamins stand.

Friedrich II. starb in seinem Arbeitszimmer am 17. August 1786. Um sich hatte der in einem Sessel sitzende König den Leibarzt Dr.

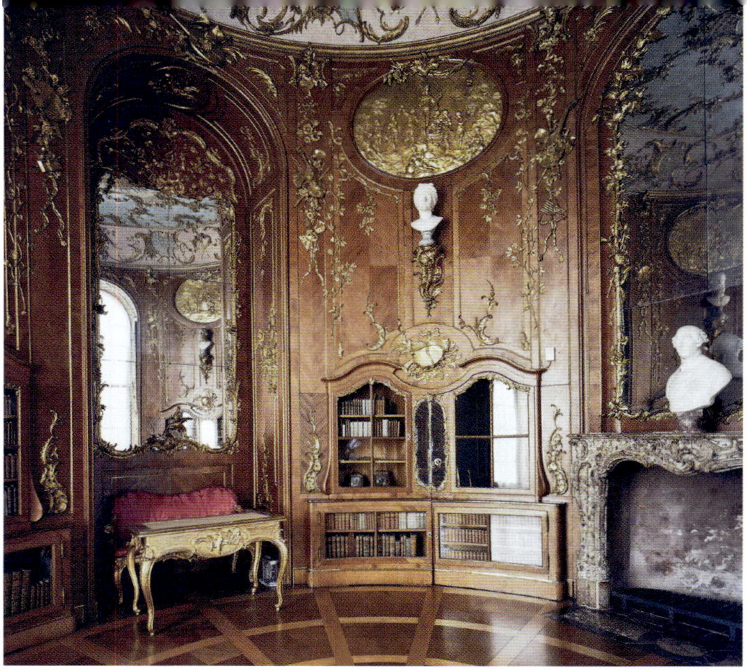

Bibliothek

Selle, zwei Kammerdiener und einen Lakaien. Der Bericht des Leibarztes lautete wie folgt: »Ich fand zwar bei meiner Ankunft nach drei Uhr den in jeder Rücksicht großen Kranken mit etwas freierem Bewußtsein, so daß er die Umstehenden kannte, aber doch erinnerte er sich seiner noch nicht expedierten Kabinettsgeschäfte zum ersten Male in dem ganzen Verlauf seiner Regierung nicht und dies war mehr als hinlänglicher Beweis von dem hohen Grade seines Übelbefindens, nur sterbend konnte er fähig sein, seine Geschäfte zu vergessen, und dieser Umstand schreckte mich mehr als alles übrige ... Plötzlich stellte sich um 9 Uhr ein beständiger kurzer Husten mit starkem Röcheln auf der Brust ein, der nach und nach das Atemholen erschwerte und morgens, den 17. August um 2 Uhr 20 Minuten die Maschine dieses außerordentlichen Geistes zum Stillstand brachte.«

Das letzte Zimmer der königlichen Wohnung ist die im östlichen Rundpavillon untergebrachte **Bibliothek**, ein wunderschöner Raum, der leider nur durch ein Türfenster betrachtet werden kann,

GÄSTEBUCH
Voltaire (1694–1778)
Über den König von Preußen. Memoiren

König Friedrich II. »führte in Potsdam das gleiche Leben, das er seit seiner Thronbesteigung stets geführt hatte. Es verdient eine nähere Beschreibung.
Er stand sommers um fünf Uhr früh auf, winters um sechs. Wenn Sie über das königliche Zeremoniell bei diesem Lever berichtet sein wollen, über die großen und die kleinen Entrées, über die Funktionen des Großalmoseniers, seines Oberkammerherrn, seines Ersten Kammerherrn, seiner Türsteher, so antworte ich Ihnen: ein Lakai kam, machte Feuer, kleidete ihn an und rasierte ihn; und das Ankleiden besorgte der König zur Hälfte selbst.

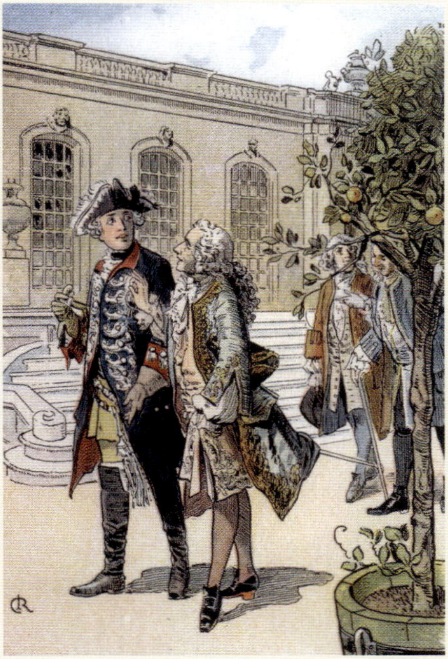

Im Gespräch mit Voltaire. Farbdruck von Carl Röchling, um 1900

[...]
War Seine Majestät gekleidet und gestiefelt, huldigte der Stoiker für ein paar Augenblicke der Sekte Epikurs: er ließ zwei oder drei Favoriten kommen, Leutnants aus seinem Regiment oder Pagen, Heiduken oder junge Kadetten. Man trank Kaffee. Derjenige, der das Taschentuch zugeworfen bekam, blieb eine halbe Viertelstunde mit dem König allein. Es kam dabei nicht bis zum Äußersten; da der Prinz zu Lebzeiten seines Vaters bei seinen flüchtigen Liebschaften ziemlich malträtiert und schlecht geheilt worden war; die erste Rolle konnte er nicht spielen, er musste sich mit der zweiten begnügen.
Nach diesen Schuljungenvergnügen kamen die Staatsgeschäfte an die Reihe.«

zu fragil ist die Einrichtung. Nur der König hatte normalerweise Zutritt, und hier wurde nicht gespart. Der runde Raum ist mit Zedernholz getäfelt, Ornamente aus vergoldeter Bronze überziehen die Wände, wobei neben die Naturmotive wie Weinlaub und Blumen auch Instrumente der Wissenschaften und (technischen) Künste Einzug halten, der Funktion des Raumes als Wissensspeicher angemessen. Vier Bücherschränke sind in die Wände eingelassen, der Schreibtisch des Königs befindet sich gegenüber des Ostfensters, durch das er angeblich auf den Betenden Knaben geblickt haben soll. In der Bibliothek findet sich kein einziges deutschsprachiges Buch. Als eine besondere Ehre galt es, wenn man hierher zum Besuch eingeladen wurde.

Wie erwähnt, trennt der **Marmorsaal** die Wohnung des Königs von den Gästezimmern; hierhin verlegte Adolph Menzel auch die Tafelrunde, was historisch nicht belegt werden kann. Der aus der Flucht der Gartenfassade herausragende Festsaal ist eine der großartigen Schöpfungen Knobelsdorffs. Das von ihm häufig verwendete Würdemotiv der korinthischen Säule erfährt seine Steigerung in Form von acht Säulen aus Carrara-Marmor mit vergoldeten Basen und Kapitellen. Der Fußboden besteht aus schlesischem Marmor, der auch in anderen Schlössern Friedrichs zum Einsatz kam. Über dem Gesims der Kuppel, bei der auch nicht mit Gold gespart wurde, finden sich spielende Putten sowie Personifizierungen der Künste, ausgeführt von Georg Franz Ebenhecht: Architektur, Musik und Poesie, Malerei und Bildhauerei, Astronomie und Geografie. In den Nischen beiderseits der Tür zum Vestibül stehen die Skulpturen Apollo und Venus Urania, 1748 von François Gaspard Adam geschaffen.

In westlicher Richtung geht vom Marmorsaal der Trakt der **Gästezimmer** ab; vier sind zugänglich, das fünfte, ein Pendant zum östlichen Rundbau, kann nicht besichtigt werden. Die Zimmer sind als Appartements doubles ausgestattet, und hinter jedem der nach Süden ausgerichteten Zimmer befinden sich eine Dienerkammer

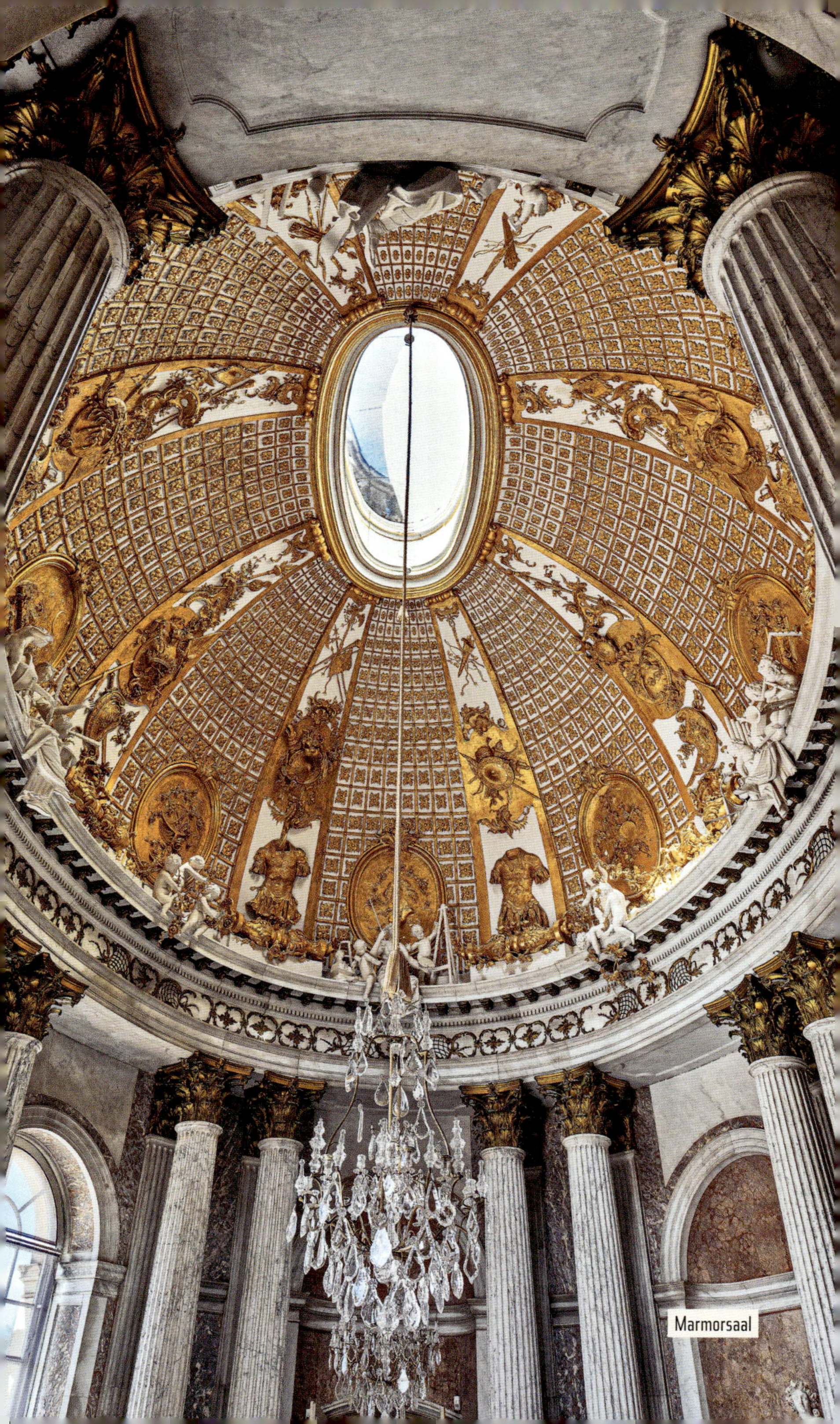

Marmorsaal

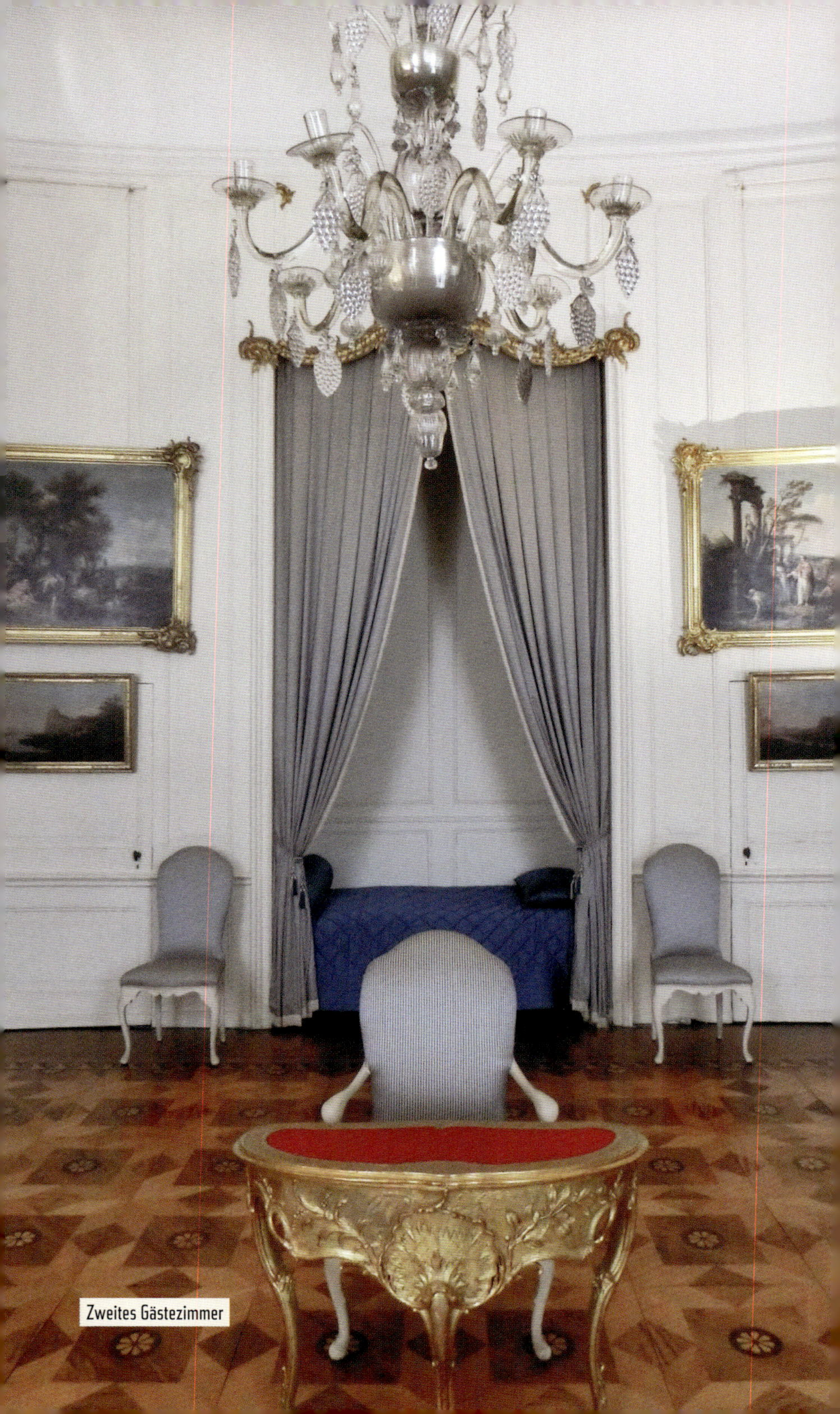

Zweites Gästezimmer

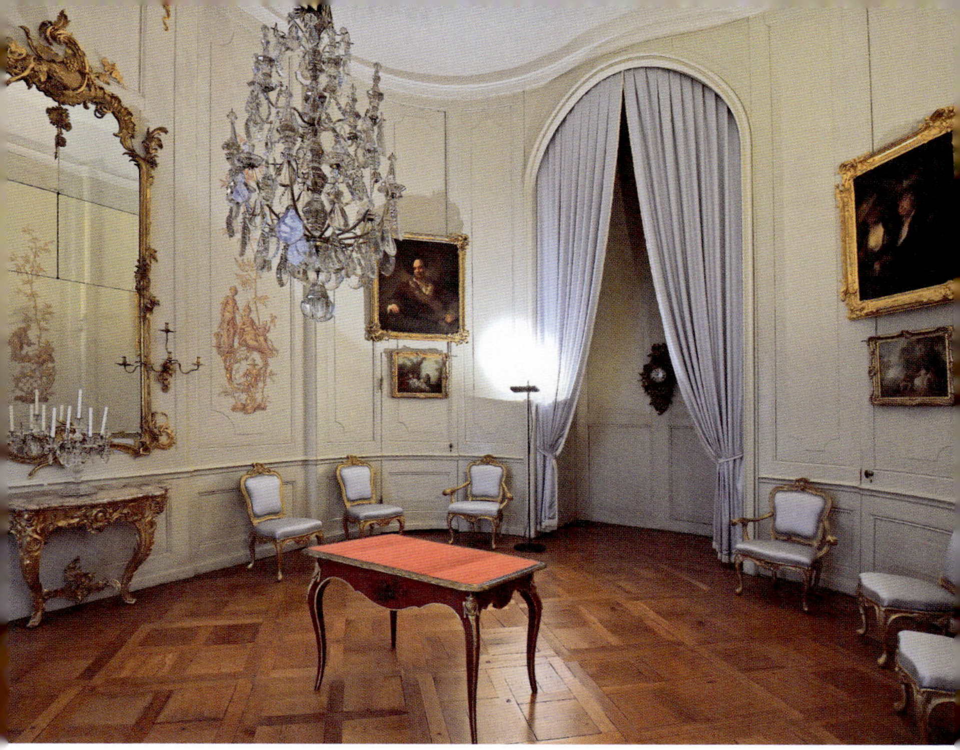

Erstes Gästezimmer

und eine weitere zur Aufbewahrung der Kleider. Betreten wurden die Zimmer durch Fenstertüren von der Terrasse aus. Das Erste Gästezimmer ist mit Chinoiserien dekoriert, einer im 18. Jahrhundert weit verbreiteten Mode folgend, die auch im Chinesischen Haus und im Drachenhaus im Park ihren Niederschlag fand. Ab 1840, dem Jahr seiner Thronbesteigung, diente das Zimmer König Friedrich Wilhelm IV. als Wohn- und Arbeitszimmer, und hier starb er auch am 2. Juni 1861. Nach den Worten seines Erziehers Friedrich Delbrück (1768–1830) hatte der Urgroßneffe Friedrichs II. seine schönsten Kindheitstage in Sanssouci verbracht, und zwar gemeinsam mit seinem Bruder Wilhelm (dem späteren Kaiser Wilhelm I.) und seiner Schwester Charlotte (später als Alexandra Fjodorowna Ehefrau des russischen Zaren Nikolai I.). Als König kehrte er dann mit seiner Frau jedes Jahr ins Weinbergschloss zurück. Die Räume Friedrichs II. blieben unangetastet. Allerdings ließ er das Schloss ab

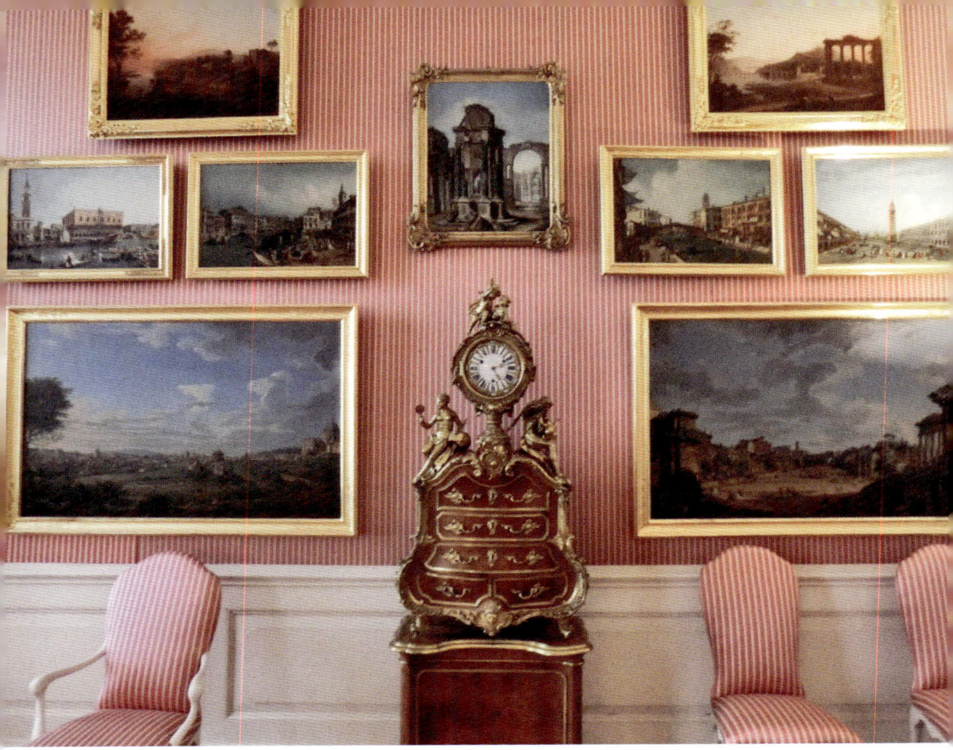

Drittes Gästezimmer

1840 von den Baumeistern Ludwig Persius und Ludwig Ferdinand Hesse modernisieren. So wurden die Seitentrakte aufgestockt und die Schlossküche in den östlichen Seitenflügel verlegt, im westlichen entstand ein Flügel für die Damen.

Das Zweite Gästezimmer wiederum diente Königin Elisabeth ab 1840 als Wohnzimmer, den weitaus größten der Räume, das Dritte Gästezimmer, nutze das Königspaar als gemeinsames Schlafzimmer. Etwas ausführlicher soll nun wegen seiner auffälligen Dekoration das Vierte Gästezimmer beschrieben werden, das oft mit Voltaire in Verbindung gebracht wurde und daher auch Voltairezimmer heißt. Das Dekor besteht aus Schnitzereien von Blumen, Girlanden, Früchten und Tieren, die sich in natürlicher Farbgestaltung von den gelben Wänden abheben und geradezu naturalistisch wirken. Blumengirlanden aus Eisenblech lösen sich von der Decke, so als würden sie tatsächlich an ihr entlangwachsen, und sogar der Kronleuchter

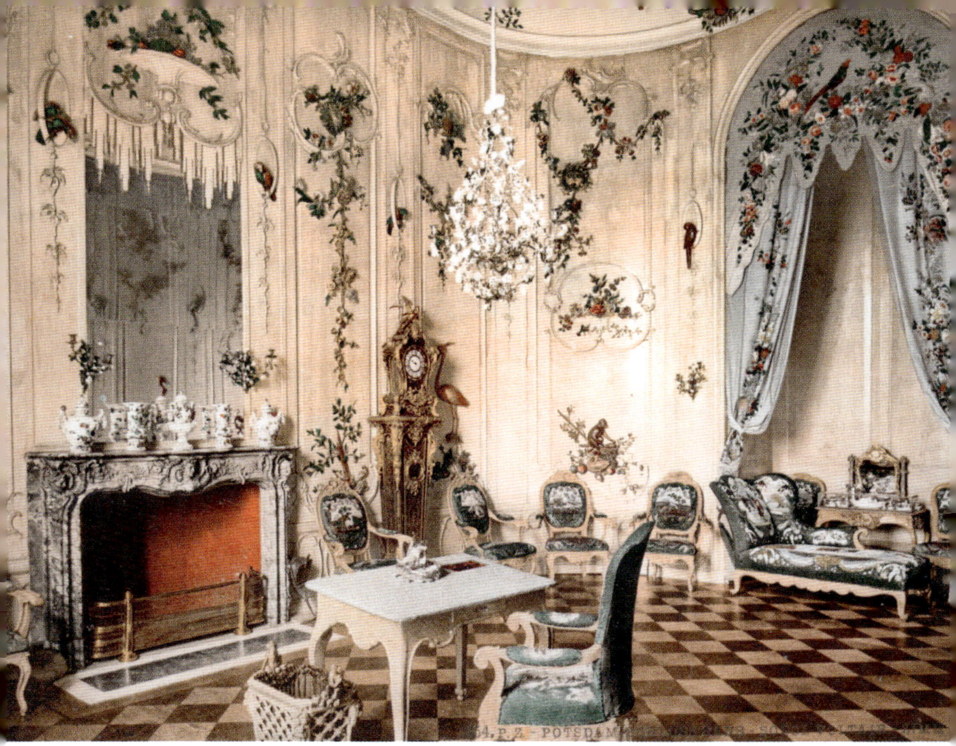

Voltairezimmer

wird von Blüten überzogen. Die kostbaren Schnitzereien schuf Johann Christian Hoppenhaupt d. J., der aus einer bedeutenden Bildhauer- und Baumeisterfamilie aus Merseburg stammte. Zwei Söhne der Familie waren an der Ausprägung des friderizianischen Rokoko maßgeblich beteiligt (siehe S. 102).

Für Besucher besteht die Möglichkeit, im östlichen Seitenflügel die **Schlossküche** und den Weinkeller Friedrich Wilhelms IV. zu besichtigen, dazu auch die Bäckerei, die Kaffeeküche und eine Speisekammer. Bemerkenswert ist in der 115 Quadratmeter großen Küche eine Kochmaschine, die in der Mitte des 19. Jahrhunderts der letzte Schrei war. Die Köche mussten nicht mehr mit offenem Feuer arbeiten, und die unterschiedlichen Wärmestellen reduzierten den Brennstoffverbrauch erheblich – deshalb wurden die Kochmaschinen auch Sparherde genannt. Es gab mehrere Backöfen, eine Vogel-Spießbratenanlage, eine Wasserblase, aus der ständig warmes

Johann Michael Hoppenhaupt (d. Ä.)

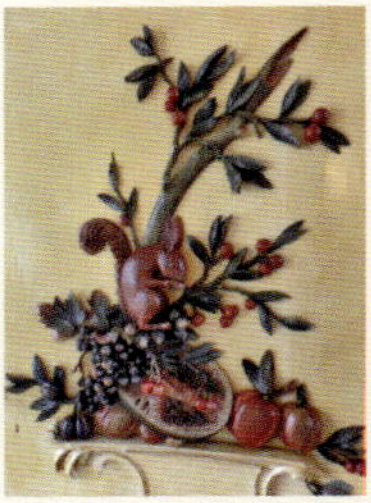

Geboren am 8. Oktober 1709 in Zittau,
gestorben nach 1755 in Merseburg.

Der Zierratenbildhauer und Dekorateur, Sohn des gleichnamigen Fürstlich Sächsischen Hofbildhauers und Landbaumeisters J. M. Hoppenhaupt (1685–1751), war nach seiner Ausbildung zunächst in Dresden und Wien tätig, folgte dann ebenso wie sein jüngerer Bruder 1840 dem Ruf Friedrichs II. an dessen Hof. Dort arbeiteten sie unter der Leitung von Knobelsdorff und des – später geflohenen – Directeur des ornements J. A. Nahl an der dekorativen Ausgestaltung verschiedener Schlösser mit. Da sie sehr eng zusammenarbeiteten, ist eine Händescheidung oft schwierig. Das Konzertzimmer im Weinbergschloss erhielt von ihm 1746/47 die Holzbildhauerarbeiten an den Wänden und den Türen; außerdem schuf er die Gemälde- und die Spiegelrahmen und entwarf die meisten königlichen Kutschen. Irgendwann um die Mitte der 1750er Jahre muss er nach Merseburg zurückgekehrt sein, wo er starb.

Johann Christian Hoppenhaupt (d. J.)

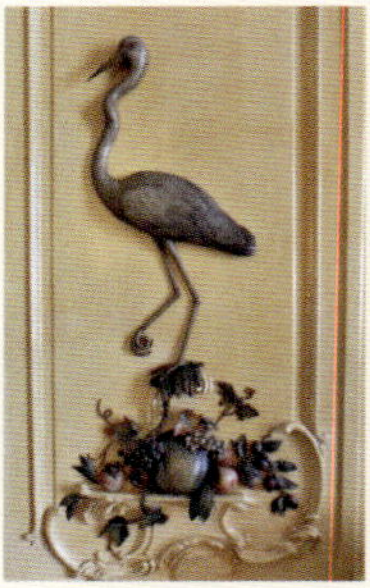

Geboren am 16. August 1719 in Merseburg,
gestorben am 26. März 1785 in Berlin.

Auch er ließ sich zum Zierratenbildhauer ausbilden und folgte 1740 wie sein zehn Jahre älterer Bruder dem Ruf an den Hof Friedrichs des Großen. Als Johann August Nahl 1746 Preußen wegen Arbeitsüberlastung fluchtartig verließ, übernahm der jüngere Hoppenhaupt das Amt des Directeur des ornements, mit anderen Worten, er wurde der Chef seines älteren Bruders. Wie dieser entwarf er Wand- und Deckenschmuck sowie vergoldetes Schnitzwerk für Türen, Alkoven, Supraporten sowie für Gemälde- und Spiegelrahmen. Darüber hinaus betätigte sich Hoppenhaupt d. J. beim Entwurf von Möbeln, und er schuf Wachsmodelle für Goldschmiedearbeiten sowie für Porzellan, das in der noch heute existierenden Königlichen Porzellan-Manufaktur (KPM) hergestellt wurde.

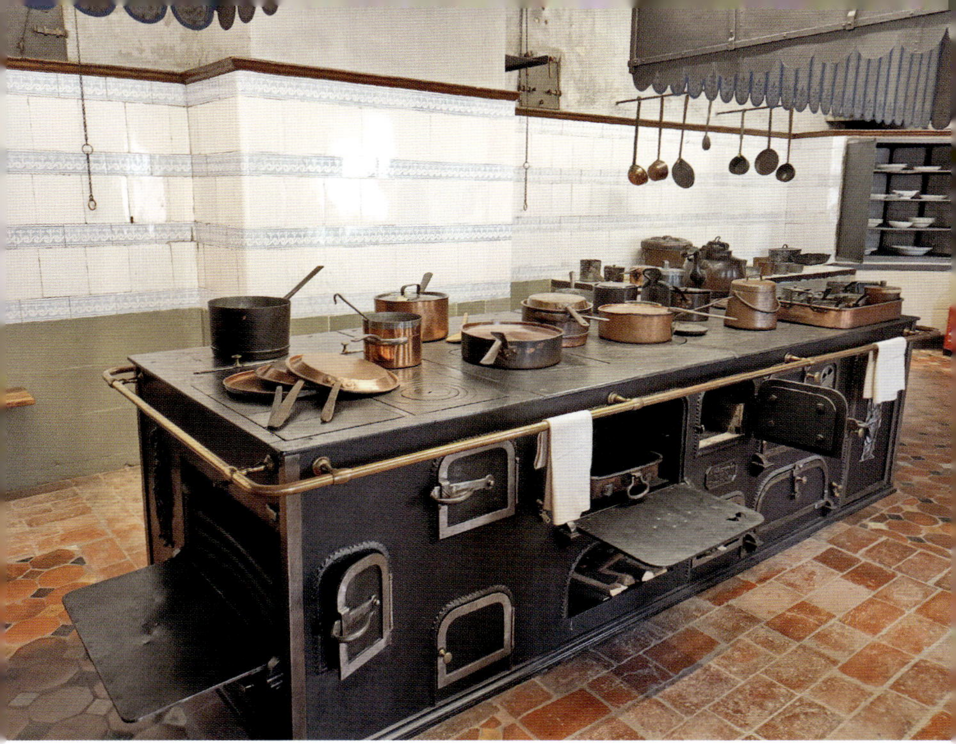

Kochmaschine in der Schlossküche

Wasser entnommen werden konnte, sowie einen Wärmeschrank, in dem man das Porzellangeschirr aufwärmen konnte.

Nach dem Verlassen des Schlosses endet der hier beschriebene Weg entlang der Terrassenachse auf dem **Ruinenberg**. Da man das Schlossareal nicht mehr über die Rampe verlassen kann, bietet sich an, Sanssouci durch das Mühlentor zu verlassen und auf einem der sich schlängelnden Pfade zu den künstlichen Ruinen hinaufzugehen. Unter Friedrich Wilhelm IV. erfuhr die Kulissenarchitektur aus Friedrichs Zeiten eine Ergänzung: Ludwig Persius schuf 1845/46 auf Wunsch des regierenden Herrschers den Normannischen Turm, der eine hölzerne Aussichtsplattform ersetzte.

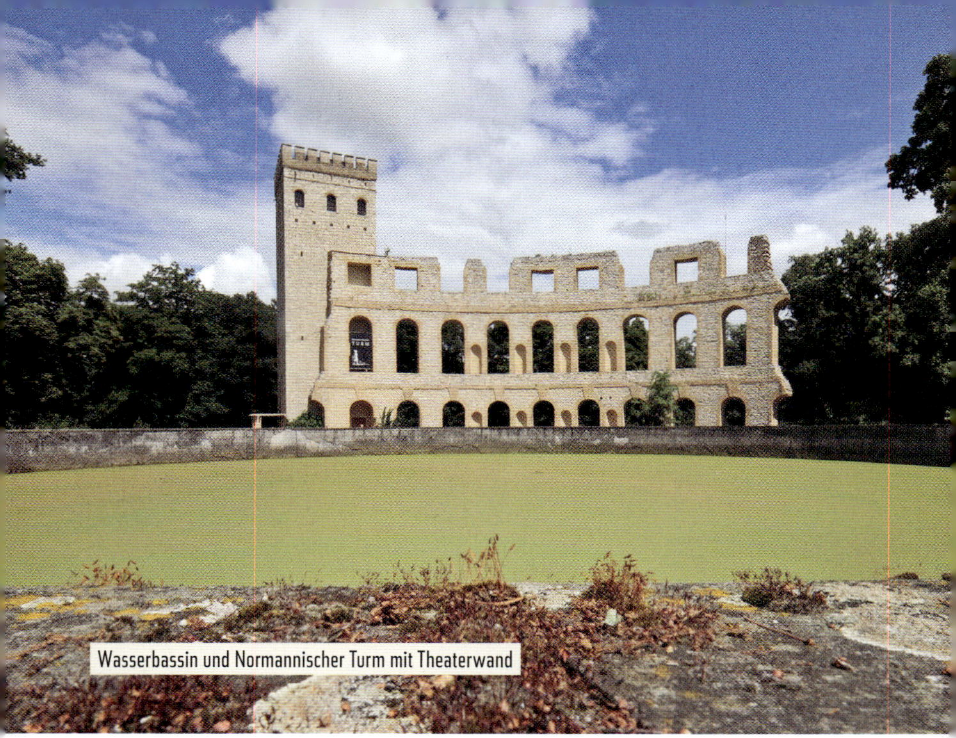

Wasserbassin und Normannischer Turm mit Theaterwand

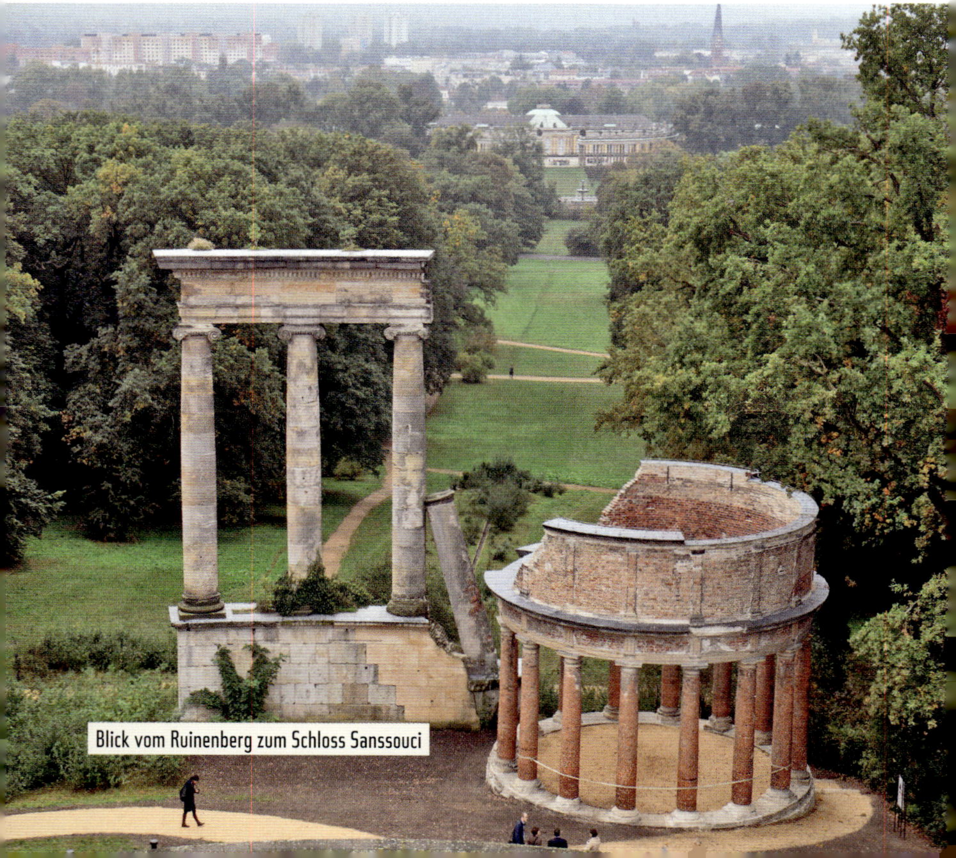

Blick vom Ruinenberg zum Schloss Sanssouci

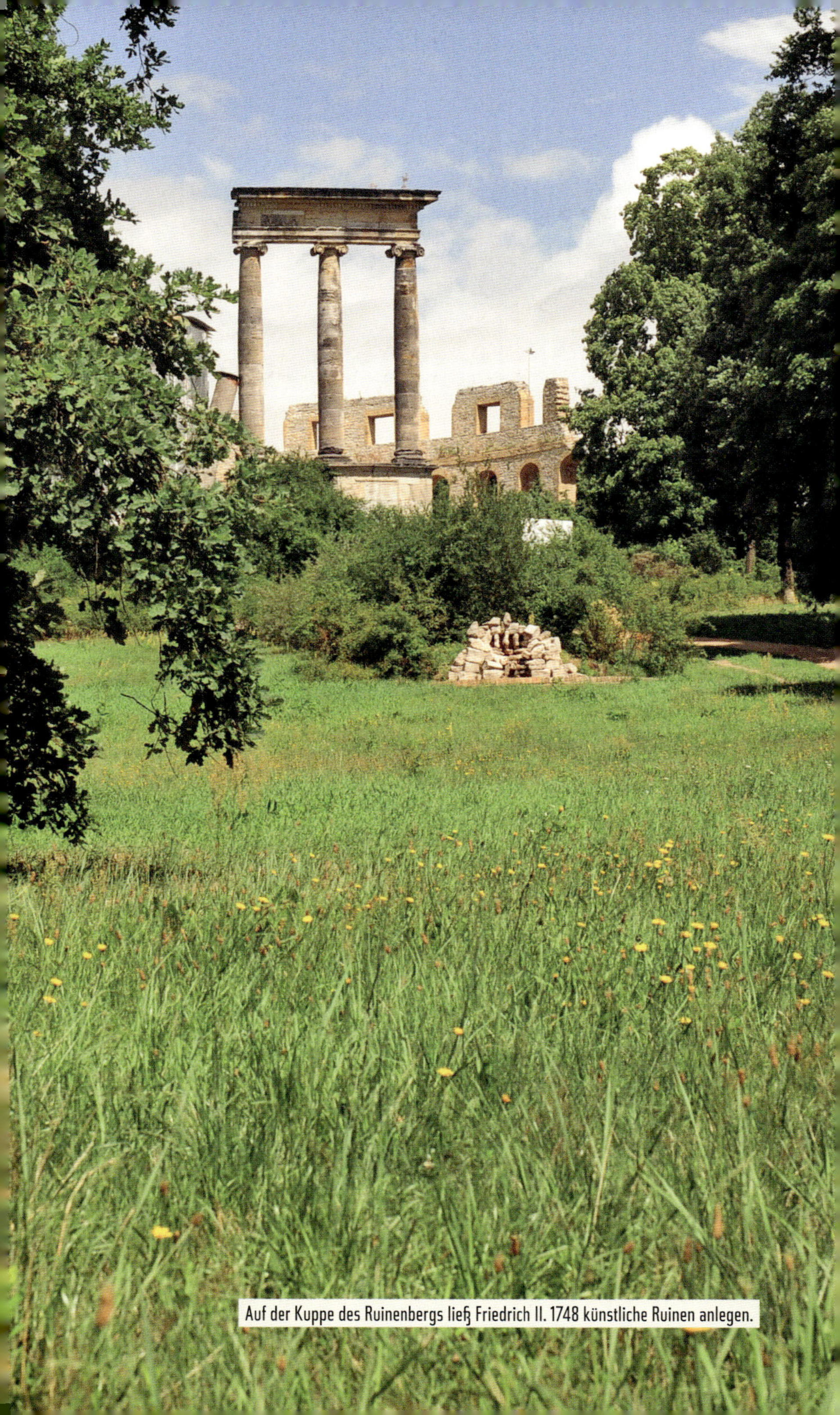

Auf der Kuppe des Ruinenbergs ließ Friedrich II. 1748 künstliche Ruinen anlegen.

SÜDOSTEN

Marlygarten und Marlyschloss, Friedenskirche, Villa Illaire und Villa Liegnitz

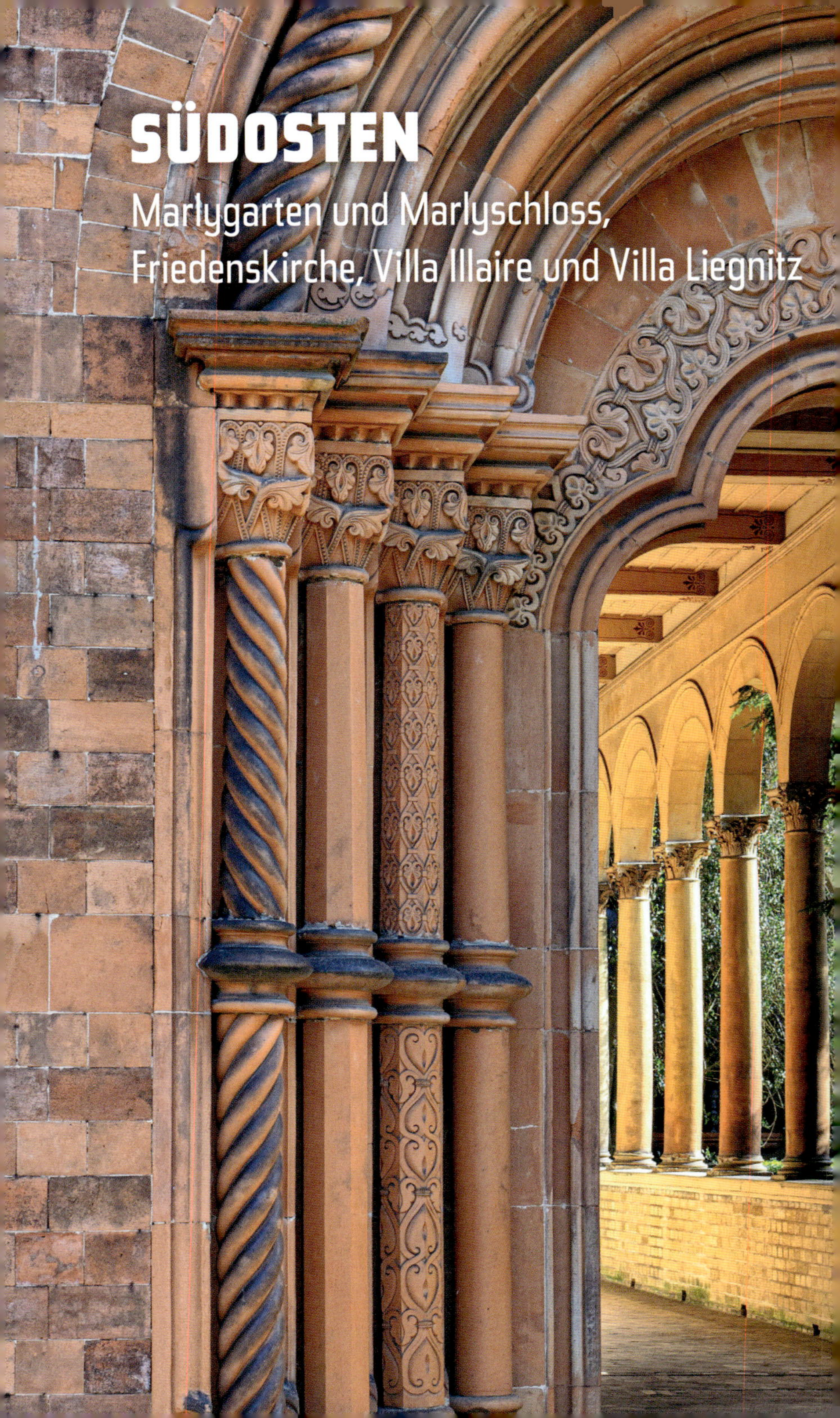

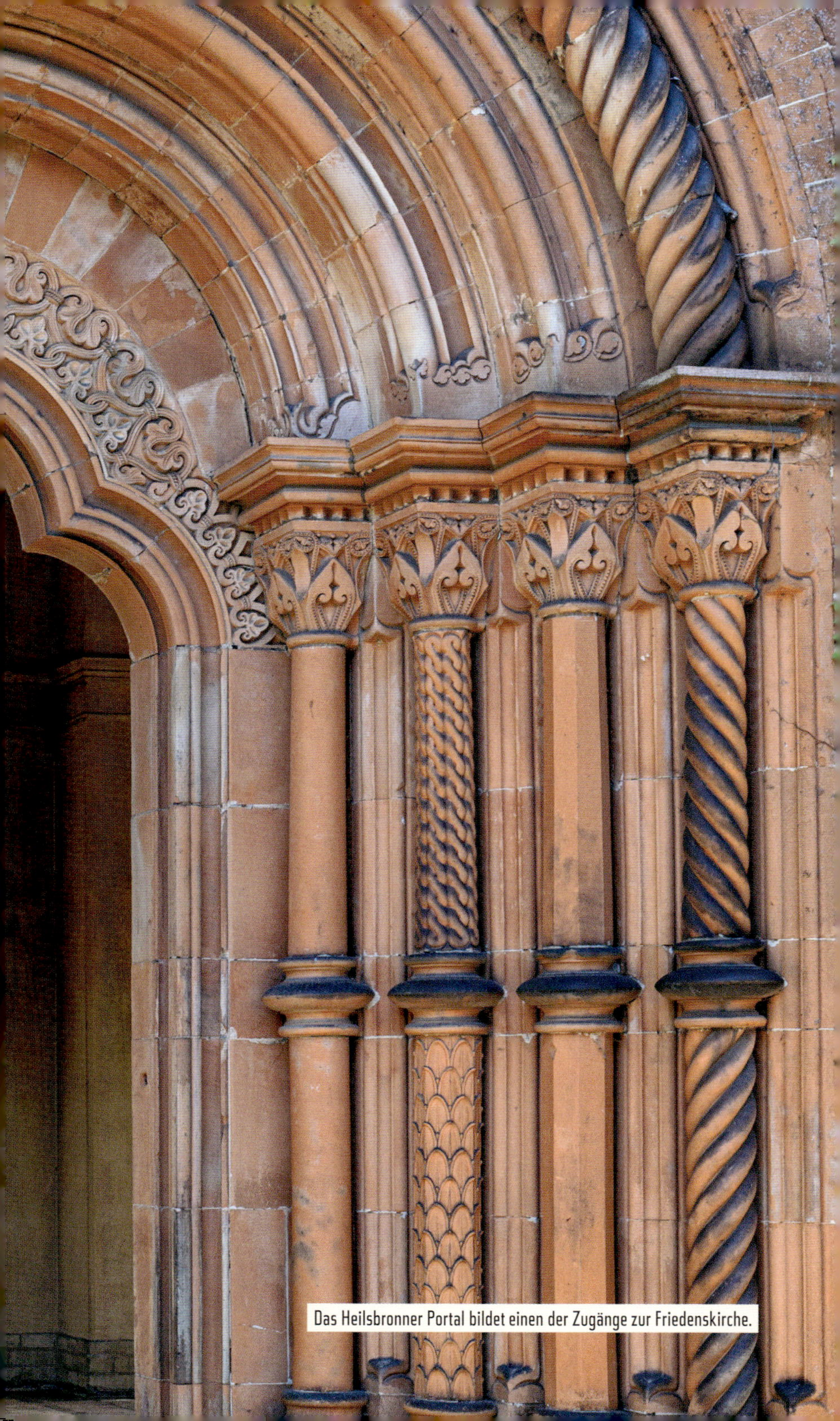

Das Heilsbronner Portal bildet einen der Zugänge zur Friedenskirche.

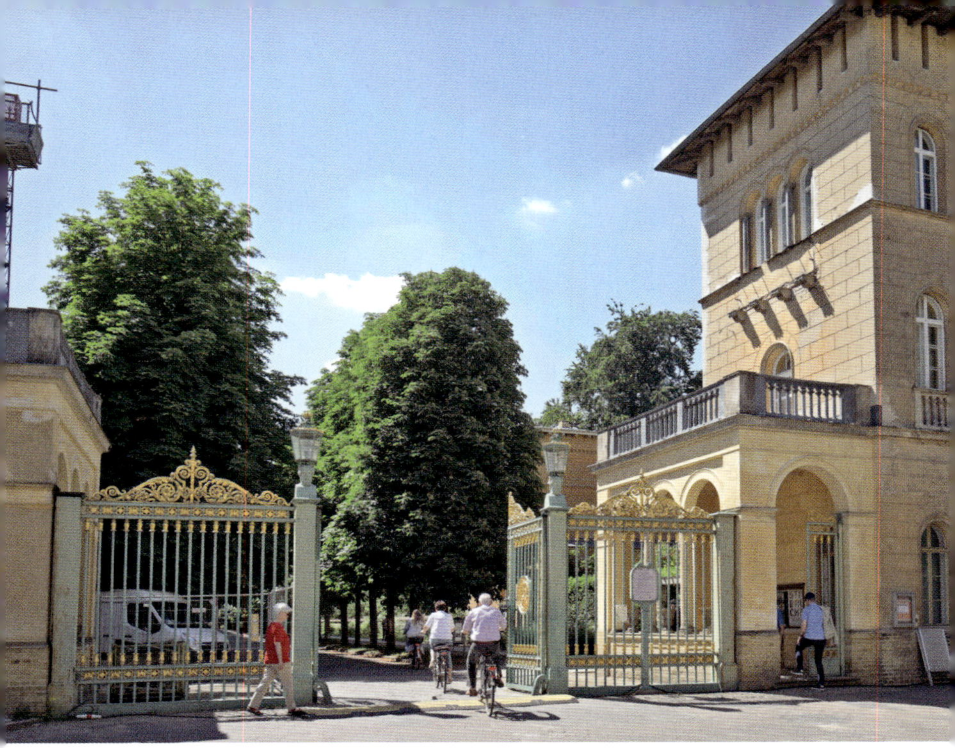

Parkeingang »Am Grünen Gitter«

Wie schon erwähnt gehört der Marlygarten zu den ältesten Teilen der Parkanlage, allerdings ist er nicht mehr in seiner ursprünglichen Gestalt erhalten: Der berühmte Gartenarchitekt Peter J. Lenné formte ihn 1846 im Zusammenhang mit dem Bau der Friedenskirche vom ehemaligen Küchengarten zu einem Pleasureground um.

Wer sich diesen Bereich erschließen will, der möge den Eingang am Grünen Gitter wählen, der sich am Ende der vom Luisenplatz kommenden Allee nach Sanssouci befindet. Die Gebäude in Eingangsnähe gehören zum ehemaligen Kavalierhaus »Schloss Marly«. Das auch **Marlyschlösschen** genannte Gebäude bildet ein malerisches Ensemble mit dem Predigerhaus und der Friedenskirche, deren alles überragender Campanile den Blickpunkt der Gebäudegruppe ausmacht. Leider ist der freistehende Kirchturm in schlechtem baulichen Zustand und wird über einen längeren Zeitraum saniert, sodass er nur verhüllt gesehen werden kann. Die

Entwürfe zu der Baugruppe wurden nach Skizzen von König Friedrich Wilhelm IV. durch Ludwig Persius und Friedrich August Stüler (1800–1865) erstellt. Für die Bauausführung war der Hofarchitekt Ferdinand von Arnim (1814–1866) zuständig, einer der zu Unrecht weitgehend vergessenen preußischen Architekten des 19. Jahrhunderts. Der Grundstein wurde am 14. April 1845 gelegt. Zu dieser Zeit weilte Persius in Italien, von wo er typhuskrank zurückkehrte und am 12. Juni starb. An der Seite von Arnims war auch der schon genannte Ludwig Ferdinand Hesse (siehe S. 112) tätig. Die Kirchweihe erfolgte schon am 24. September 1848 im Beisein des Hofes, der ortsansässigen Geistlichkeit und von Gemeindemitgliedern, die zur neuen Parochie der Friedenskirche gehörten. Der Bau der Nebenanlagen konnte erst 1854 beendet werden.

Zentrales Monument in diesem Bereich ist die Friedenskirche. Dass sie italienische Vorbilder hat, ist besonders gut bei einem Gang durch den Landschaftsgarten hinter der Kirche zu erfahren,

Predigerhaus und Portal des Marlyschlösschens

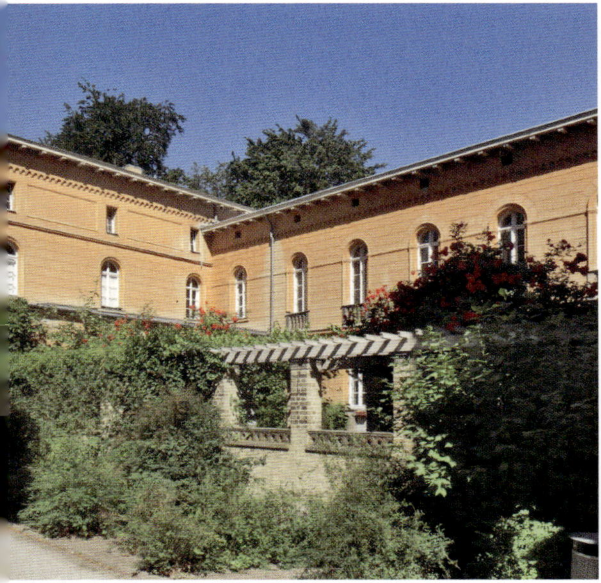

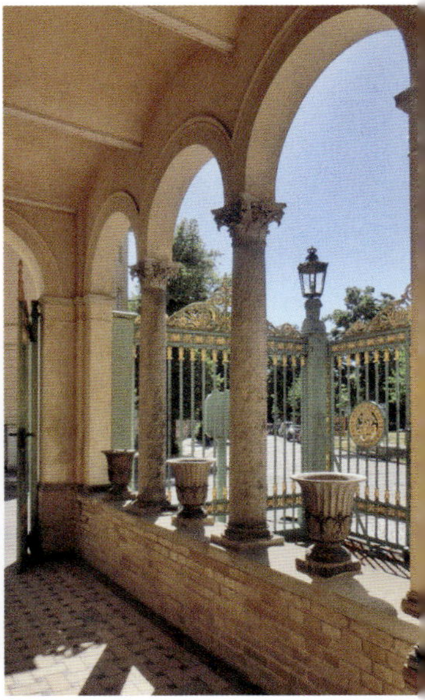

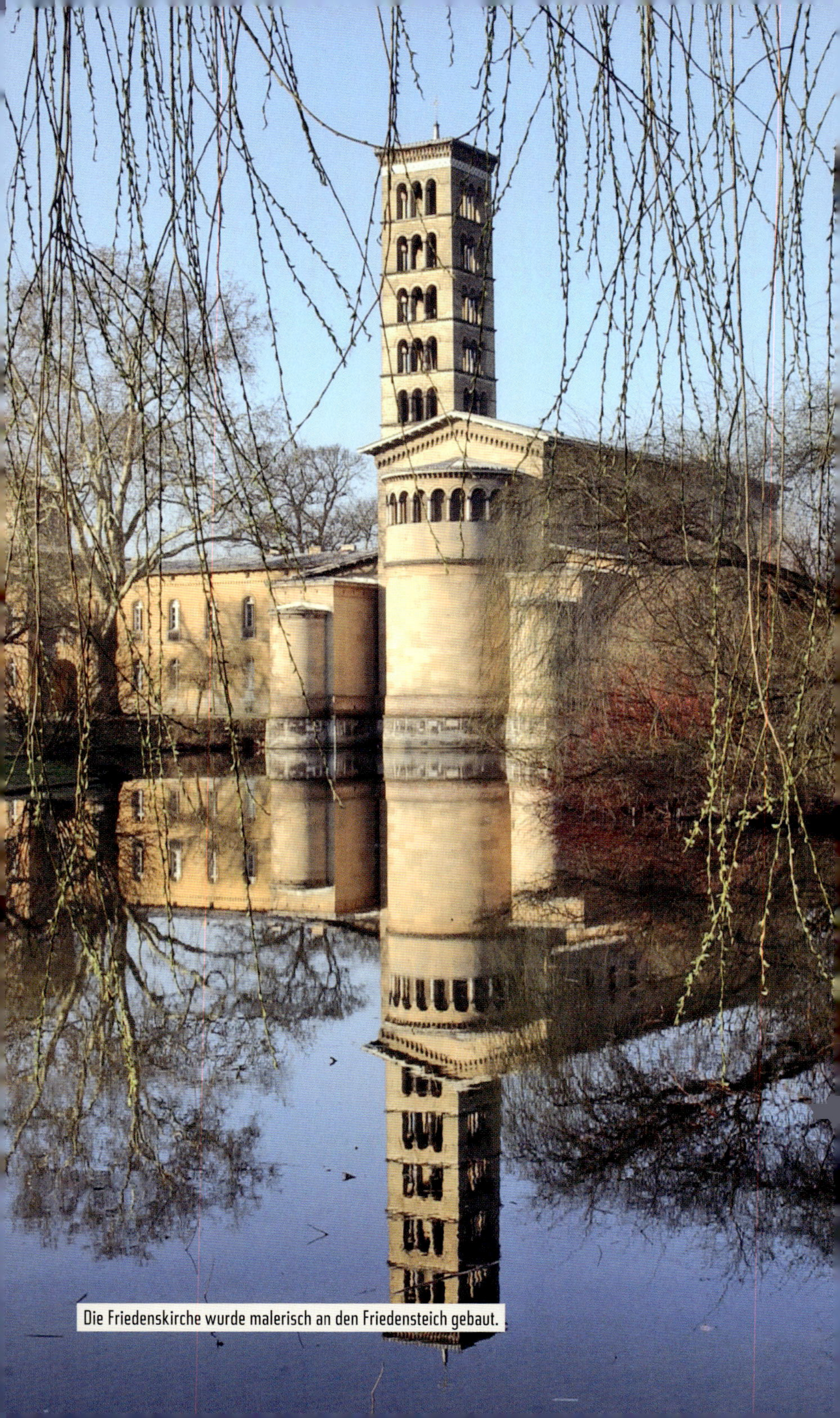

Die Friedenskirche wurde malerisch an den Friedensteich gebaut.

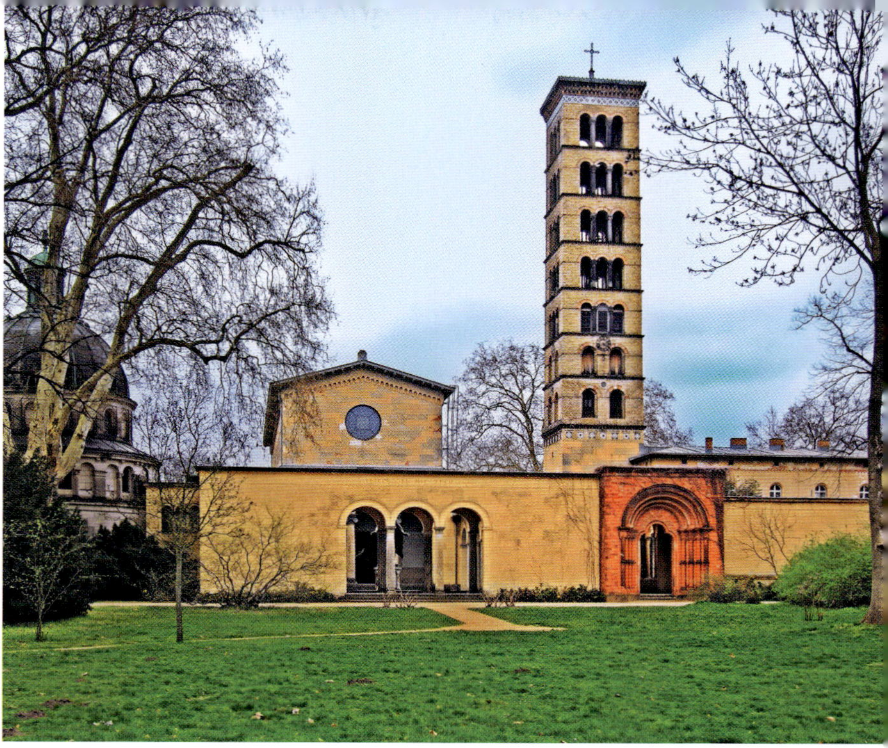

Blick vom Marlygarten auf das Kaiser-Friedrich-Mausoleum und die Friedenskirche mit Campanile

der ebenfalls von Lenné gestaltet worden ist. Man betritt den Garten durch das Säulentor rechts neben dem Grünen Gitter, erreicht ihn aber auch vom Östlichen Lustgarten aus. Die romantische Wirkung beruht auch auf dem künstlich angelegten Friedensteich, in dem sich die Kirche, aber auch der Säulengang rechts von ihr spiegeln. Kommt man vom Lustgarten, gelangt man durch die Christuspforte in den Marlygarten – der einzige Zugang von Norden, denn der Garten ist nach wie vor durch eine Mauer vom übrigen Park Sanssouci getrennt. Sofort fallen die riesigen Platanen an dieser Stelle auf.

Aus einigen Schritten Entfernung bietet sich dann ein Blick auf das Gesamtensemble mit (von links nach rechts) dem runden Kaiser-Friedrich-Mausoleum, dem Atrium mit dahinterliegender Kirche, dem Campanile und dem Heilsbronner Portal, das sich in einer ungefähren Fluchtlinie mit dem Turm befindet. Das **Kaiser-Friedrich-Mausoleum** ist der jüngste Bau: Die Rotunde mit Tambour und Kup-

Ludwig Ferdinand Hesse

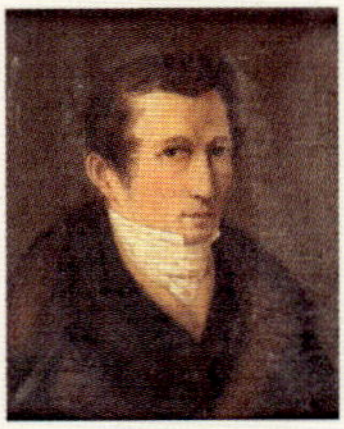

Geboren am 23. Januar 1795 in Belgard (heute Białogard) in Westpommern, gestorben am 8. Mai 1876 in Berlin.

Hesse wurde zum Feldmesser ausgebildet. Während seines Militärdienstes in Berlin 1819/20 studierte er gleichzeitig an der Bauakademie und der Universität und schloss mit dem Feldmesserexamen ab. Nach seiner zweiten Prüfung zum Baumeister im Juni 1825 reiste er durch Österreich, Süddeutschland und an den Rhein, nach seiner Rückkehr konnte er unter Schinkels Leitung den Bau der Friedrichwerderschen Kirche in Berlin vollenden. 1831 wurde er Bauinspektor, 1832 Hofbauinspektor der Ministerial-Baukommission, dann folgte eine rege Reisetätigkeit, bei der er sich auf dem Gebiet der Baukunst weiterbildete: Italien, Frankreich, Belgien, England, Irland und Schottland standen auf dem Programm, später noch Russland, Finnland, Schweden und Dänemark. 1844 berief König Friedrich Wilhelm IV. den vielgereisten Baumeister nach Potsdam. Dort war Hesse bis 1863 im Hofbauamt tätig, wo er eng mit Persius und Stüler zusammenarbeitete und Karriere machte: 1847 Hofbaurat, 1859 Oberhofbaurat, 1865 als Nachfolger Stülers als Direktor der Berliner Schlossbaukommission Geheimer Oberhofbaurat. Zu Studienzwecken unternahm er zudem weitere Reisen. Ludwig F. Hesse war auch schriftstellerisch tätig, vor allem natürlich auf dem Gebiet der Architektur. So erschien von ihm 1854 der Titel »Sanssouci und seine Architekturen unter Friederich Wilhelm IV.«. Hesse war übrigens der Onkel von Rudolf Virchow. 1927 benannte die Stadt Potsdam zu seinen Ehren eine Straße, die Hessestraße.

pel wurde von Julius Carl Raschdorff (1823–1914) entworfen, dem Berlin seinen Dom verdankt. Das Mausoleum nahm unter anderem die Gebeine des »99-Tage-Kaisers« Friedrich III. auf (1831–1888), der nur 99 Tage regierte und dann an Kehlkopfkrebs starb. Das Atrium, an das sich das Mausoleum anschmiegt, ist ebenfalls eine Referenz an das Italien der Romanik. Es handelt sich um einen Vorhof vor

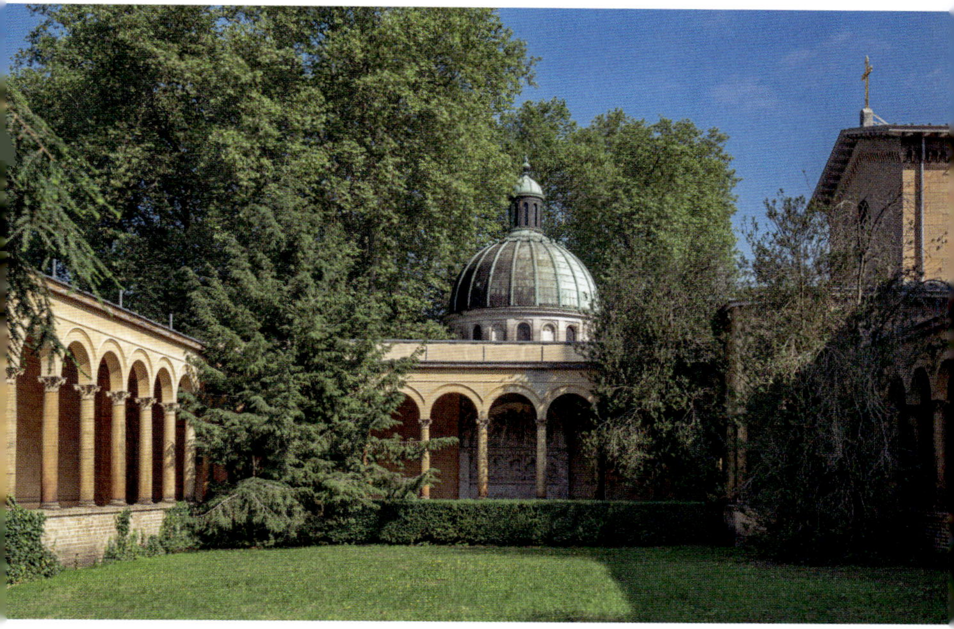

Blick vom Innenhof des Kreuzgangs auf das Kaiser-Friedrich-Mausoleum

der Kirche, der von Säulengängen dorischer Ordnung umgeben wird – die Christusstatue über der Brunnen im Zentrum der Anlage ist eine Kopie nach dem dänischen Bildhauer Berthel Thorvaldsen (1770–1844). In einer Nische der vom Narthex gesehenen rechten Arkadenwand ist eine Skulpturengruppe »Moses im Gebet gestützt von den Hohenpriestern Aaron und Hur«, das letzte Werk des berühmten Bildhauers Daniel Christian Rauch (1777–1857), das dessen Schüler Albert Wolff (1815–1892) ausführte. Genau gegenüber befindet sich der Eingang zum Kaiser-Friedrich-Mausoleum.

Es gibt es zwei Durchlässe vom Atrium zum Kreuzgang, denn die gesamte Anlage wurde wie ein mittelalterliches Kloster gestaltet. Vom Garten her betritt man es durch das sogenannte Heilsbronner Portal. Der Hofarchitekt Hesse besuchte während einer Studienreise im Jahr 1828 auch das Kloster Heilsbronn (heute Landkreis Ansbach), in dem sich eine Grablege der Hohenzollern befindet. Dabei

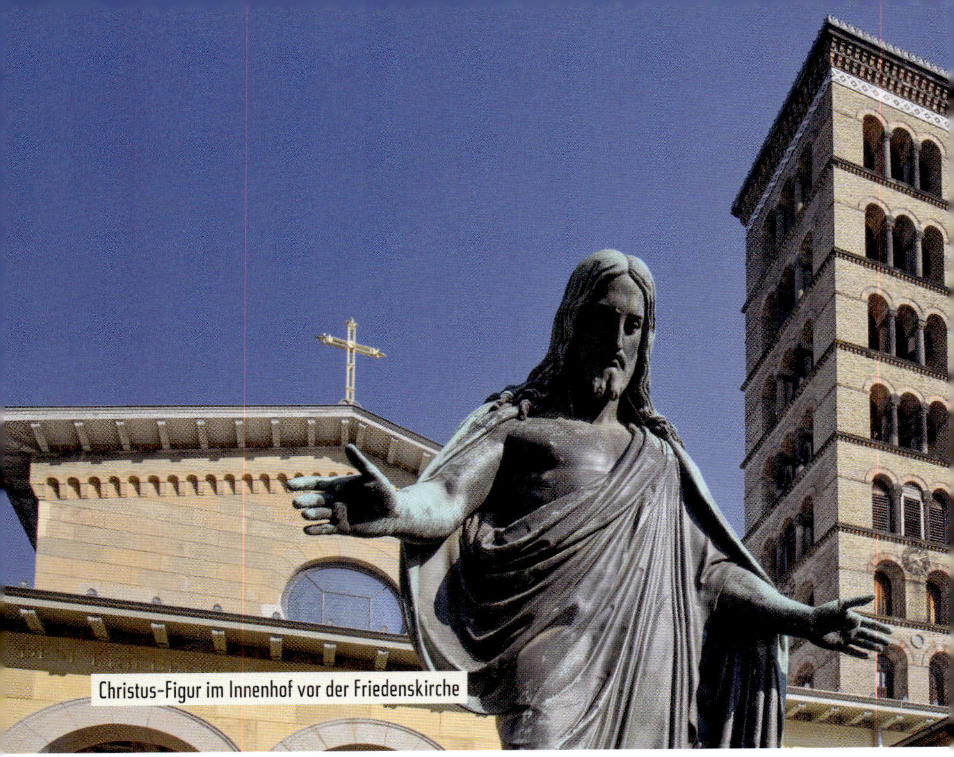

Christus-Figur im Innenhof vor der Friedenskirche

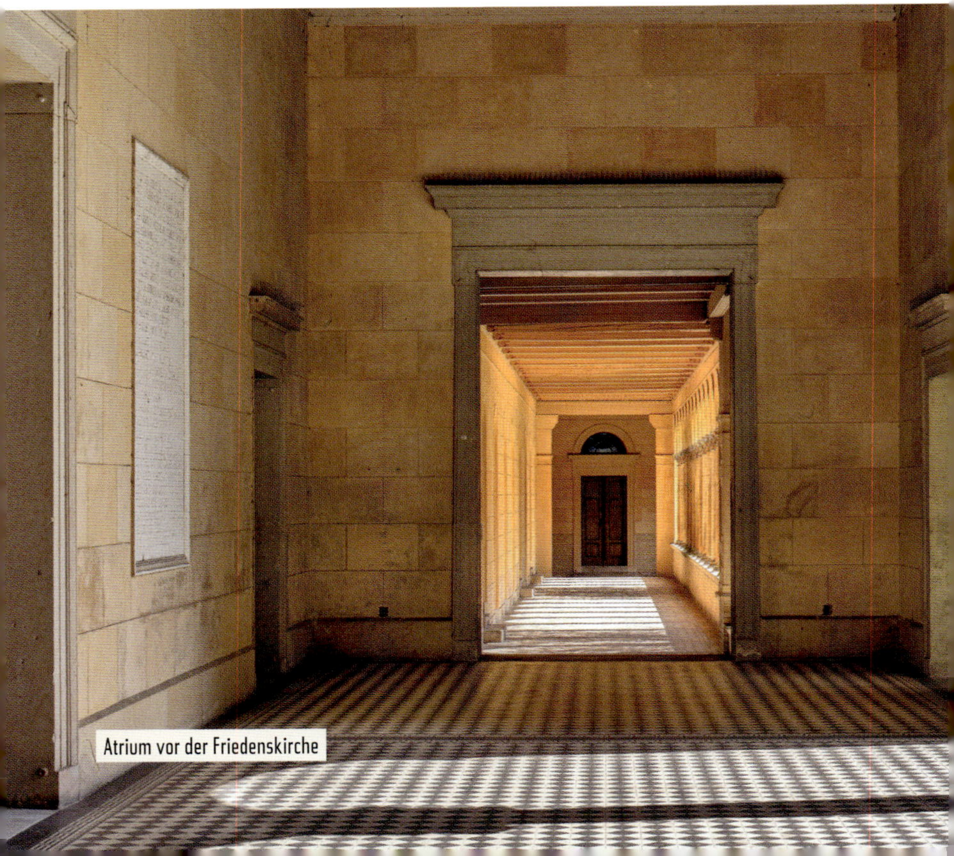

Atrium vor der Friedenskirche

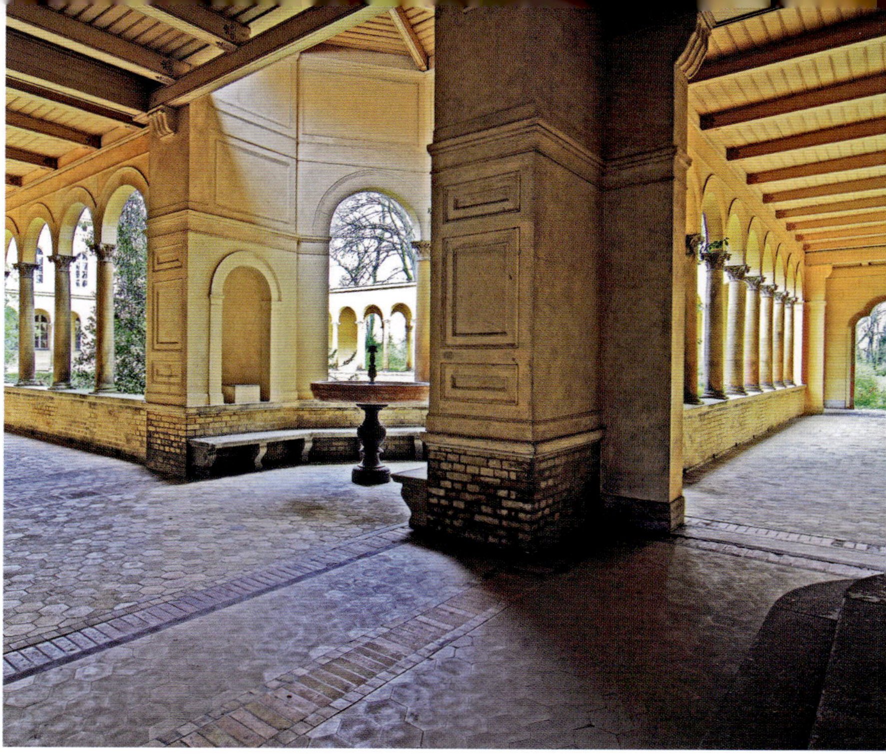

Kreuzgang mit Brunnenkapelle

fiel ihm das romanische Portal am ehemaligen Refektorium auf, das er 1834 von einem Berliner Fabrikanten in rötlicher Terrakotta nachbilden ließ. Den Vorschlag, die Kopie in das Ensemble der Friedenskirche einzubeziehen, wies der König brüsk zurück. Erst zwei Jahre nach seinem Tod ließ Hesse es einbauen, und nun wirkt es seit 1863 wie ein Fremdkörper – und aus heutiger Sicht womöglich sogar als ironischer Kommentar, aber als solcher war es nicht gemeint.

Der Kreuzgang sieht so aus, wie man es von einem solchen erwartet: Ein überdachter Bogengang öffnet sich zum offenen Innenhof, bei den Bögen handelt es sich um Rundbögen. Bemerkenswert ist die Brunnenkapelle, in der sich eine Brunnenschale aus Veroneser Marmor befindet, außerdem eine Reliefgruppe nach Thorvaldsen im nördlichen Gangabschnitt.

Der zentrale Bau der Anlage ist die **Kirche,** die man vom Atrium aus betritt. Es handelt sich um eine dreischiffige Säulenbasilika

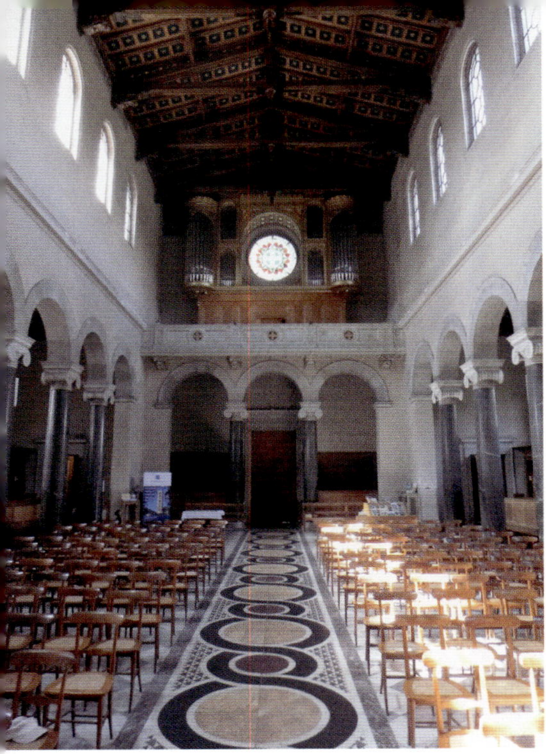

Das Innere der Friedenskirche mit der Orgel

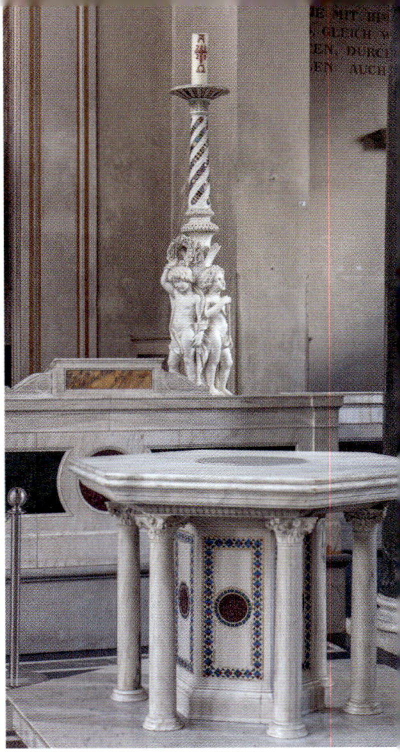

Lesepult

ohne Querhaus. Rundbogenarkaden öffnen sich zu den Seitenschiffen, die Decke ist eine offene Holzkonstruktion mit Kassetten. Das bedeutendste Element der Ausstattung ist zweifellos das venezianische Mosaik in der Apsis. Als Kronprinz hatte es Friedrich Wilhelm IV. 1834 aus der zum Abbruch bestimmten Kirche San Cipriano auf der Insel Murano ersteigern lassen, zur Kirchweihe 1848 war es in der Friedenskirche eingefügt. Das Mosaik ist eine Kostbarkeit, entstand es doch im ersten Drittel des 13. Jahrhunderts, und es hat sich in weitgehend originalem Zustand erhalten. Es zeigt einen thronenden Christus mit den fürbittenden Maria und Johannes dem Täufer an seinen Seiten. Auf die weiteren Figuren kann nicht eingegangen werden.

Wenden wir uns dem Altar, der Kanzel und dem Lesepult zu – also dem Mittelpunkt der Liturgie. Der Baldachin des Altars steht auf vier Säulen aus dunkelgrünem sibirischen Jaspis, ein Geschenk

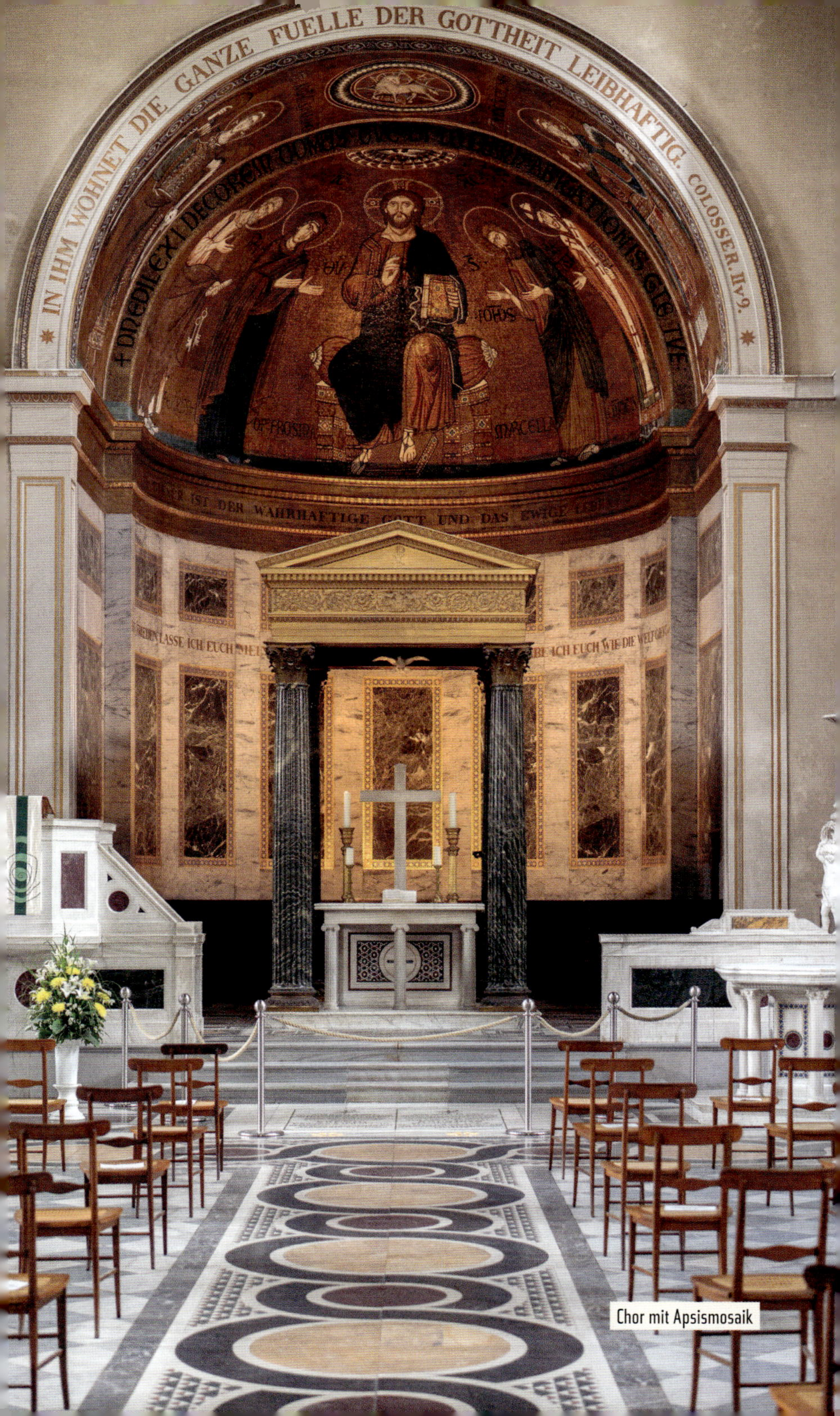

Chor mit Apsismosaik

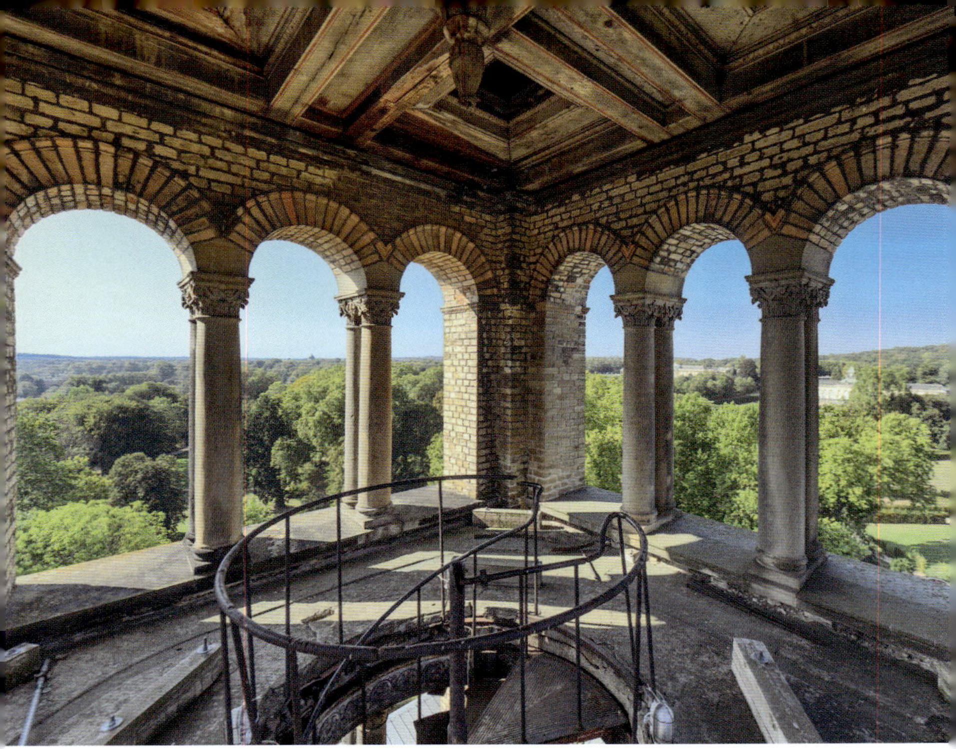

Blick vom Campanile der Friedenskirche auf die Bildergalerie und Schloss Sanssouci

des russischen Zaren Nikolai I. an seinen Schwager (1842). Die Kanzel und das Lesepult sind den Chorschranken aus San Lorenzo fuori le mura in Rom nachempfunden, sie bestehen aus weißem Marmor. Für die Füllungen hingegen wurden rotbrauner Porphyr und grüner Serpentinit verwendet, sodass sich ein wirkungsvoller Kontrast ergibt. Beachtung verdienen auch der Osterleuchter und der Taufstein.

Verlassen wir das Ensemble der Friedenskirche und wenden uns nach dem **Marlygarten.** Wie schon erwähnt, wurde der ehemalige Küchengarten von Lenné als Pleasureground neu gestaltet. Das englische Wort erklärt sich dadurch, dass sich im 19. Jahrhundert die Ideen des englischen Landschaftsgartens auch in Preußen durchsetzten; der Pleasureground ist dabei der gebäudenahe Teil eines Landschaftsparks im englischen Stil, der eine stärker künstlerische Gestaltung im Gegensatz zu den naturähnlicheren Abschnitten in

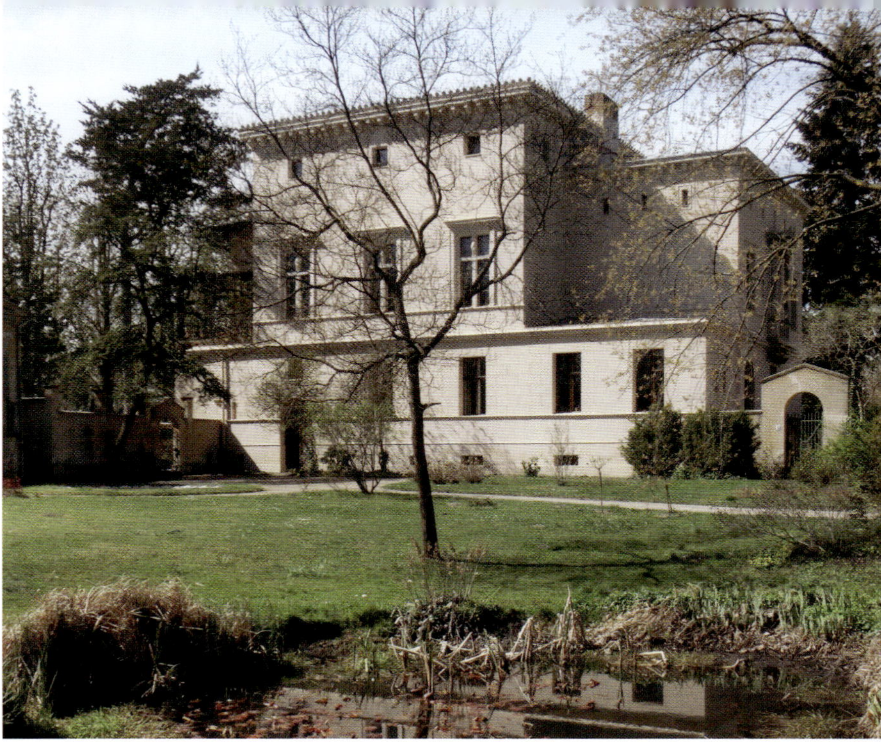

Villa Illaire

weiterer Entfernung von Bauwerken erfuhr. Mit seiner Umformung hat Lenné einen stillen und auch ein wenig verwunschen wirkenden Ort geschaffen, mit hoher Aufenthaltsqualität, wie man modern sagen würde.

Sanft ansteigende Hügel, farbenfrohe Blumenbeete und Ziersträucher sowie Gehölze gliedern den kleinen Park. Sehr auffällig inmitten von Beeten ist die Statue der Flora platziert, ein Werk von Albert Wolff, das vor 1850 entstanden sein muss. Geht man an der Flora vorbei in Richtung Westen, flankieren den Weg ein Kuchenbaum und eine Kaukasische Flügelnuss. Linker Hand befindet sich die **Villa Illaire,** vor der sich ein Tulpenbaum zu beeindruckender Höhe erhebt. Die Villa, zu der ein Gartenhaus und ein Stibadium (eigentlich ein Ort für die Aufstellung der Liegebänke für Gelage im alten Rom, hier als Teepavillon benutzt) gehören, war zunächst ein Wohnhaus für den Küchengärtner. 1844 bis 1846 wurde sie nach

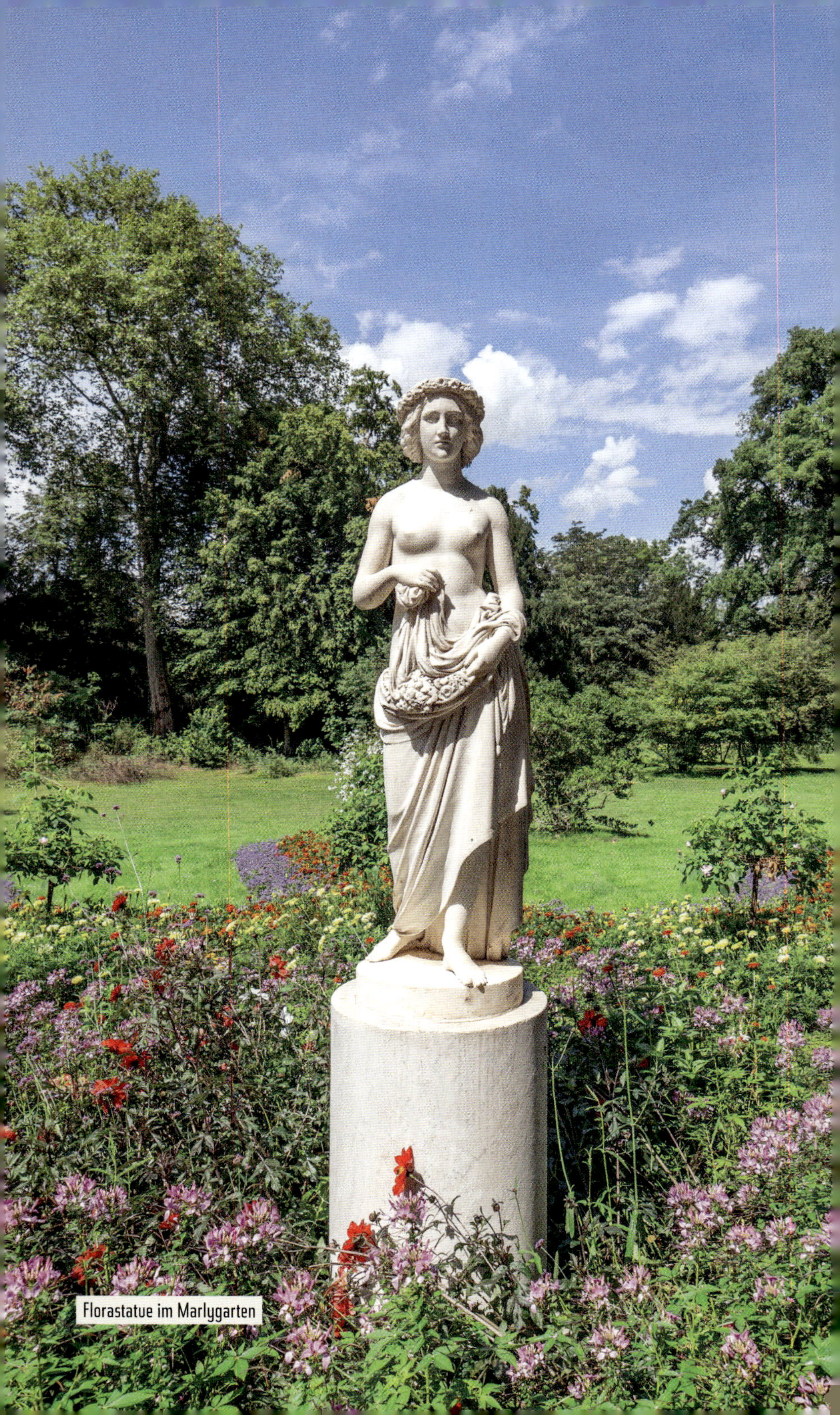

Florastatue im Marlygarten

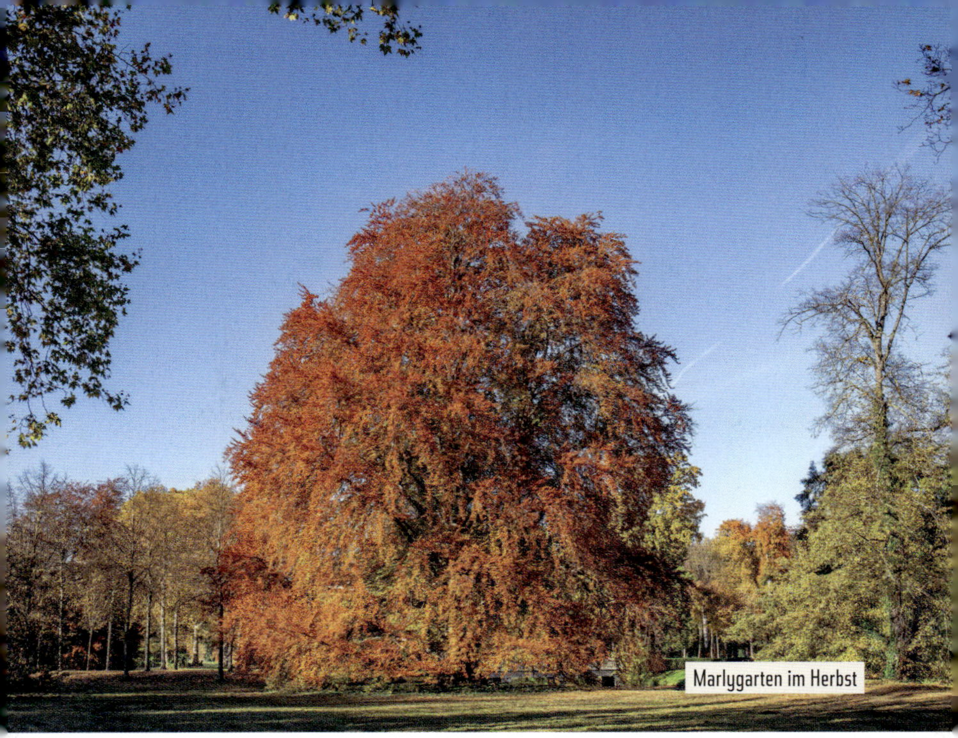
Marlygarten im Herbst

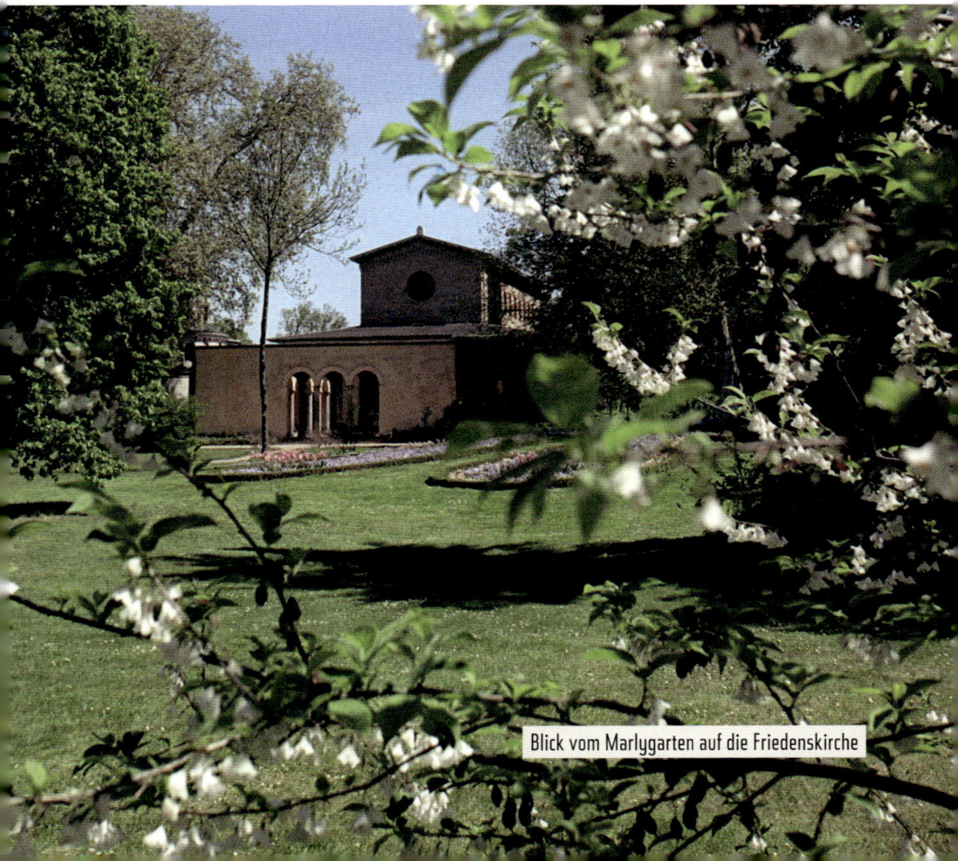
Blick vom Marlygarten auf die Friedenskirche

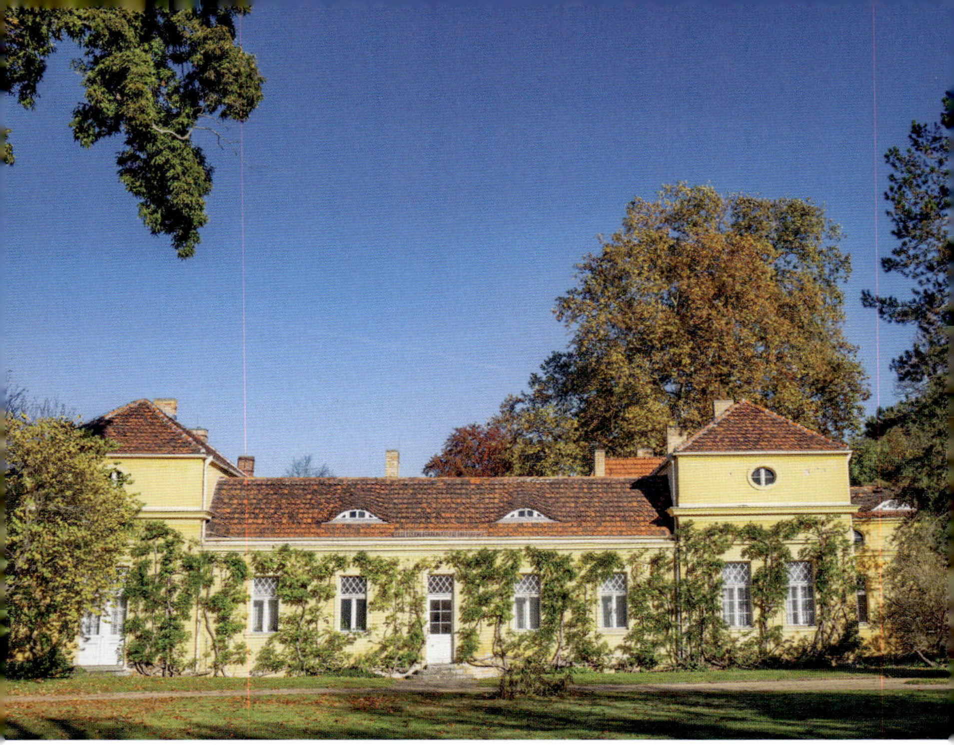

Gartendirektion

Zeichnungen von Persius von Ludwig Ferdinand Hesse umgebaut, und zwar für den Kabinettsrat Ernst Emil Illaire (1797–1866), der verschiedene Hofämter bekleidete.

Eine Mauer trennt den Marlygarten und auch das Villengelände von dem Weg Am Grünen Gitter ab, sodass man einen kleinen Umweg nehmen muss, um zur **Villa Liegnitz** zu gelangen. Auch sie entstand durch Umbau: An der Stelle eines eingeschossigen Gartenhauses für die zweite Gemahlin des Königs Friedrich Wilhelm II., der Fürstin zu Liegnitz, entstand diese Villa, die ihren Namen trägt. Architekt war Albert Dietrich Schadow (1797–1869), der mit dem berühmten Maler und Bildhauer Johann Gottfried nicht verwandt ist, aber auch Reinhold Persius (1835–1912), ein Sohn des ebenfalls weit berühmteren Ludwig Persius – seine Mutter wiederum gehörte zur bekannten Hofgärtnerfamilie Sello, der wir noch begegnen werden. Der Landschaftsgarten der Villa war ursprüng-

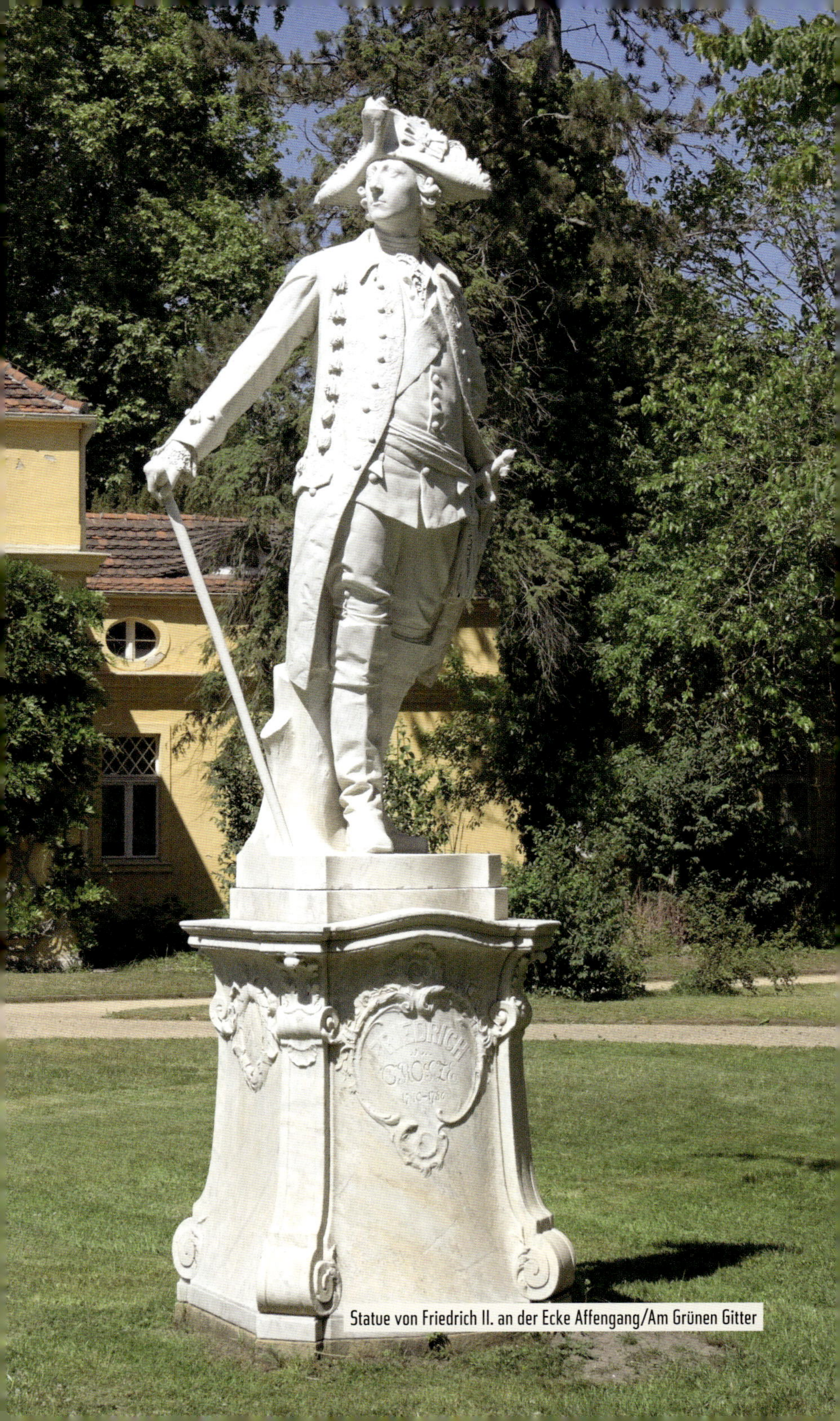

Statue von Friedrich II. an der Ecke Affengang/Am Grünen Gitter

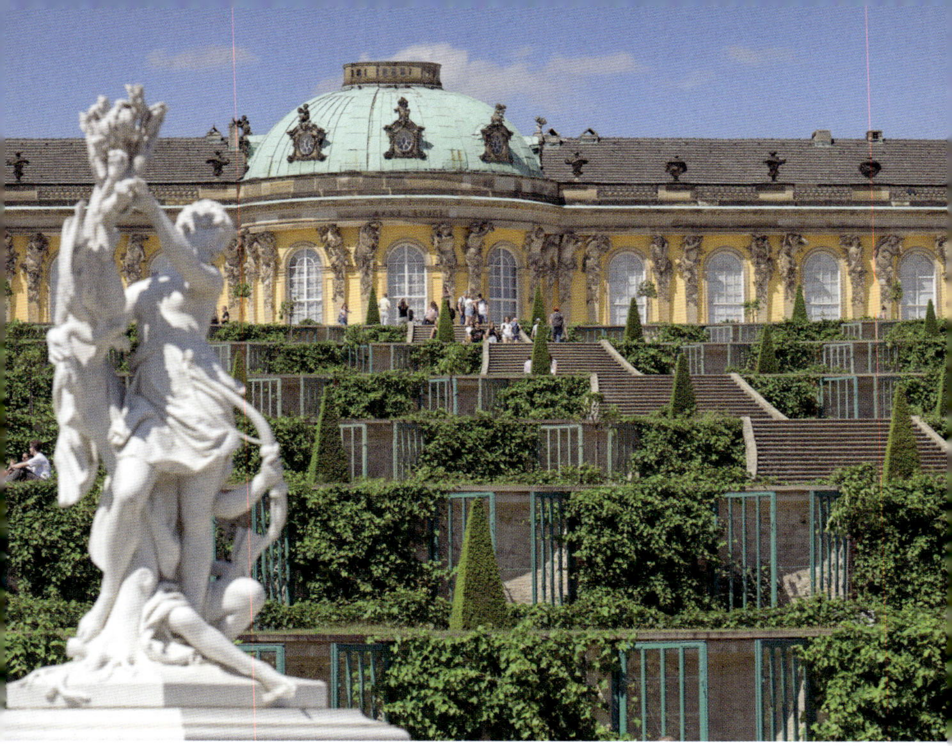

Auf den Treppen zum Schloss »trifft« Fontane den Alten Fritz.

lich ein Werk Lennés, er wurde jedoch 1877/78 durch Emil Sello (1816–1893) umgestaltet.

Man kann den Marlygarten auch auf einem anderen Weg verlassen, der hinter dem Gartendirektionsgebäude direkt zur Süd-Nord-Achse führt. Dabei fällt in einer Mauer zum Garten des Direktionsgebäudes eine Skulptur in einer Nische auf, die unschwer als eine Büste des Halbgottes Herkules zu erkennen ist. Die Büste ist eine Kopie einer römischen Kopie eines griechischen Werks aus der zweiten Hälfte des 5. Jahrhunderts v. Chr. und wurde 1895 hier aufgestellt. Zum Abschluss dieses Teils soll sich ein Dichter ins Gästebuch eintragen, dessen lyrisches Werk mit Marlygarten und Friedenskirche beginnt.

GÄSTEBUCH

Theodor Fontane (1819–1898)
Auf der Treppe von Sanssouci

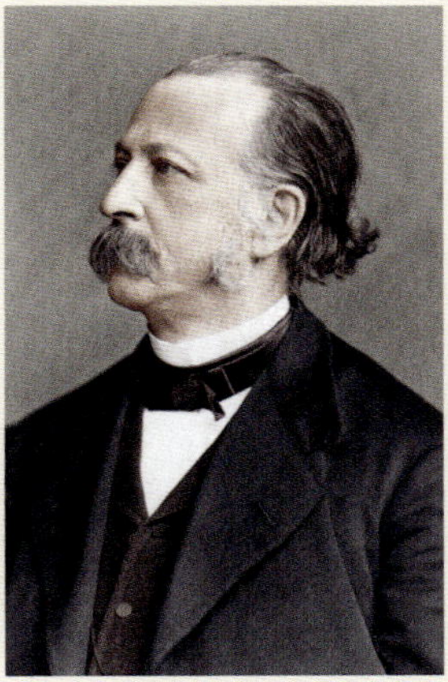

(7./8. Dezember 1885 – zu Menzels 70. Geburtstag)

Von Marly kommend und der Friedenskirche,
Hin am Bassin (es plätscherte kein Springstrahl)
Stieg ich treppan; die Sterne blinkten, blitzten,
Und auf den Stufenaufbau der Terrasse
Warf Baum und Strauchwerk seine dünnen Schatten,
Durchsichtige, wie Schatten nur von Schatten.
Rings tiefe Stille, selbst der Wache Schritt
Blieb lautlos auf dem überreiften Boden,
Und nur von rechts her, von der Stadt herüber,
Erscholl das Glockenspiel.
Nun schwieg auch das,
Und als mein Auge, das auf kurze Weile
Dem Ohr gefolgt war, wieder vorwärts blickte,
Trat aus dem Buschwerk, und ich schrak zusammen
Er selbst, im Frackrock, hinter ihm das Windspiel
(Biche, wenn nicht alles täuschte), dazu Krückstock
Und Hut und Stern. Bei Gott, es war der König.
Was tun? Ich dacht' an Umkehr; doch sein Auge,
Das Fritzen-Auge bannte mich zur Stelle;
So hielt ich denn und machte Front.
»Wie heißt Er?«
Ich stotterte was hin.
»Und sein Metier?«
»Schriftsteller, Majestät. Ich mache Verse!«
[...]

SÜDWESTEN

Charlottenhof mit Schloss, Römischen Bädern und Fasanerie, Hippodrom, Südlichem Rehgarten und Moschee

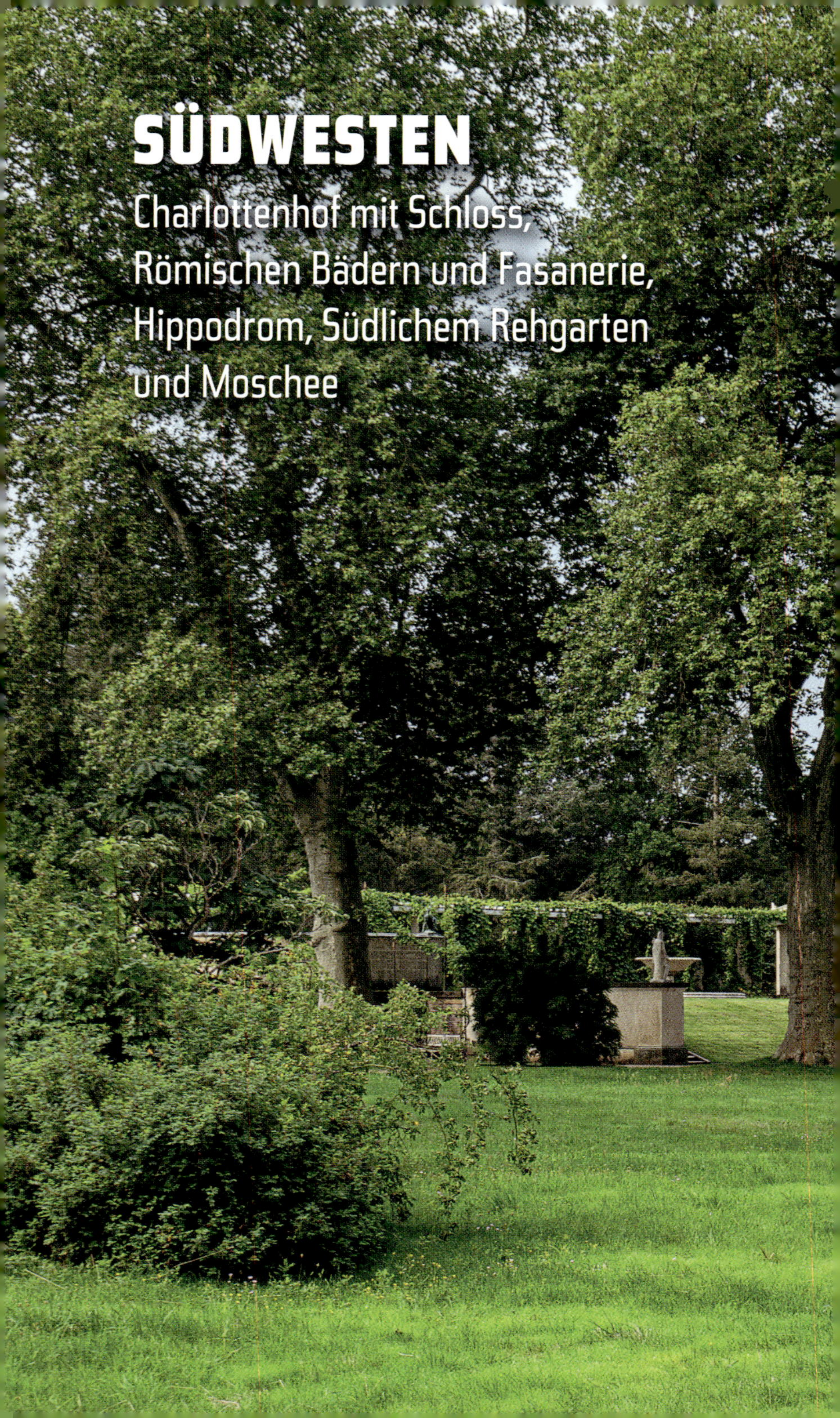

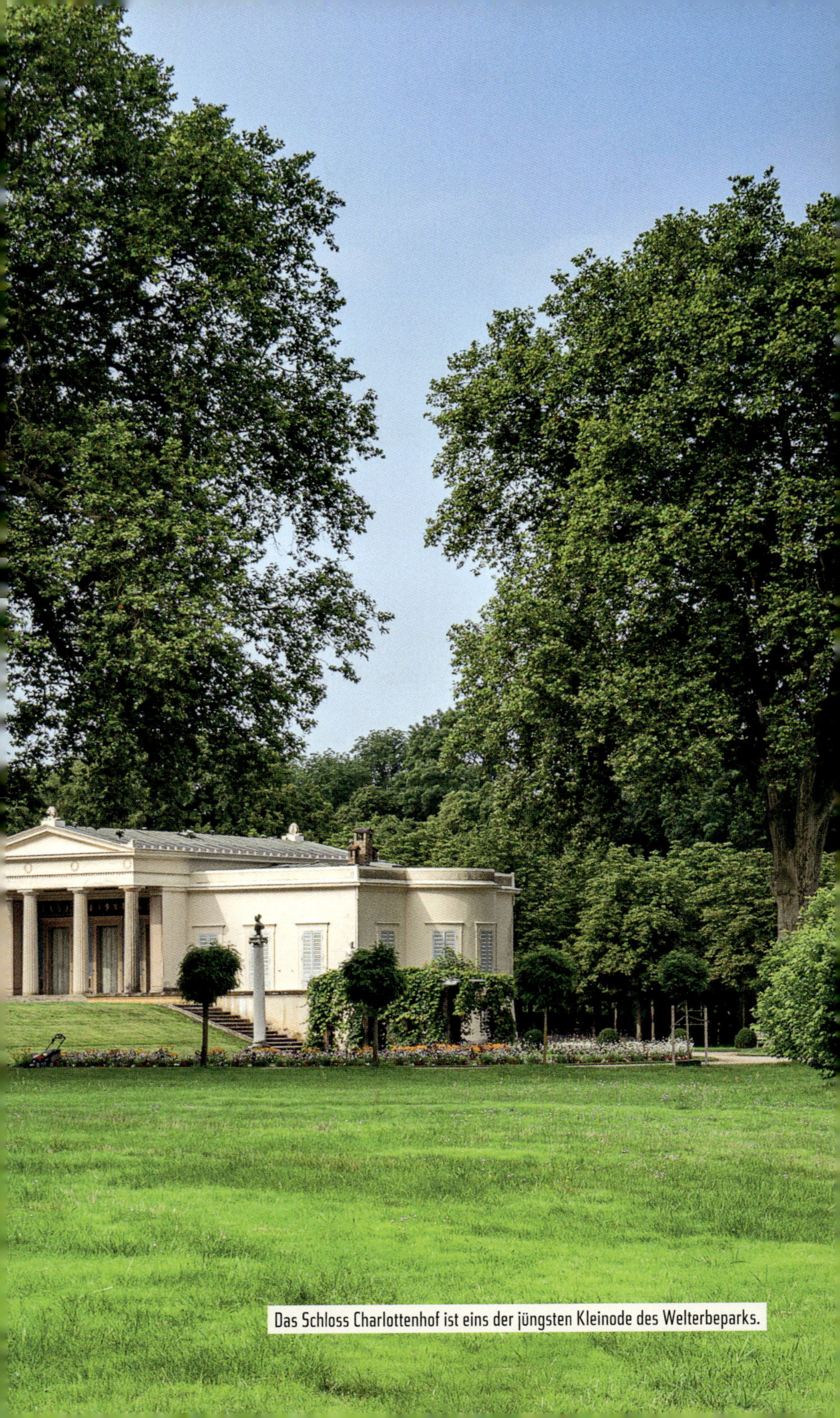

Das Schloss Charlottenhof ist eins der jüngsten Kleinode des Welterbeparks.

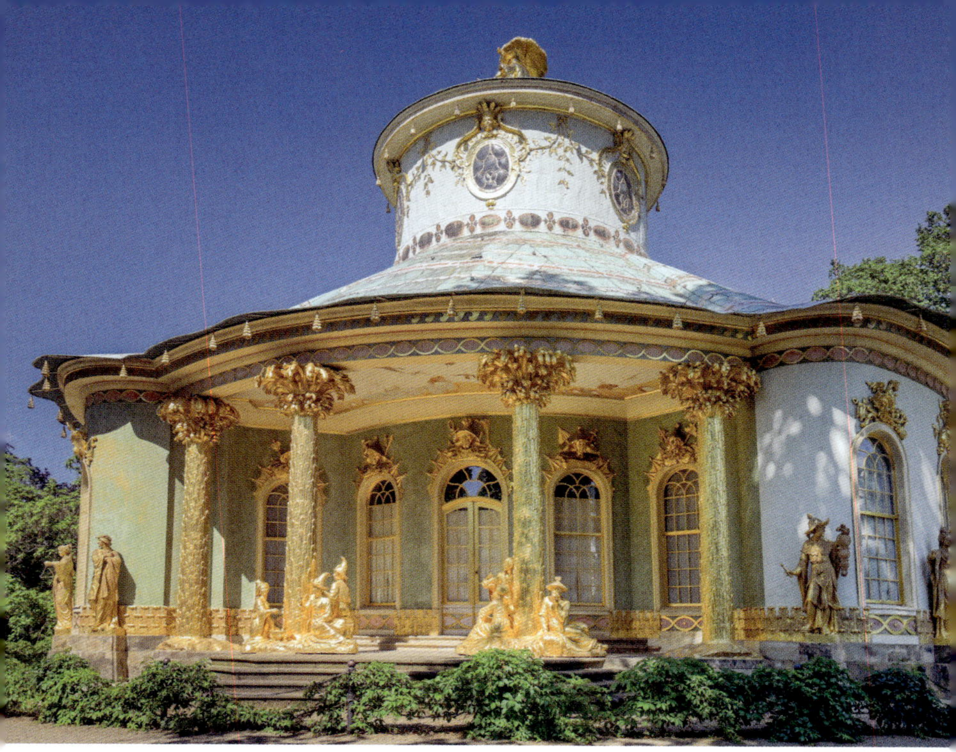

Chinesisches Teehaus

Dieser Teil der Parkanlage unterscheidet sich von der südöstlichen zunächst einmal durch seine Größe. Darüber hinaus sind die meisten der hiesigen Sehenswürdigkeiten nach dem Tod Friedrichs II. entstanden – mit Ausnahmen wie dem **Chinesischen Haus**, mit dem wir daher beginnen wollen. Durch die Verbesserung der weltweiten Handelswege wuchs in Europa das Interesse für ferne Länder, wobei im 18. Jahrhundert China eine Spitzenposition unter den Faszinosa einnahm und sich eine regelrechte Chinamode entwickelte, der auch Friedrich huldigte. Seinem großen Interesse für die Bau- und Gartenkunst entsprechend hielt er sich auf dem Laufenden über neue Trends und entdeckte dabei in einem Stichwerk die Abbildung eines im Schlosspark zu Lunéville in Lothringen erbauten Gartenpavillons im chinesischen Stil. Daraufhin beauftragte der König den Baumeister Johann Gottfried Büring mit dem Bau eines ähnlichen Gebäudes. Das Chinesische Haus entstand 1755 bis 1764.

Im Kern ist es ein Rundbau mit kleeblattartig sich vorwölbenden Raumkompartimenten, die sich mit offenen Vorhallen abwechseln. Diese Form verleiht dem Bau eine gewisse Beschwingtheit, die das mit Schlangenlinien bemalte Dach noch verstärkt. Auch der Kontrast zwischen dem Jadegrün von Fassade und Dach auf der einen und dem vielen Gold des Ormanent- und Skulpturenschmucks auf der anderen Seite führt zu einer optischen Belebung. Auf der Dachhaube des Tambours thront ein Mandarin, die Fassade und die Vorhallen werden von einer musizierenden oder sich dem Müßiggang hingebenden Chinesengesellschaft eingenommen – allerdings mit europäischen Gesichtszügen. Hier spielt eine Hofgesellschaft China, und der Pavillon bietet die Kulisse. Das Chinesische Haus diente unter Friedrich II. für kleinere Feste. Vor der Nordseite des Bauwerks steht übrigens ein Gemeiner Trompetenbaum, nach Westen hin ein Kuchenbaum, dessen im Herbst abfallende welke Blätter intensiv nach Lebkuchen riechen.

Vergoldete Skulpturen

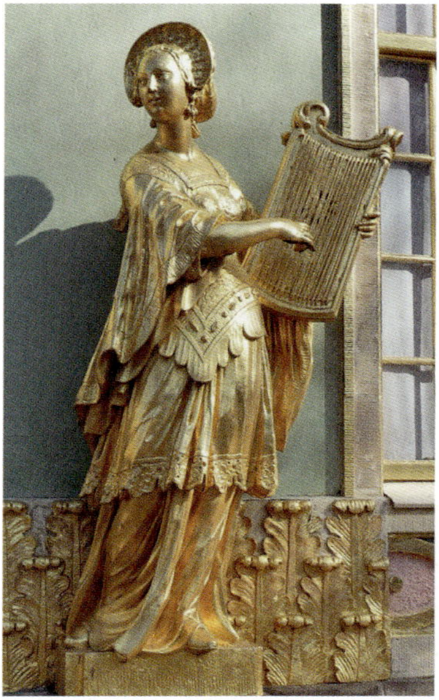

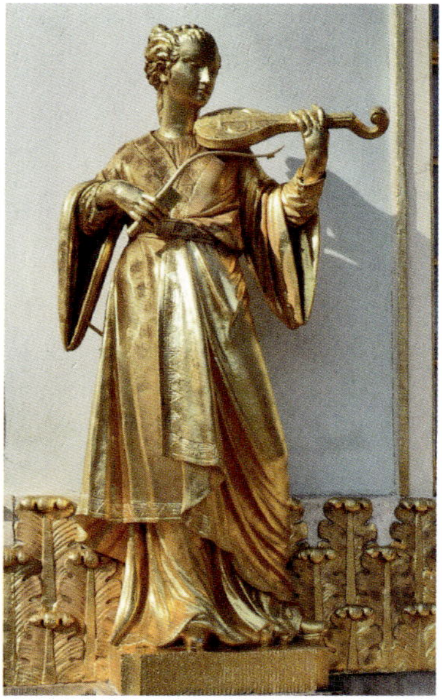

Begibt man sich vom Chinesischen Haus in südliche Richtung, gelangt man zum Ökonomieweg und dem Parkgraben. Nach einigen Schritten biegt der Graben in südliche Richtung ab (nach links) und es folgt eine kleine Brücke. Hält man sich wenige Meter nach rechts, entdeckt man einen Methusalem unter den Parkgehölzen: einen Trompetenbaum, der sich mehr in die Breite als in die Höhe erstreckt. Dieser Baum ist der letzte aus der königlichen Baumschule, die 1790 von dem Gartendirektor Johann Gottlob Schulze (1755–1834) angelegt und durch den Planteur Wilhelm Sello (1756–1822) betreut wurde.

Doch zurück zur Brücke. Neben ihr direkt am Graben steht ein Hänge-Maulbeerbaum. Nun befinden wir uns im Bereich Charlottenhof, in dem sich der »Romantiker auf dem Thron« seine romantischen Wünsche erfüllen ließ – die man auch als Weltflucht auffassen kann. Dabei war Friedrich Wilhelm IV. durchaus künstlerisch begabt, wie seine vielen Zeichnungen und Skizzen – auch für Bauwerke – erkennen lassen. Was er, unter anderem unterstützt durch

Brücke über den Parkgraben bei der Gärtnerei

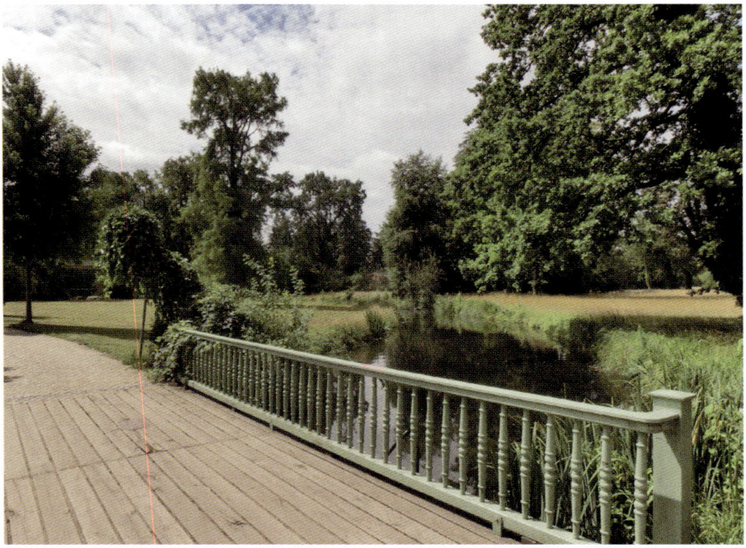

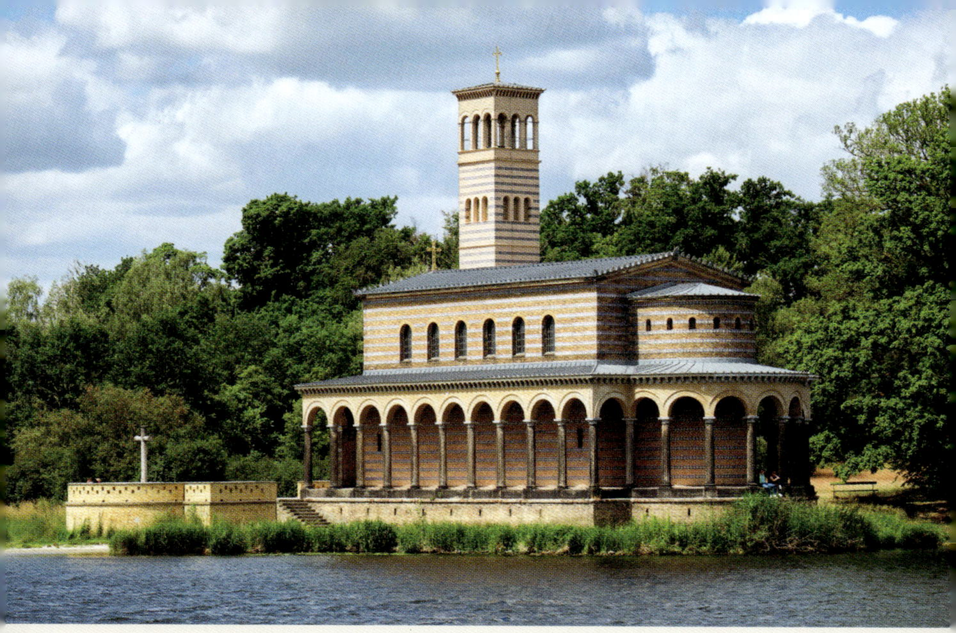

Auch außerhalb von Park Sanssouci hat die Italiensehnsucht Friedrich Wilhelms IV. Spuren hinterlassen, so etwa bei der Sacrower Heilandskirche.

EXKURS

Der Romantiker auf dem Thron und sein preußisches Arkadien

Als Friedrich Wilhelm IV. (1795–1861) 1840 die Nachfolge seines Vaters Friedrich Wilhelm III. antrat, machte er sich nicht nur daran, den absolutistischen Staat zu einer konstitutionellen Monarchie umzubauen. Er drückte auch der Kulturlandschaft in Potsdam und Umgebung seinen bis heute vor allem in und um Sanssouci sichtbaren Stempel auf. Der italienbegeisterte Monarch hatte schon als Kronprinz eine Bildungsreise nach Italien unternommen und ließ sich von der Architektur des Landes von der Antike bis zur Renaissance bei seinen zahlreichen Bauvorhaben immer wieder inspirieren. Friedrich Wilhelm, der zeichnerisch begabt war und über 7000 Seiten mit Architekturskizzen hinterließ, holte sich einige der besten Baumeister seiner Zeit wie Karl Friedrich Schinkel und Ludwig Persius und den Gartenkünstler Peter Joseph Lenné, die ihm dabei halfen, mit Parks, Schlössern und Kirchen sein kleines Italien, ein preußisches Arkadien, zu formen. Die Stein und Gärten gewordene Begeisterung spiegelt sich in etlichen Villen, Sakralbauten und Parkanlagen in und um Potsdam wider, darunter die Römischen Bäder, die Friedenskirche, das Orangerieschloss oder die schon während seiner Zeit als Kronprinz entstandene Heilandskirche in Sacrow.

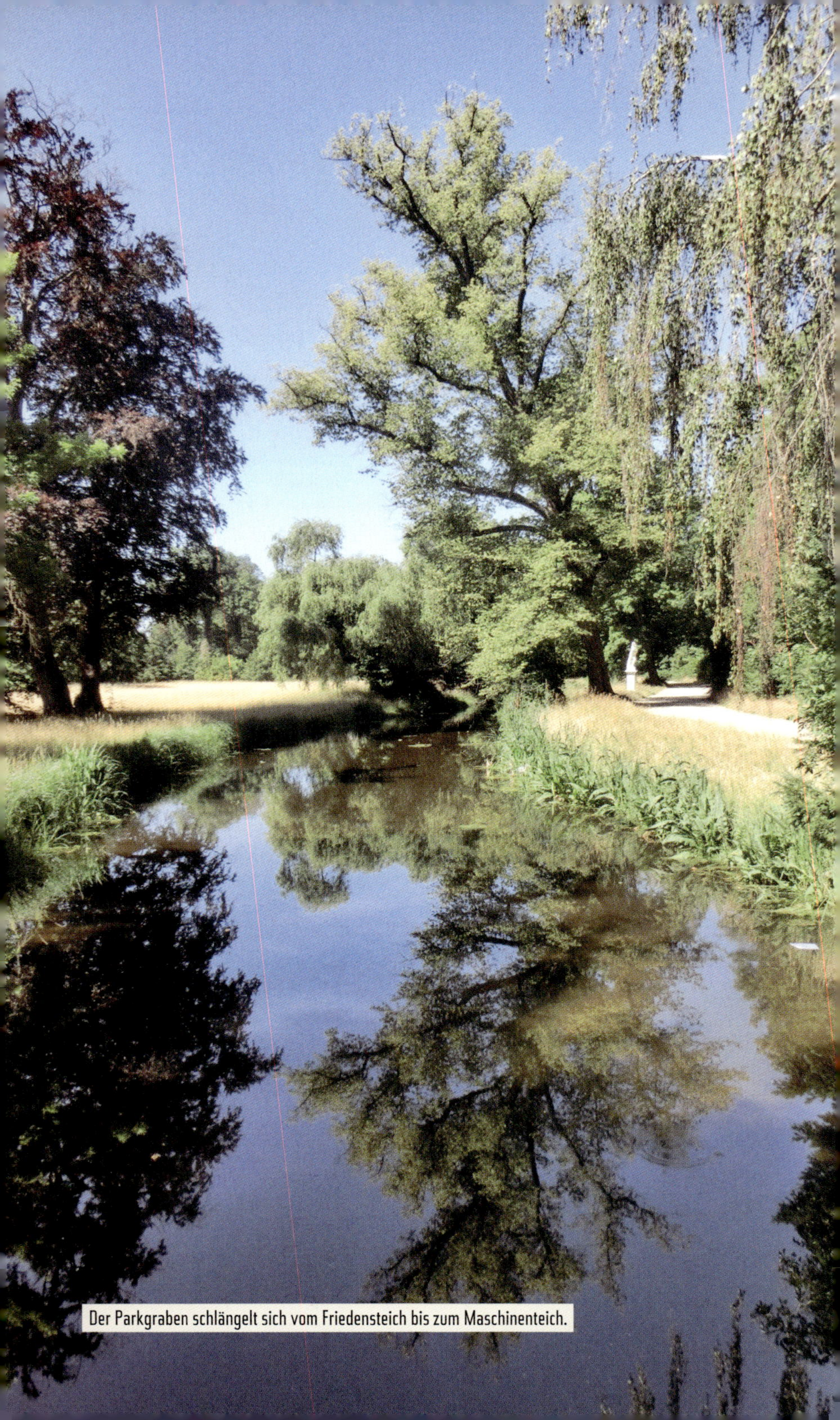

Der Parkgraben schlängelt sich vom Friedensteich bis zum Maschinenteich.

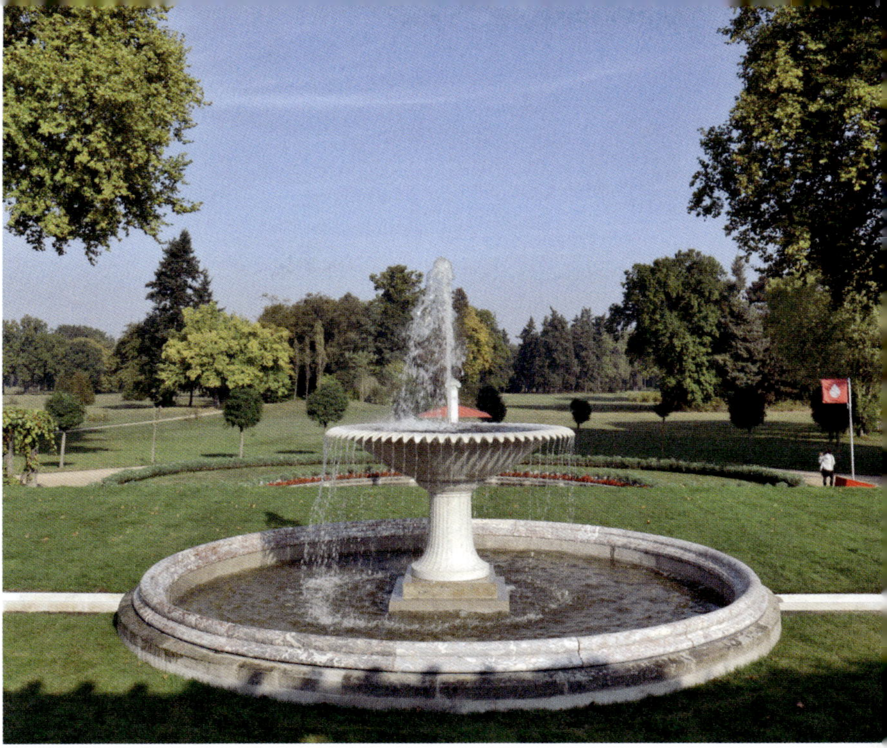

Schalenfontäne vor Schloss Charlottenhof

seinen Gartendirektor Peter Joseph Lenné (siehe S. 151), schaffen wollte, war nichts weniger als ein preußisches Arkadien, das allerdings auch noch andere Schlösser und Parks umfasste.

Auf unserem Weg erreichen wir zunächst die **Meierei**, ursprünglich das zweistöckige Wohnhaus Wilhelm Sellos, später des Hofgärtners Carl Handtmann (1776–1852). Nach Entwürfen von Heinrich Ludwig Manger baute Ludwig Persius 1833/34 das Wohnhaus zur Meierei um und erweiterte es. Bei Redaktionsschluss dieses Buches war es eine Baustelle.

Der **Park Charlottenhof** war ursprünglich eine landwirtschaftlich genutzte Fläche. Der Architekt Johann Gottfried Büring erwarb die Liegenschaft im Jahr 1756 und baute sie zu einem Gut aus. Von 1790 bis 1794 gehörte das Gut Maria Charlotte von Gentzkow, der Frau eines Kammerherrn; nach ihr erhielt es seinen Namen. 1825 kaufte König Friedrich Wilhelm III. das Gut südlich der friderizani-

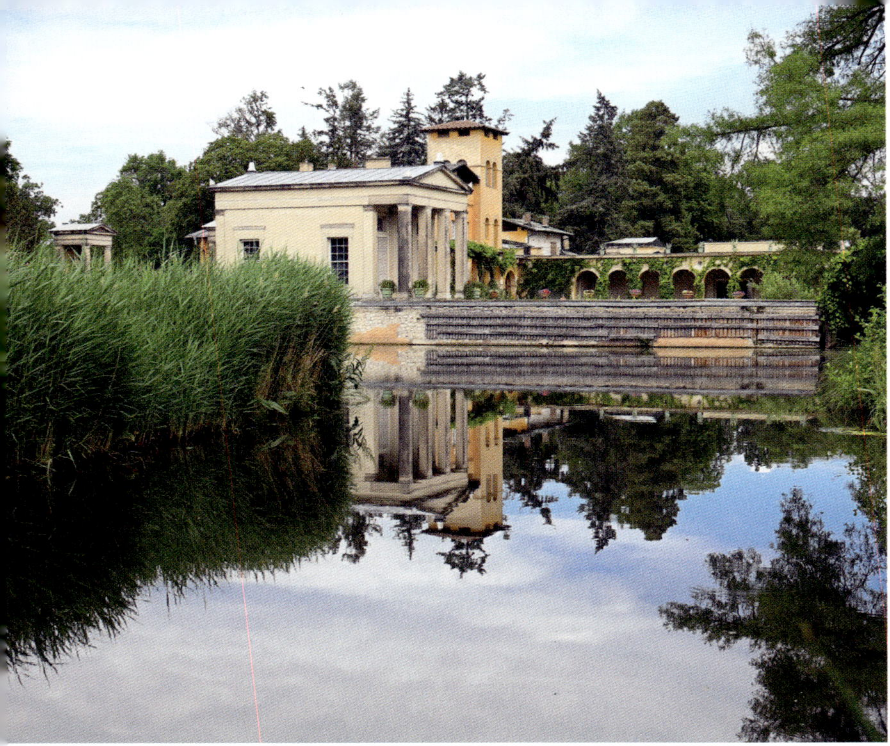

Blick über den Maschinenteich auf die Römischen Bäder

schen Gartenanlagen von Sanssouci und schenkte es seinem ältesten Sohn Friedrich Wilhelm und dessen Frau Elisabeth von Bayern, und wohl schon zu dieser Zeit plante Lenné gemeinsam mit Hermann Sello (1800–1876) die Anlage eines halbkreisförmigen, weit geschwungenen Wegs, der das Gelände umfassen und im Norden an den Rehgarten anbinden sollte. Das Schloss Charlottenhof ist ein Werk des Baumeisters Karl Friedrich Schinkel (siehe S. 147), der das Wohnhaus des Vorwerks zu einem Sommerschlösschen für das preußische Kronprinzenpaar umbaute (1826–29).

Zunächst einmal erreichen wir aber die **Römischen Bäder**. (Auf dem hier beschriebenen Weg! Es gibt südlich des Schlosses mehrere Zugänge, auf denen man zunächst das Schloss erreicht.) Diese sind ein Ausdruck der Antikensehnsucht des Königs; ihr Name bezieht sich auf die Ausgestaltung einiger Räume, die dem zeitgenössischen Wissen um römische Villen- und Thermenanlagen entsprechend

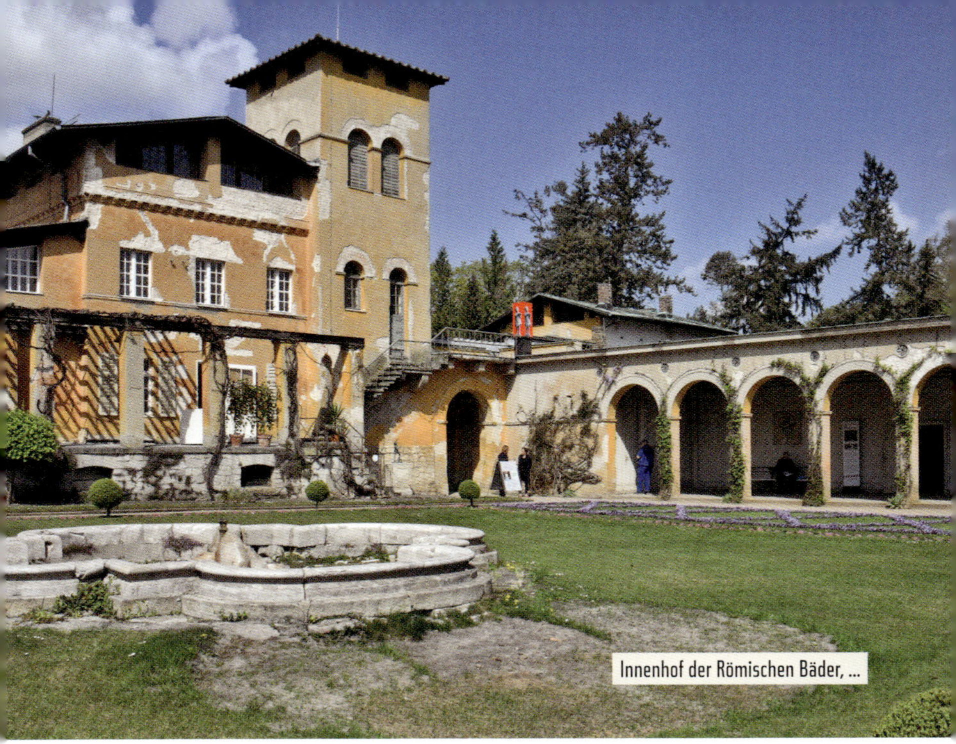

Innenhof der Römischen Bäder, ...

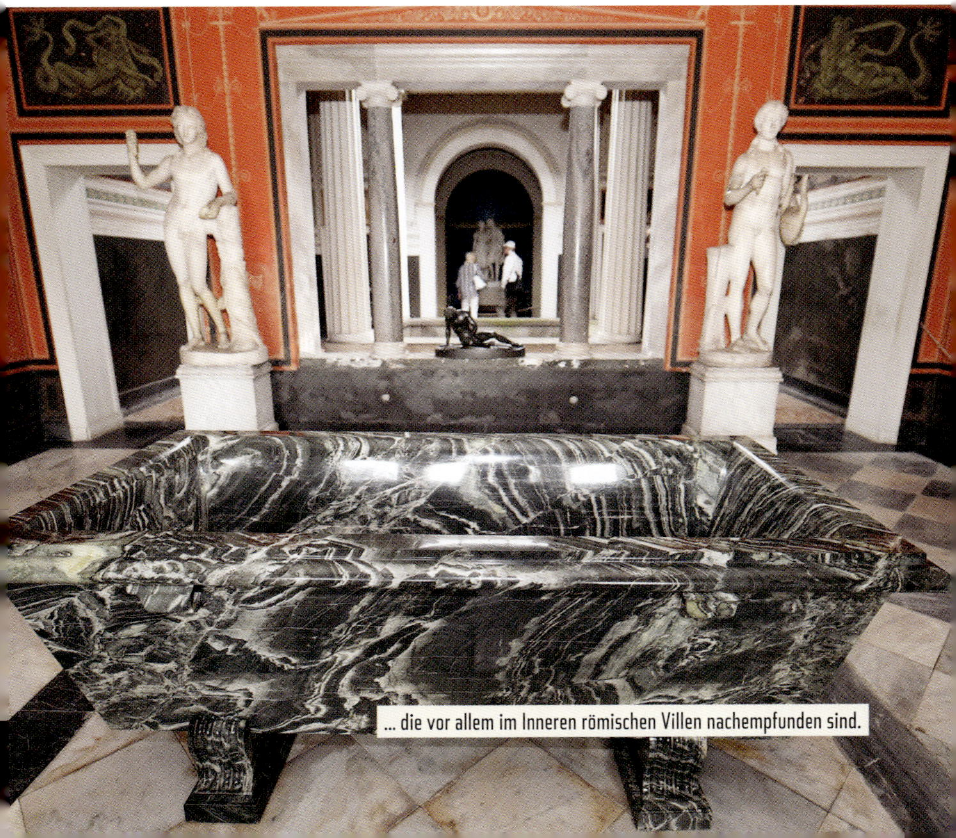

... die vor allem im Inneren römischen Villen nachempfunden sind.

eingerichtet wurden. Architekt war Ludwig Persius (siehe S. 148), ein Schüler Schinkels, der 1841 nach dem Tod seines Lehrers der führende Baumeister Friedrich Wilhelms IV. wurde. Das malerische Gruppieren von Baukörpern beherrschte Persius meisterhaft, ebenso die Kunst, die Ensembles in die meistens von Lenné gestaltete Garten- oder Parklandschaft zu integrieren, wie man auch an dieser Anlage erkennen kann (zu beiden Biografien später). Persius war auch Schöpfer oder Mitschöpfer des sogenannten »italienischen Villenstils«, der hier zum ersten Mal seinen Ausdruck fand und in den 1830er und 1840er Jahren in Potsdam zur beherrschenden Architekturform wurde.

Bevor wir uns dem Schloss Charlottenhof zuwenden, wollen wir ein Bauwerk erwähnen, das sich außerhalb der Parkanlagen von Sanssouci befindet, südlich von ihnen am Ufer der Havel: die sogenannte Moschee. Es handelt sich um das für das Funktionieren der Großen Fontäne so wichtige **Dampfmaschinenhaus** an der Neustädter Havelbucht, das wie eine Moschee mit Minarett aussieht.

Friedrich Wilhelm IV. ließ es 1841 bis 1843 von Ludwig Persius im maurischen Stil errichten – zu dieser Zeit war es vom Weinbergschloss aus noch zu sehen, heute verstellen spätere Gebäude den Blick. Im Inneren befand sich die von August Borsig gebaute, mit 81,4 PS Leistung damals stärkste Dampfmaschine Preußens, mit deren Kraft Wasser aus der Havel in das Rundbassin auf dem Ruinenberg gepumpt wurde. 1895 wurde eine neue und stärkere Dampfmaschine eingebaut, die bis heute erhalten ist und bei Führungen in Gang gesetzt wird. Um die »Moschee« rankt sich eine Anekdote, die der zu Lebzeiten ziemlich bekannte und einflussreiche Schriftsteller und Musikkritiker Ludwig Rellstab (1799–1860) in seinem seinerzeit viel gelesenen Buch »Berlin und seine Umgebung um die Mitte des 19. Jahrhunderts« (1854) zum Besten gibt: »Friedrich der Große hatte einem Holländer die Anlage des Springbrunnens übertragen; dieser verwendete 85,000 Thaler dazu, und machte in Gegenwart des Königs den ersten Versuch damit. Fünf Minuten

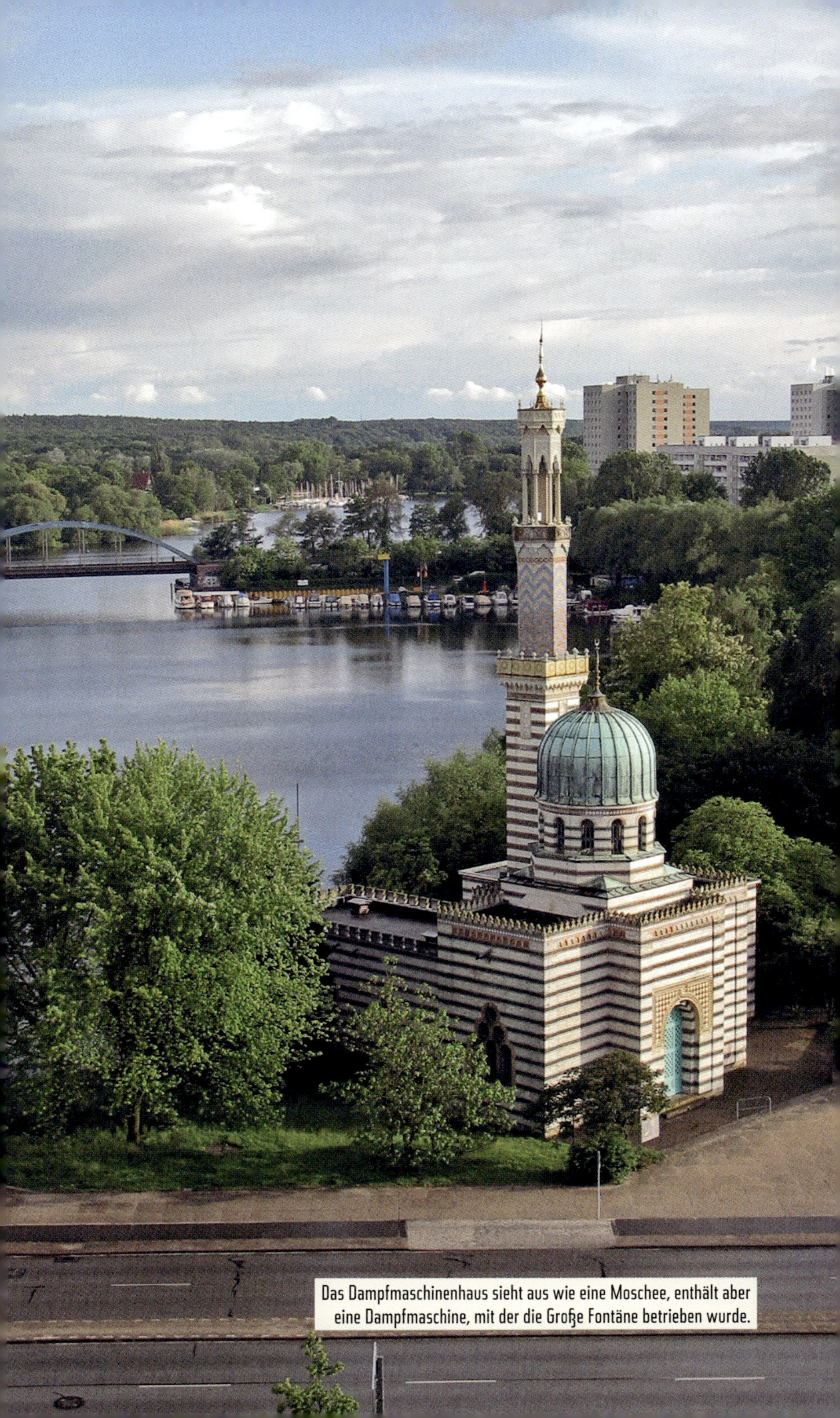

Das Dampfmaschinenhaus sieht aus wie eine Moschee, enthält aber eine Dampfmaschine, mit der die Große Fontäne betrieben wurde.

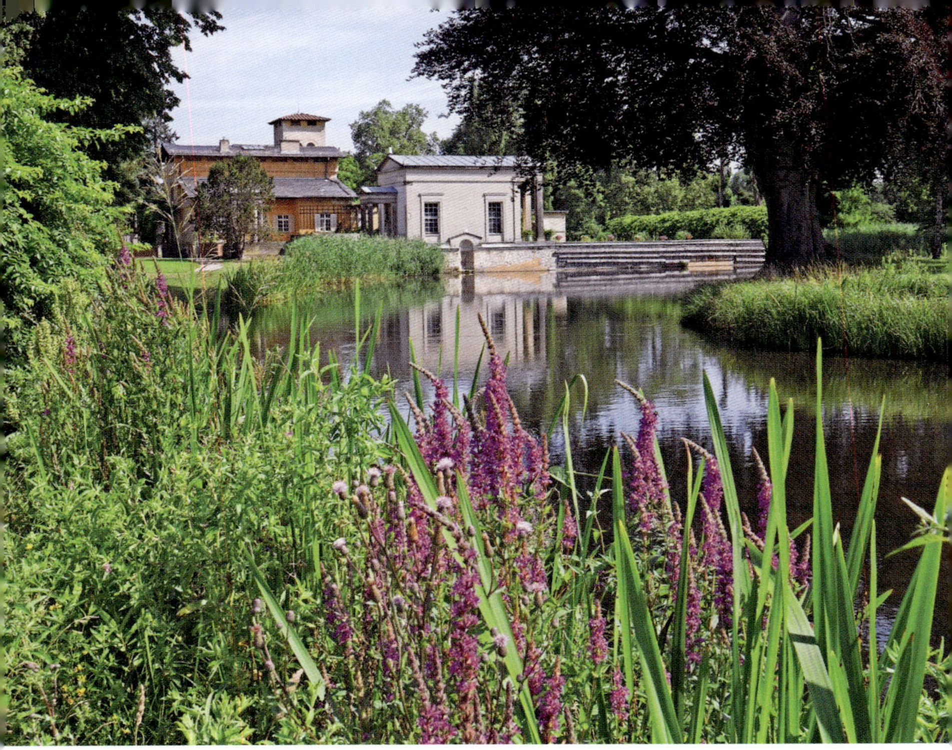

Maschinenteich mit den Römischen Bädern

lang stieg der Strahl empor, dann stockte er, und seitdem hatte er zu des großen Königs Zeiten nie wieder springen wollen. Sein Springbrunnen war daher das theuerste Schauspiel, das der König jemals gesehen. – Wir fügen hier eine Anekdote aus der neueren Zeit an. Jetzt sind die Wasser in herrlichstem Gang, und die Fontaine steigt ohne Hinderniß in klarem Strahl, von weißen Nebeln umwallt, aufwärts. Allein bei dem ersten Versuch ereignete sich doch Folgendes: Borsig, der Fürst der Industrie, hatte die Röhrenleitungen für den Brunnen gefertigt. Bei dem ersten Versuch wollte der König selbst zugegen sein. Dies setzte den berühmten Techniker in große Verlegenheit, denn gerade der Sachkundige weiß die Schwierigkeiten und Gefahren am besten in Anschlag zu bringen; auch war es peinlich, die königliche Geduld vielleicht auf die Probe zu stellen, da Könige gewohnt sind, Alles vollendet, ohne Hinderniß vor sich zu sehen. Indeß wurde der Anordnung Gehorsam geleistet. Die Wasser werden also aus dem Reservoir in die noch unversuchten Röhrensysteme, die schon seit Monaten unter der Erde lagen, eingelassen, und siehe – sie springen nicht! Ein unbegreifliches Stocken hält dieselben bis auf wenige rieselnde Tropfen zurück. Der Verfertiger Borsig, die Oberleiter des Baues, waren in der äußersten Aufregung! Sollte das mit so großen Kosten hergestellte Werk irgend einen Fehler in der Construktion haben, den Niemand ahnte, zu dessen Entdeckung vielleicht Alles wieder aufgegraben und und auseinander genommen werden müßte? – Unmöglich! Die Berechnungen waren zu genau angelegt, die Arbeit zu pünktlich verfertigt. ›Es muß gehen, ich verpfände meine Ehre dafür!‹ rief Borsig, dem der Schweiß vor die Stirne getreten war, außer sich, ›oder irgend eine Bosheit ist im Spiel!‹ Da plötzlich schoß es wie ein dicker, blauschwarzer Propfen mannelang aus der geöffneten Hauptröhre, und ein gräßlicher Knäul von Ratten entwickelte sich aus der dunkeln Masse. Gleich dahinter schoß der Wasserstrahl mächtig heraus, und im Nu sprang

Brücke über den Maschinenteich zur Insel in dessen Mitte

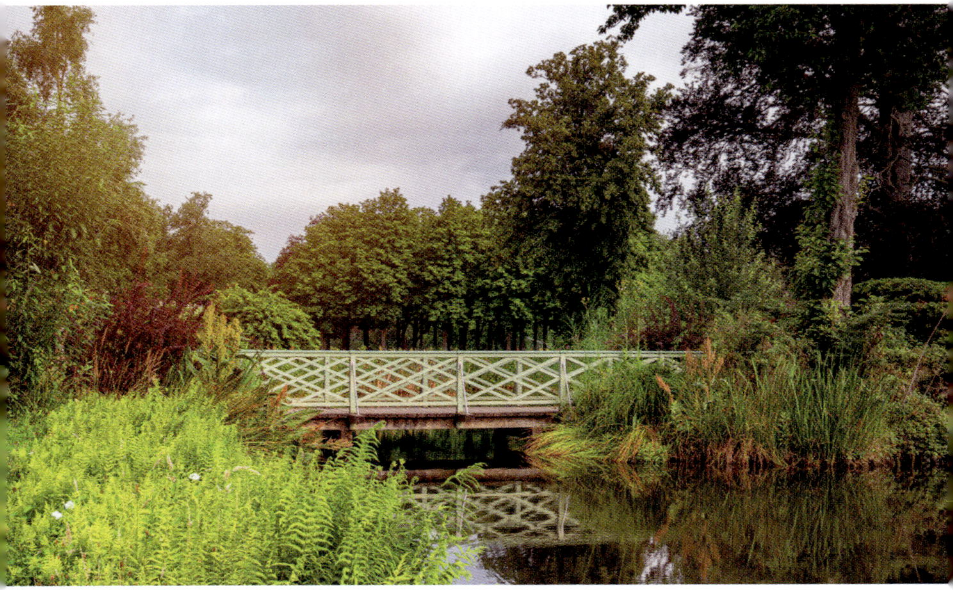

die Fontaine doch auf, und Lachen und Freuderuf erscholl von Könige selbst bis zum letzten Arbeiter. – Und die Ehre des Werks und seines Meisters war gerettet!«

Doch zurück zu den Römischen Bädern: Südlich an das Bauensemble schließt sich der **Maschinenteich** an, ein Gewässer, das durch Aufweitung des Schafgrabens entstand und nach jenem Dampfmaschinenhaus benannt wurde. Im Teich befindet sich eine Insel, die durch Brücken mit dem »Festland« verbunden ist. Auf dieser steht eine Statue, der sogenannte Caesar Germanicus, ursprünglich wohl ein Merkur und der Nachguss eines Nachgusses. Eine sehr große Blutbuche überragt das Eiland.

Am Maschinenteich entlang erreicht man den Rosengarten am **Schloss Charlottenhof**, der 1835 angelegt wurde. In einer Laube befindet sich die Skulptur eines wasserspeienden Satyrknaben von keinem Geringeren als Christian Daniel Rauch. Das Schloss – eher ein Schlösschen – orientiert sich an der Antike, der Mittelbau sieht

Rosengarten im Park Charlottenhof

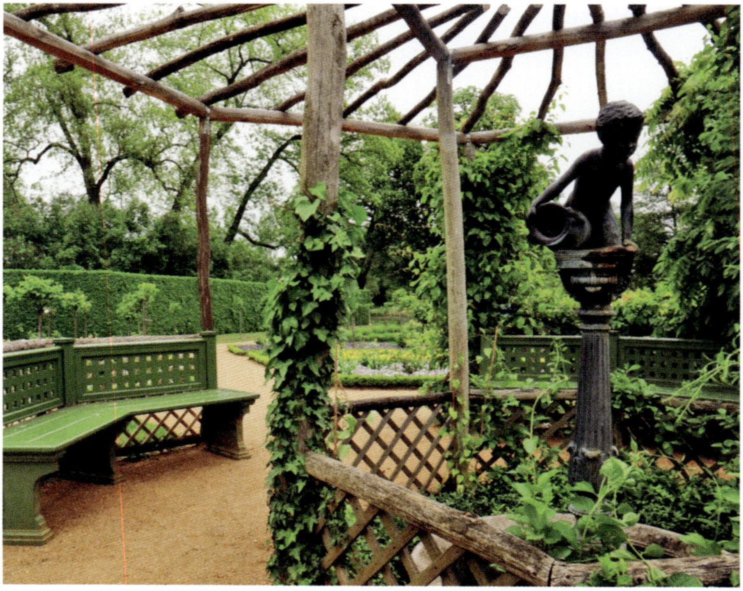

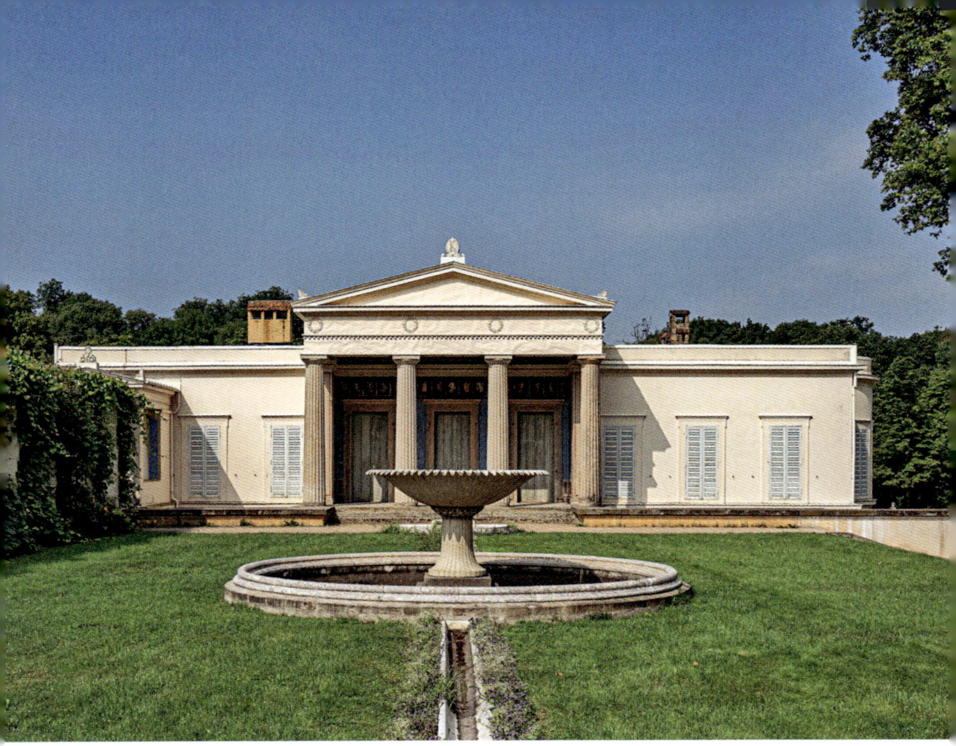

Schloss Charlottenhof

mit dem Portikus fast wie ein Tempel aus. Schinkel gelang die Umwandlung eines barocken Landhauses in einen Bau des Klassizismus, der fast lehrbuchreif ist – eine antike Idealvilla, wie sie wohl vor allem in der Fantasie existierte. Die Bauausführung lag übrigens in den Händen von Ludwig Persius, den Garten gestaltete abermals Lenné. Die erhöhte Terrasse wird von einer Pergola und einer mit Weinranken überspannten Terrasse gesäumt, in deren Mitte sich eine Schalenfontäne befindet, vor der Villa und vor der Exedra jeweils ein halbrundes Wasserbassin. Man vermutet hier eine Anspielung auf die Alhambra in Granada. Auch die Skulpturen des Gartens deuten auf die Antike hin: Klio, die Muse der Heldendichtung und der Geschichtsschreibung, sowie der Lichtgott Apoll säumen den Aufgang zur Pergola. Auf den reichen bildhauerischen Schmuck kann nicht eingegangen werden, nur ein Bildwerk an der Südseite der Terrasse sei noch erwähnt: die sogenannte Brunhildenquelle.

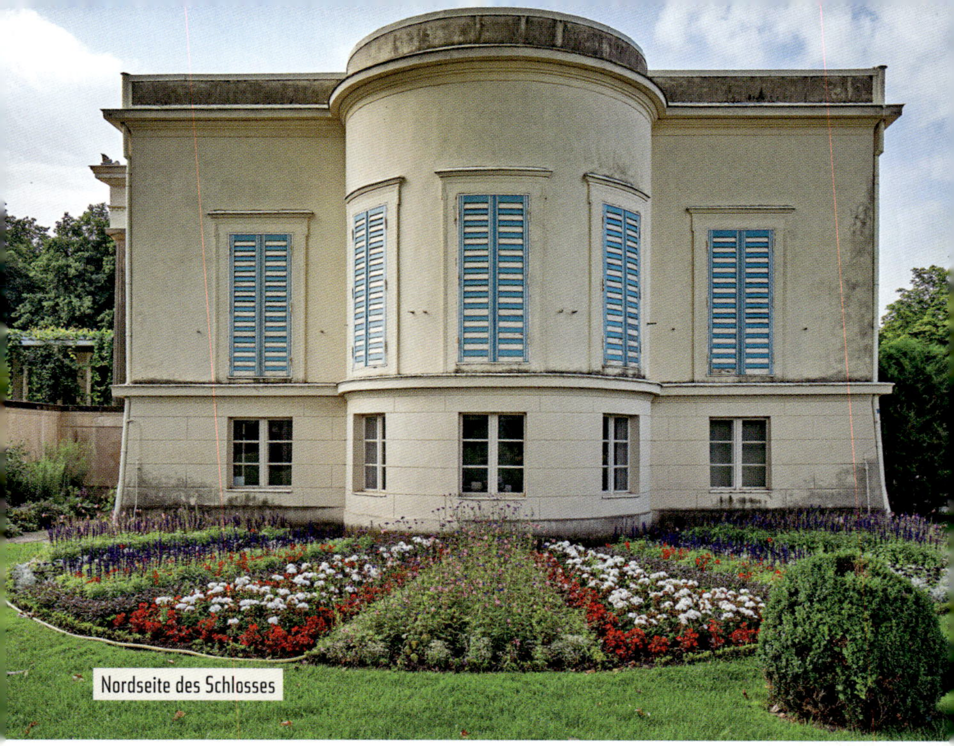

Nordseite des Schlosses

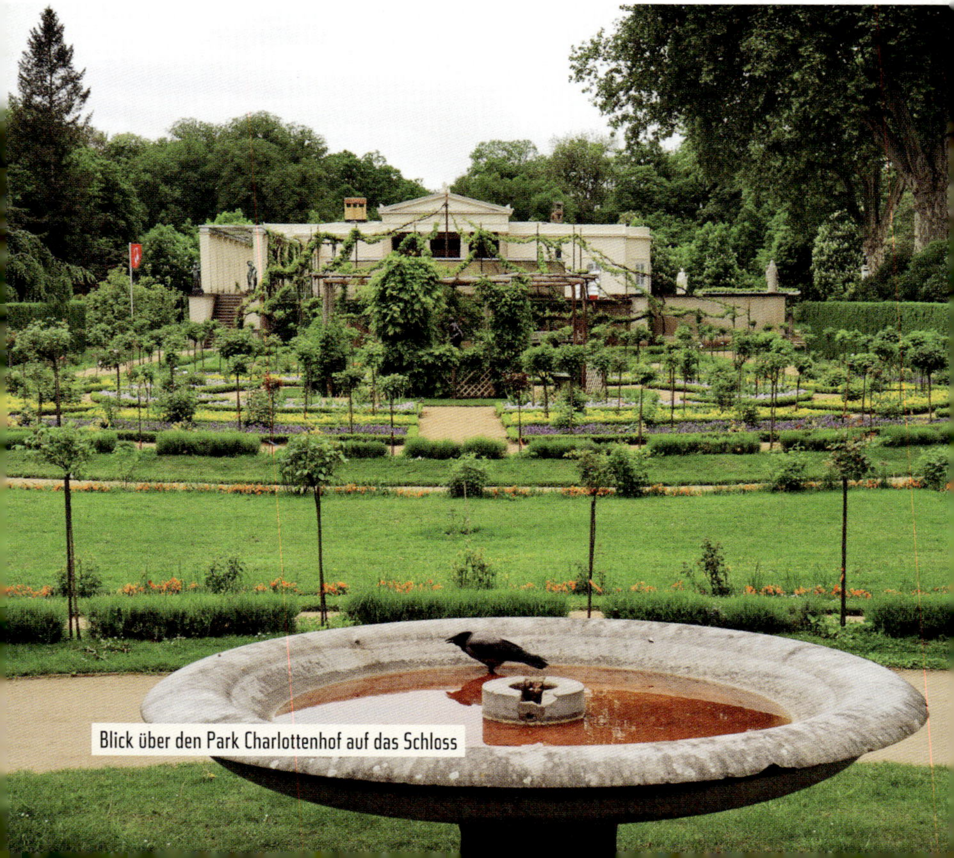

Blick über den Park Charlottenhof auf das Schloss

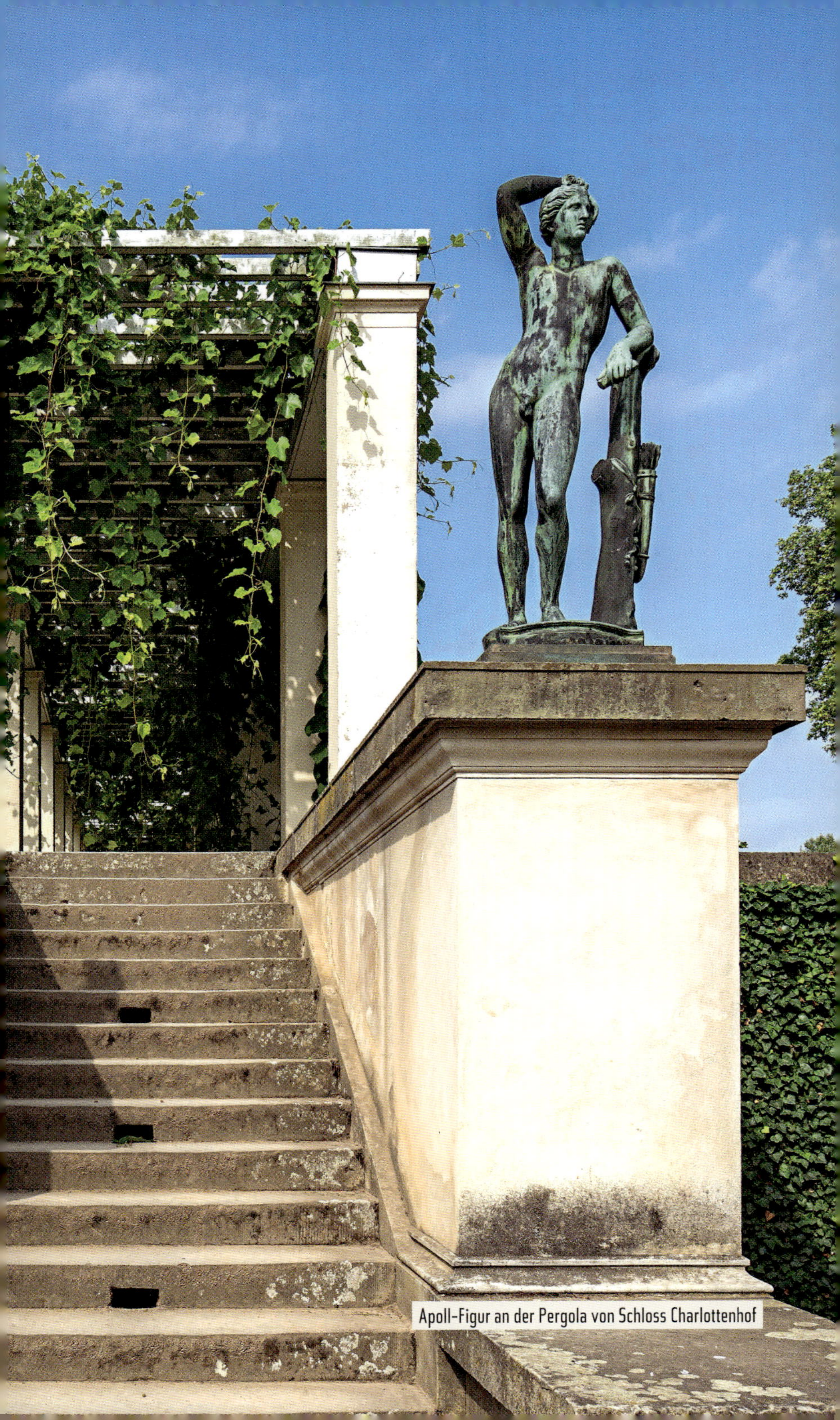

Apoll-Figur an der Pergola von Schloss Charlottenhof

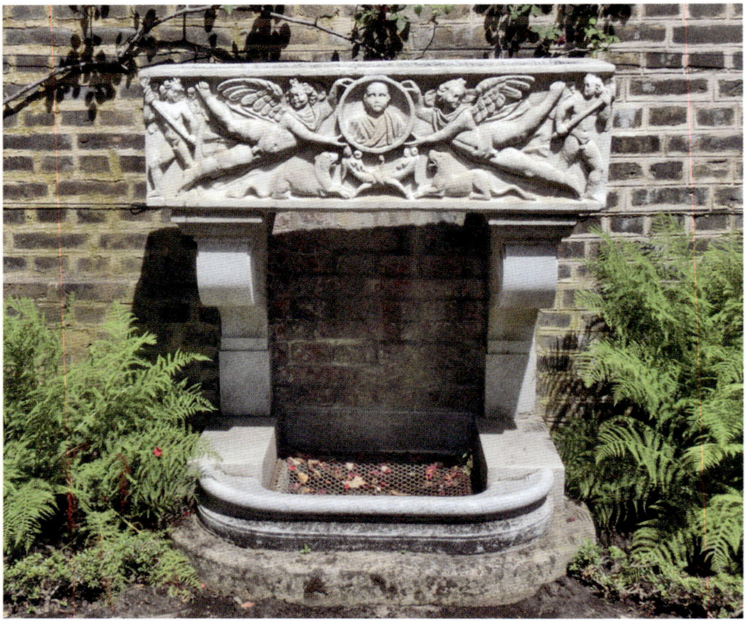

Brunhildenquelle

Sie ist nach der Lieblingshündin der Königin Elisabeth benannt und besteht aus einem originalen römischen Kindersarkophag aus der ersten Hälfte des 3. Jahrhunderts n. Chr., darüber befand sich ein Wasserspeier in Form eines Hundekopfes, 1839 geschaffen von Franz Woltreck (1800–1847), der 1977 gestohlen wurde.

Die Innenausstattung des Schlösschens hat sich bis in viele Details erhalten, sodass man die Möglichkeit hat zu sehen, wie der Kronprinz und seine Gattin hier gelebt haben. Der größte und festlichste Raum ist der Speisesaal, der sich mit drei Fenstertüren zum Portikus und somit auch zur Terrasse öffnet. Die Wände zieren Stiche nach Raffaels Ausmalung der Vatikanloggien, den vergoldeten Tisch und den Kronleuchter in Form einer Öllampe entwarf Schinkel. Auch das Schreibkabinett Elisabeths wurde von Schinkel entworfen: die Wände sind rosa, Fensterrahmen, Leisten und Möbelstoffe moosgrün, die Möbel und Türfüllungen in Silber, was einen

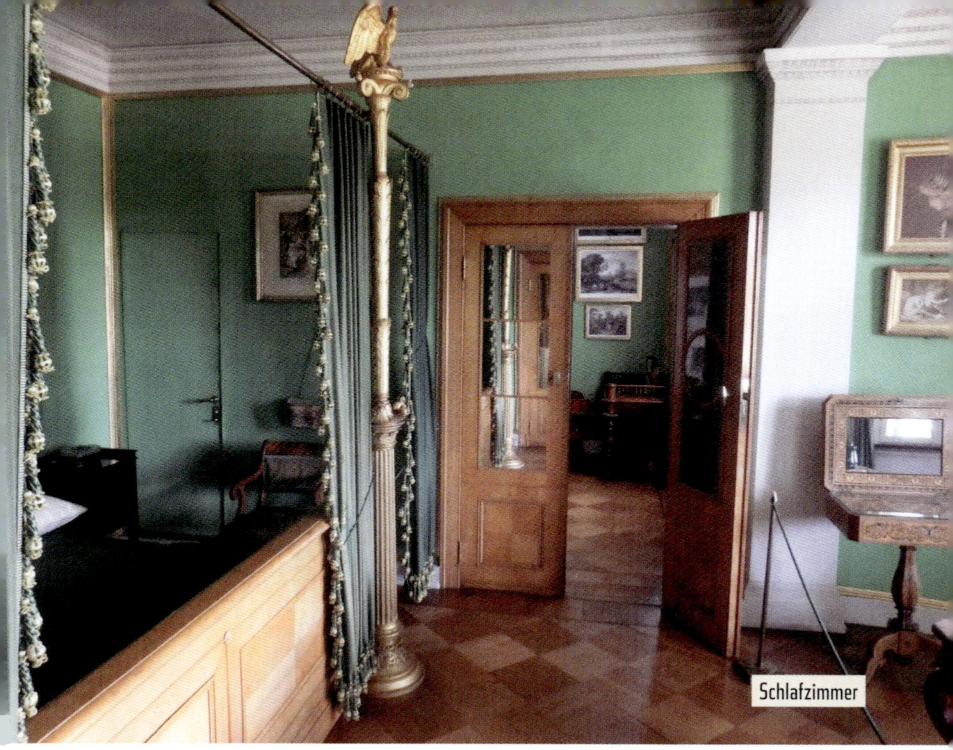
Schlafzimmer

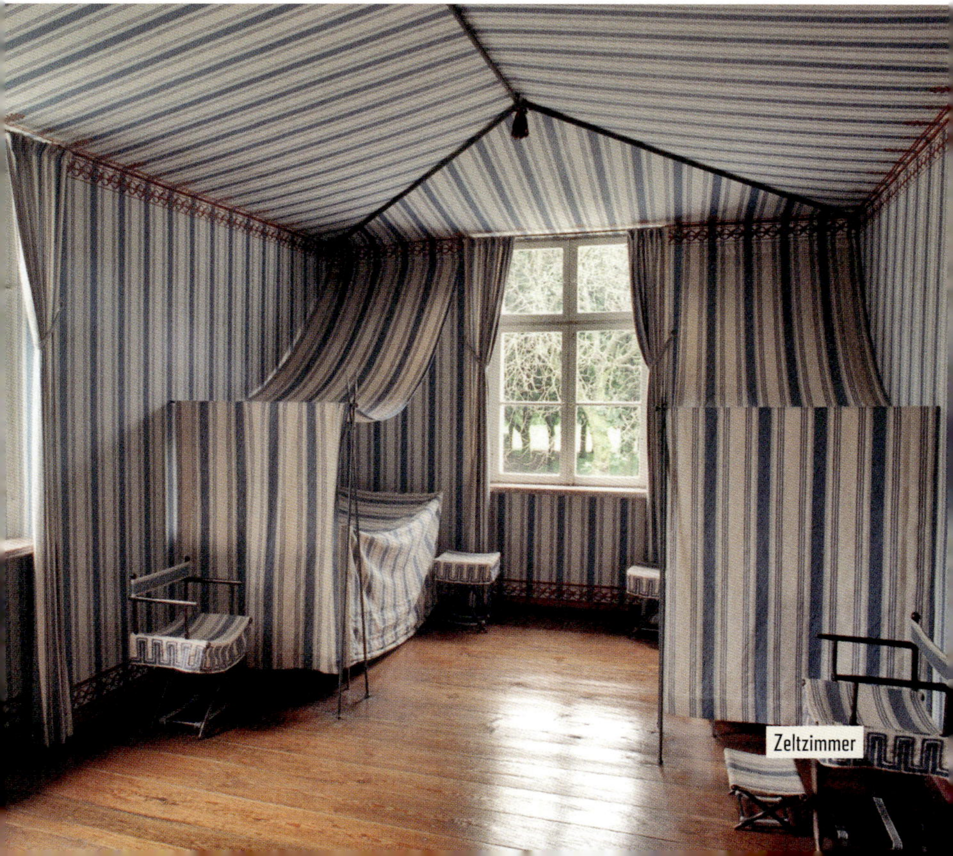
Zeltzimmer

sehr harmonischen Eindruck schafft. Bekanntester Raum ist das Zeltzimmer – auch hier wirkte Schinkel. Solche Zimmer waren damals en vogue, bereits König Friedrich Wilhelm II. hatte sich eins im Marmorpalais einrichten lassen. Blau-weiß gestreifte Papiertapeten und Vorhänge bestimmten die Wirkung, die von Schinkel entworfenen Faltstühle stammen aus der Erstausstattung.

Westlich des Schlosses befindet sich der sogenannte **Dichterhain**. Die Wege durch den Kastanienhain werden von je vier Dichterbüsten flankiert: zum Schloss hin von Goethe, Schiller, Herder und Wieland, zum Park hin von Ariost, Tasso, Dante und Petrarca. Am Ende des Rasenstücks und direkt gegenüber dem Schloss stößt man auf die sogenannte Ildefonsogruppe: Es handelt sich um zwei Jünglinge am Altar, eine Marmorkopie eines antiken Bildwerkes des Pasiteles aus dem 1. Jahrhundert v. Chr., die Kopie entstand 1827, der Schöpfer war Francesco Menghi.

Im Dichterhain: Friedrich Schiller …

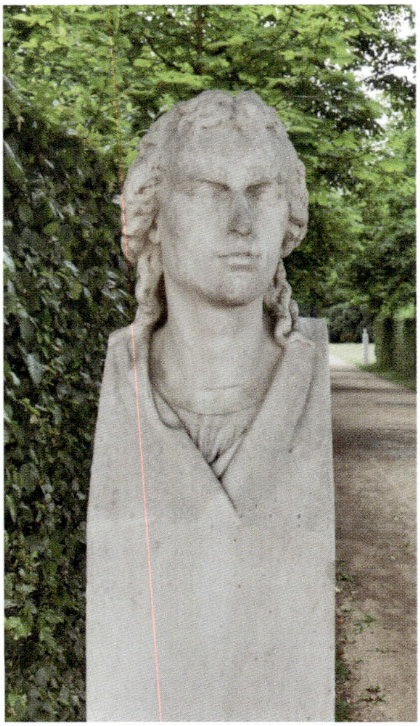

… und Johann Wolfgang von Goethe

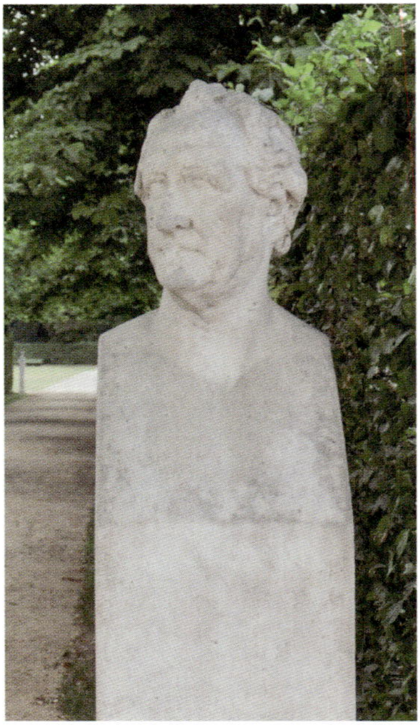

Karl Friedrich Schinkel

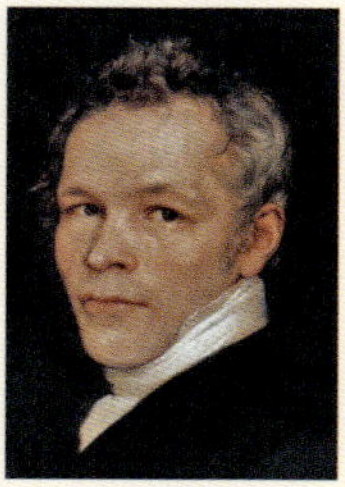

Geboren am 13. März 1781 in Neuruppin,
gestorben am 9. Oktober 1841 in Berlin.

Der Architekt und Maler Schinkel ist neben Leo von Klenze der bedeutendste deutsche Baumeister in der ersten Hälfte des 19. Jahrhunderts. Mit seinen Bauten prägte er maßgeblich das Erscheinungsbild Berlins, mit seinen Musterentwürfen aber auch ganz Preußens. Nach dem Tod seines Vaters, der Archidiakon und Schulinspektor in Neuruppin war, zog die Familie nach Berlin. Schinkel wollte Baumeister werden und absolvierte dafür eine Ausbildung bei den Architekten David Gilly (1748–1808) und dessen Sohn Friedrich (1772–1800). 1802–05 begab er sich auf die übliche Italienreise. Erste Bauentwürfe zeigen seine Nähe zur Romantik und qualifizieren ihn als deutschen Vertreter der Neugotik. Schinkel wurde durch Vermittlung Wilhelm von Humboldts (1767–1835), den er in Rom kennengelernt hatte, preußischer Baubeamter, dem das neue Feld der Denkmalpflege übertragen wurde. In dieser Funktion kümmerte er sich ab 1816 um die Vollendung des Kölner Domes.
Als in Berlin nach den Befreiungskriegen wieder eine starke Bautätigkeit einsetzte, begann Schinkels große Zeit. Bis 1830 entstanden seine Hauptwerke: die Neue Wache (1817/18), das Schauspielhaus am Gendarmenmarkt (1819–21), das Alte Museum im Lustgarten (1824–28). Formal lassen sich diese Bauwerke dem Klassizismus zuordnen, die Formensprache ist von griechischen Vorbildern abgeleitet. Preußen verdankt ihm auch die Wiederentdeckung des Backsteins als günstiges Baumaterial, wobei er sich nicht allein am Mittelalter orientierte, sondern auch an Bauten, die er in Italien gesehen hatte. Er entwarf zahlreiche Musterbauten, verfasste Gutachten, unternahm Reisen und wurde im Dezember 1830 schließlich als Geheimer Oberbaudirektor Leiter der Oberbaudeputation, der höchsten preußischen Baubehörde. Doch die ständige Überarbeitung forderte nach und nach ihren Tribut. 1840 erlitt er vermutlich mehrere Schlaganfälle, die ihn zu einem einjährigen Siechtum verurteilten, bis er im Oktober 1841 starb. Schinkel wurde in einem von ihm selbst entworfenen Grab auf dem Dorotheenstädtischen Friedhof in Berlin-Mitte beigesetzt.

Ludwig Persius

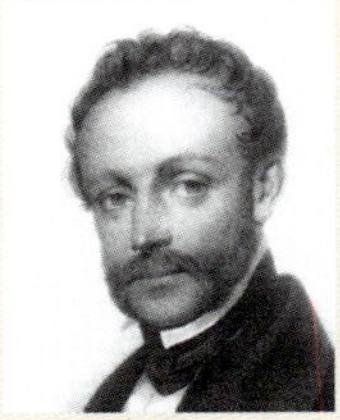

Geboren am 15. Februar 1803 in Potsdam, gestorben am 12. Juli 1845 in Potsdam.

Der Schinkel-Schüler Persius absolvierte eine Feldmesserausbildung an der Bauakademie in Berlin. Nach der Feldmesserprüfung 1821 arbeitete er als Baukondukteur (Bauleiter) in Potsdam, unter anderem unter Schinkel beim Bau des Schlosses und der Kirche auf den Gütern des Grafen Potocky sowie von Schloss Glienicke. 1826 legte er die Baumeisterprüfung ab und wurde Bauleiter in Charlottenhof. 1827 ging er die Ehe mit Pauline Sello aus der berühmten Gärtnerfamilie Sello ein, 1829 wurde er Bauinspektor bei der Königlichen Regierung in Potsdam, 1834 königlicher Hofbauinspektor. 1841 wurde er von König Friedrich Wilhelm IV. zum Hofarchitekten ernannt. Wie alle Architekten seiner Zeit war Persius oft auf Reisen. Von seiner letzten Reise 1845 nach Italien kehrte er krank zurück und starb kurz nach seiner Rückkehr. Er wurde auf dem Bornstedter Friedhof im Bereich der Familienstiftung Hermann Sello beigesetzt, wo sein Grabmal noch heute steht.

Ebenfalls in der Gartenachse des Schlosses entstand 1836 das **Hippodrom**, gestaltet von Lenné. Eigentlich war ein Hippodrom ein Pferderennplatz, hier allerdings handelt es sich um einen Teil des Parks. Plinius d. J. (61/62–113/15) ist vor allem für seine Briefe bekannt. Er beschrieb in ihnen auch Villenarchitekturen, und diese Beschreibungen prägten maßgeblich den Villenstil der italienischen Renaissance, wobei Villa hier nicht nur das Gebäude meint, sondern einen ganzen Landsitz. In einem Brief beschreibt Plinius auch einen als Hippodrom gestalteten Garten. Der antikenbegeisterte Kronprinz Friedrich Wilhelm wünschte sich einen solchen für Charlottenhof, allerdings fiel das Resultat bescheidener aus als seine hochfliegenden Planungen. Das Hippodrom ist heute ein

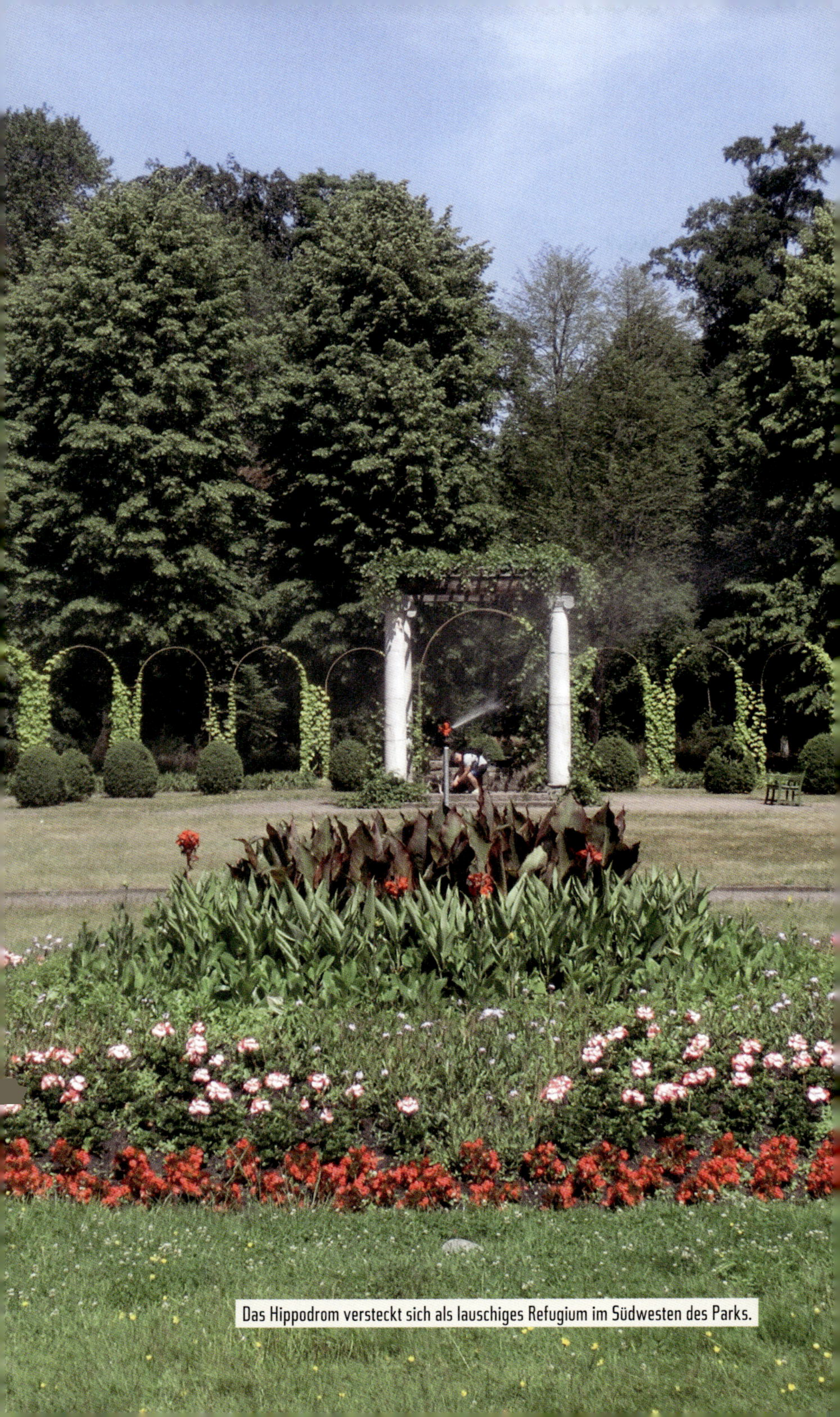

Das Hippodrom versteckt sich als lauschiges Refugium im Südwesten des Parks.

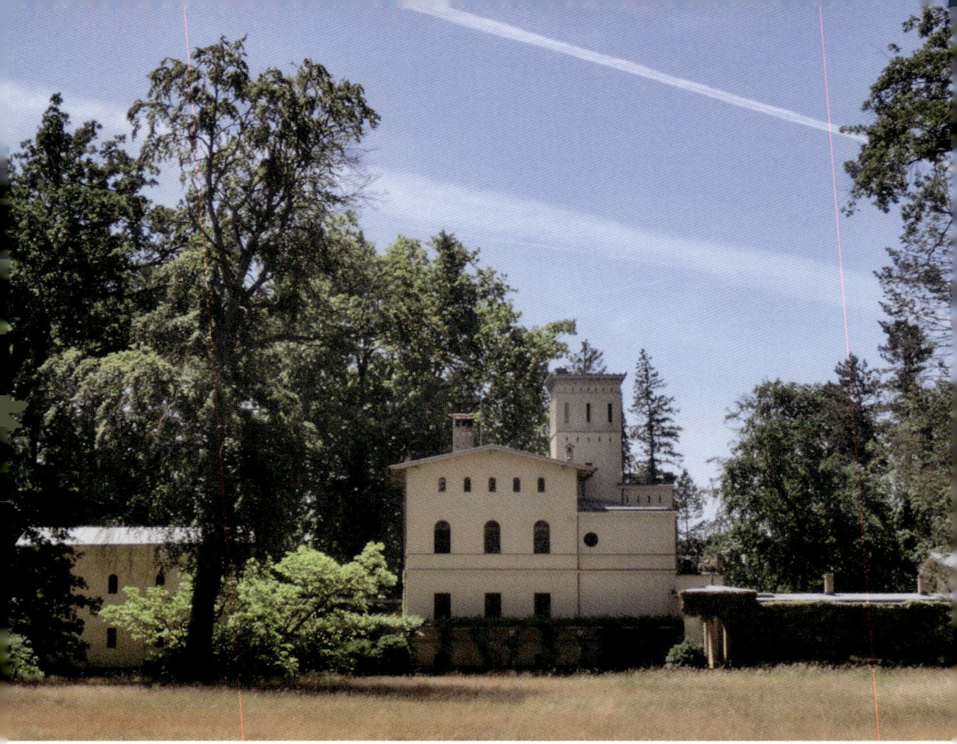

Fasanerie

etwas abgelegener und ruhiger Ort, der selbst an Tagen mit großem Besucheransturm wenig frequentiert wird.

Noch weiter westlich liegen die Gebäude der ehemaligen **Fasanerie**. Bis zum Ersten Weltkrieg wurden in Sanssouci Fasane gezüchtet, die den Speiseplan der Hohenzollern bereicherten. Obwohl ein Wirtschaftsgebäude, wurde die Fasanerie von Persius 1842 bis 1844 im Stil einer italienischen Turmvilla gestaltet. Nach der Abdankung des letzten deutschen Kaisers diente die Fasanerie Wohnzwecken. In den 1920er Jahren wohnte hier die Verlegerin Irmgard Kiepenheuer (1887–1971), in den 1930er und 1940er Jahren war das Gebäude Domizil des Dirigenten Wilhelm Furtwängler (1886–1954) – für ihn wurde sogar ein Luftschutzkeller eingerichtet.

Peter Joseph Lenné

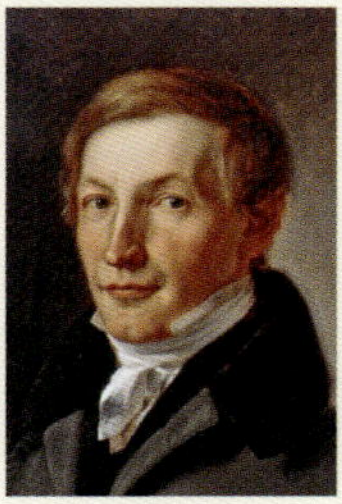

Geboren am 29. September 1789 in Bonn,
gestorben am 23. Januar 1866 in Potsdam.

Lenné wurde als Sohn des Bonner Hofgärtners Peter Joseph Lenné d. Ä. (1756–1821) geboren, der auch den Botanischen Garten der Universität leitete. Der Familientradition entsprechend erlernte er den Gärtnerberuf. Studienreisen führten ihn 1809 nach Süddeutschland und 1811/12 nach Frankreich. Er war in mehreren Gehilfenstellen am preußischen Hof tätig, bis er 1818 eine Anstellung in der Königlichen Gartendirektion annahm. Schließlich konnte er eigene Garten- und Parkgestaltungen an der Seite bedeutender Architekten wie Schinkel, Persius und Ferdinand von Arnim entwickeln. 1818 begann er mit der Umgestaltung des Parks Sanssouci, ab 1825 mit der Gestaltung des Parks von Charlottenhof. Zu seinen Werken zählen außerdem u.a. der Nordische und der Sizilianische Garten sowie der Marlygarten in Sanssouci, der Pfingstberg und Alexandrowka, die Pfaueninsel, der Sacrower Schlosspark und Teile der Babelsberger Anlagen, die allerdings von seinem Konkurrenten Fürst Pückler-Muskau (1785–1871) vollendet wurden. Mit wachsendem Ruhm bekam Lenné immer mehr Aufträge auch außerhalb der preußischen Metropolen. So entwarf er etlichen Parks von Gutsanlagen in und außerhalb Preußens, deren Zahl kam mehr zu überblicken ist. Natürlich griff er dabei auf Muster zurück, andernfalls hätte er der Arbeitsbelastung nicht standhalten können. Peter Joseph Lenné betätigte sich auch als Stadtplaner und entwarf drei Kanäle für Berlin: den Landwehrkanal, den Luisenstädtischen Kanal und den Berlin-Spandauer Schifffahrtskanal. Auch Lenné wurde im Bereich der Familienstiftung Hermann Sello in Bornstedt beigesetzt.

»Nichts gedeiht ohne Pflege, und die vortrefflichsten Dinge verlieren durch unzweckmäßige Behandlung ihren Wert«, schrieb der Mann, der fast 50 Jahre lang die Gartenkunst in Preußen bestimmte. Und weiter: »Wie ein Bildhauer aus seinem Marmorblock lebendige Gestalten hervorruft, so bringt der Landschaftsgärtner Leben und Bewegung in Bäume und Gesträuche durch den Wechsel der Formen, in ihrer Zusammenstellung zu Licht- und Dunkel-Gruppen, zu Massen, Hainen und Waldstücken; in ihren Umrissen auf den Ebenen und gegen den Horizont; in ihren Anreihungen, Abstufungen und Kontrasten. Gleich dem Maler arbeitet er mit Farben und Lichtern.«

NORDWESTEN

Neue Kammern, Sizilianischer Garten, Botanischer Garten, Nördlicher Rehgarten und Hopfengarten, Orangerieschloss, Belvedere auf dem Klausberg und Schloss Lindstedt

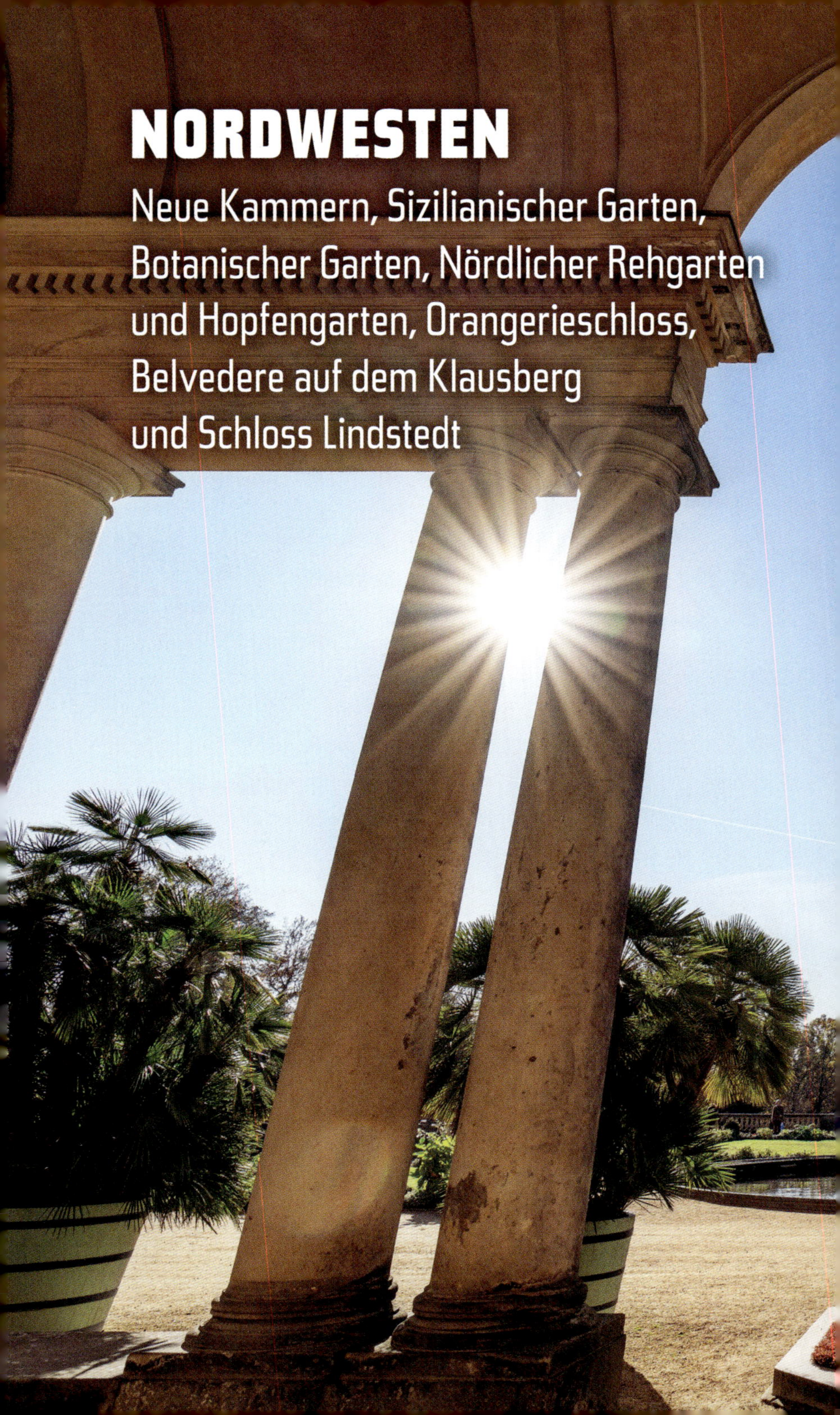

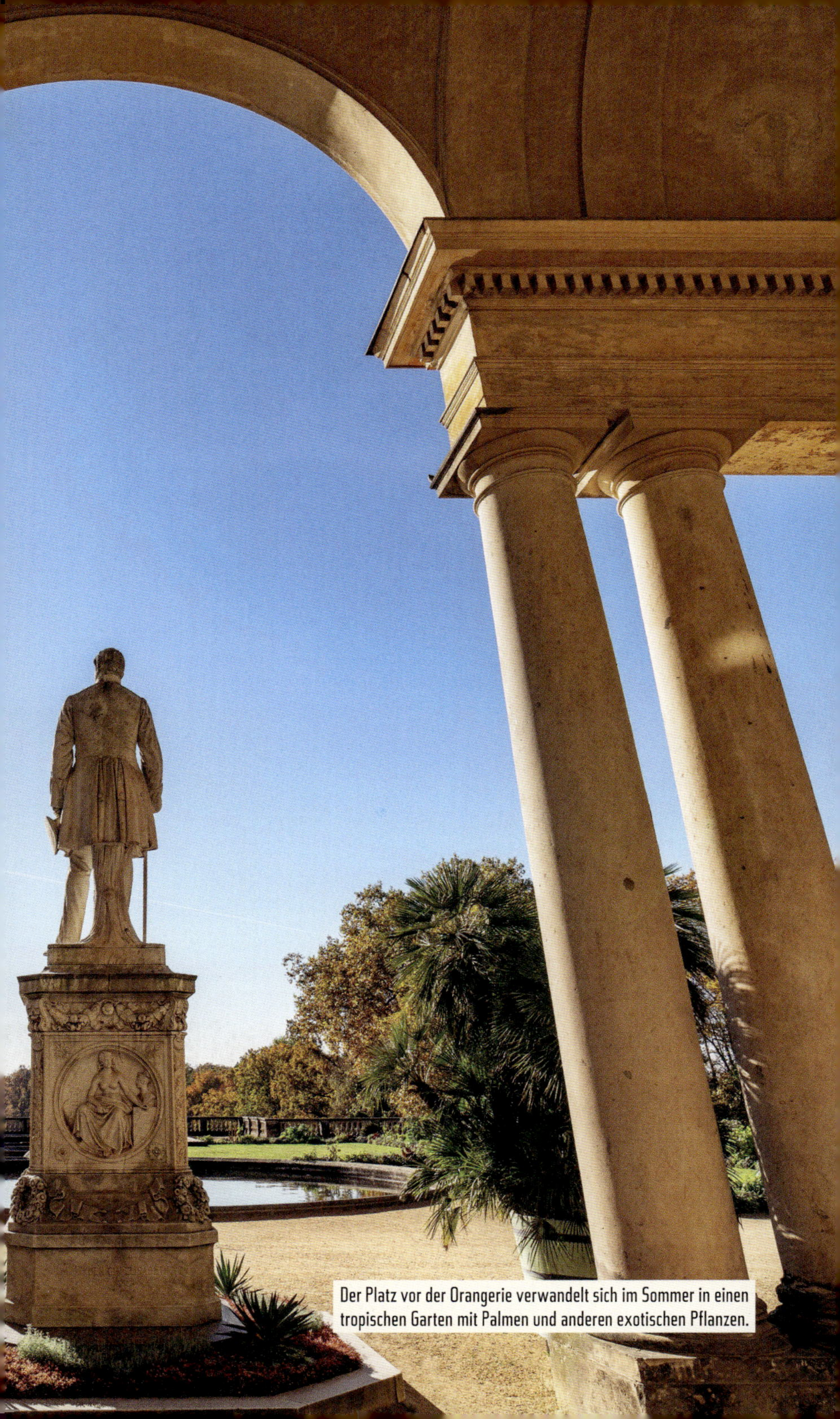

Der Platz vor der Orangerie verwandelt sich im Sommer in einen tropischen Garten mit Palmen und anderen exotischen Pflanzen.

Schaut man sich einen Plan vom Park Sanssouci an, so fallen einem zu beiden Seiten des Weinbergschlosses nach vorn gerückte Gebäude auf, die symmetrisch zum Schloss angeordnet sind. Beide unter Friedrich II. entstandenen Bauwerke bilden mit Schloss Sanssouci eine Einheit. An dieser Stelle soll darauf hingewiesen werden, dass sie, unserem Ordnungsprinzip folgend, an verschiedenen Stellen beschrieben werden. Beginnen wir also mit dem linken – dem westlichen – Bauwerk und lassen zunächst einen »Gast« zu Wort kommen.

Friedrich Nicolai schreibt hier über das Schloss, das unter dem Namen **Neue Kammern** bekannt ist. Entsprechend seiner Wertigkeit gegenüber Schloss Sanssouci wurde es nicht nur leicht vorgerückt, sondern es liegt auch tiefer – der Hügel, auf dem das Architekturensemble errichtet wurde, bot die Möglichkeit einer solchen abgestuften Bauweise. Die Arbeiten begannen im Frühjahr 1747

Neue Kammern, dahinter die Historische Windmühle

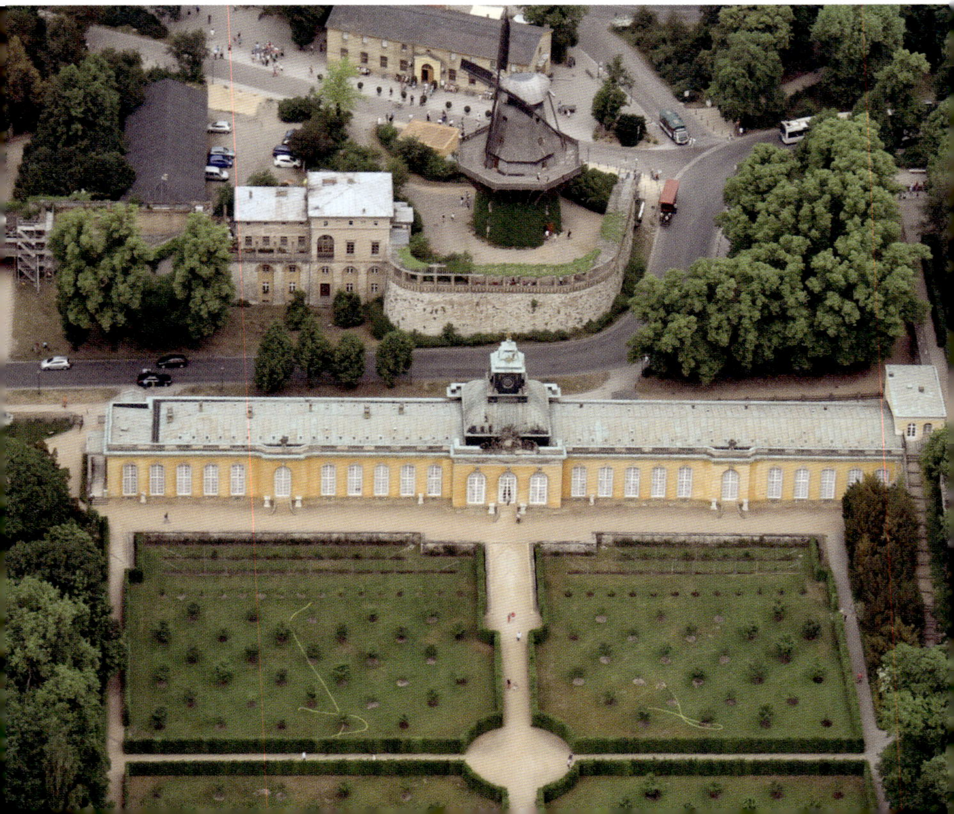

GÄSTEBUCH

Friedrich Nicolai (1733–1811)

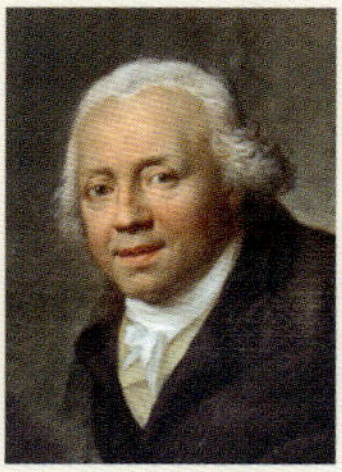

»So wie rechter Hand des Schlosses die Bildergallerie (sic), so liegt, in gerade Linie mit derselben, linker Hand: das Kavalierhaus. Dieses Gebäude diente ehemals im Winter zur Aufbewahrung der Orangerie, und im Sommer zum französischen Komödien- und Operettentheater. Allein seit 1771 hat er der König von aussen der Bildergallerie ähnlich machen lassen, so daß es itzt gleichfalls einen Vorsprung und eine Kuppel hat; die Bildhauerarbeit auf der Brüstung ist von R. Glume. Inwendig ward es 1774 und 1775, nach des Königs eigener Angabe, von Ungern ausgebaut. Vor diesem Gebäude stehen 26 Statuen, von Künstlern in den karrarischen Steinbrüchen gearbeitet; es sind: eine Flora, die Göttin des Ueberflusses, Apollo, Flora, ein Jüngling mit Früchten in der Hand, Venus (eine Kopie der berühmten Antike Venus Kallipygos), Meleager, Pomona, Venus mit einem Delphin, ein junger Bakchus, ein ähnlicher mit einem Satyr, ein Jüngling* (worauf der Name des Bildhauers, As. Frauen*, steht), Narciß, Apoll* (mit demselben Namen), ein Schäfer* (wieder mit dem Namen), eine Vestalinn deren Gewand und linke Hand vorzüglich schön sind, Apollo, Narcissus, ein Satyr an einem Baustamm, Herkules (nach dem berühmten Farnesischen), Adonis mit einem wilden Schweine, Apollo, eine Amazone, Artemisia, Diana mit einem Hunde, Bakchus. Inwendig hat dieß Gebäude schöne Zimmer, die mit Antiken, Gemälden, und andern Kostbarkeiten geziert sind.«

Aus: Beschreibung der Königlichen Residenzstädte Berlin und Potsdam (1786)

* Es handelt sich um Antinous (1748), Narziss und Endymion mit Bogen und Köcher (1748) von dem dänisch-niederländischen Bildhauer Asmus Frauen (um 1707 – vor 1770), die teilweise in der Zeit nach Nicolais Visite an andere Stellen im Park verfrachtet, 2019 jedoch restauriert zurückgekehrt sind.

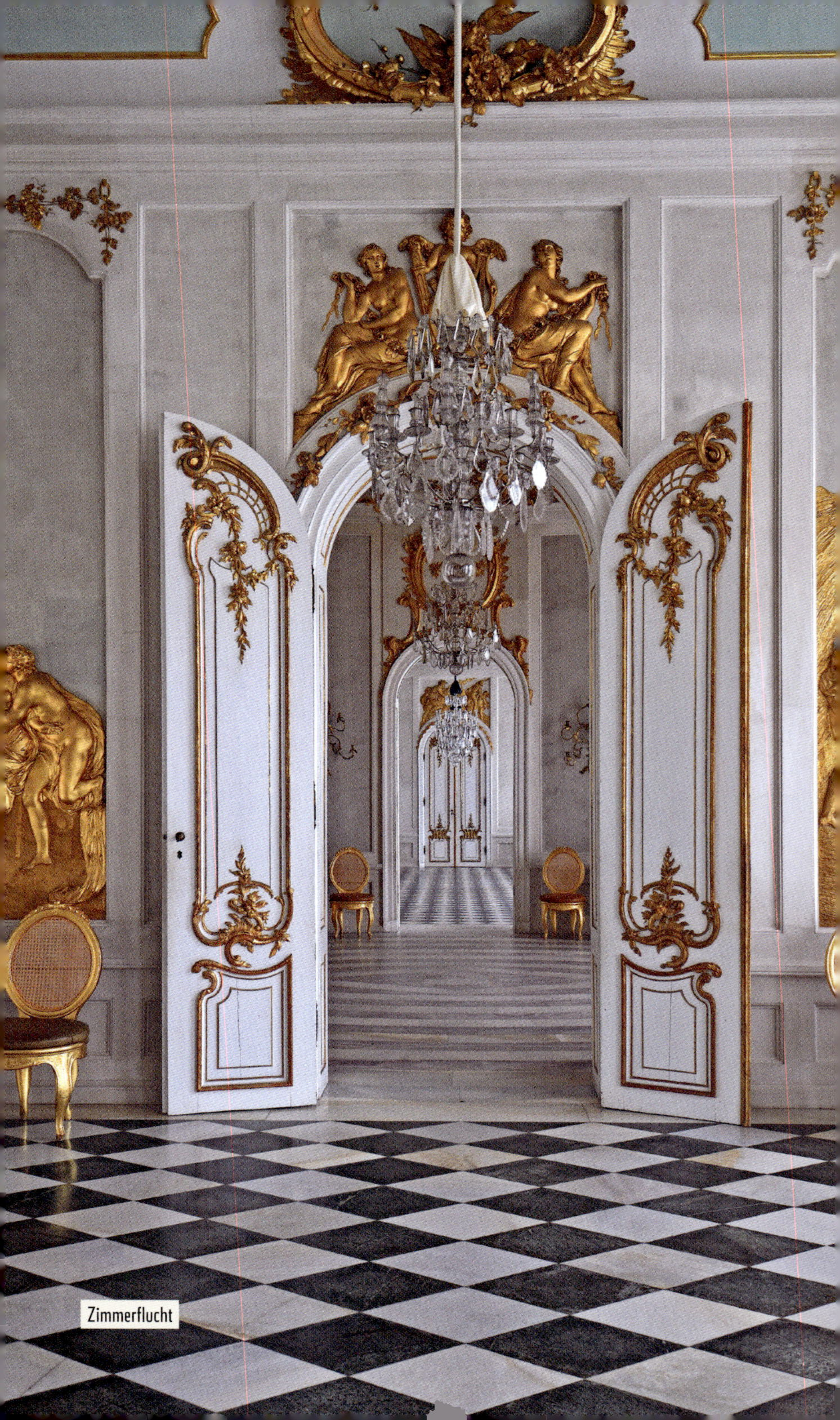

Zimmerflucht

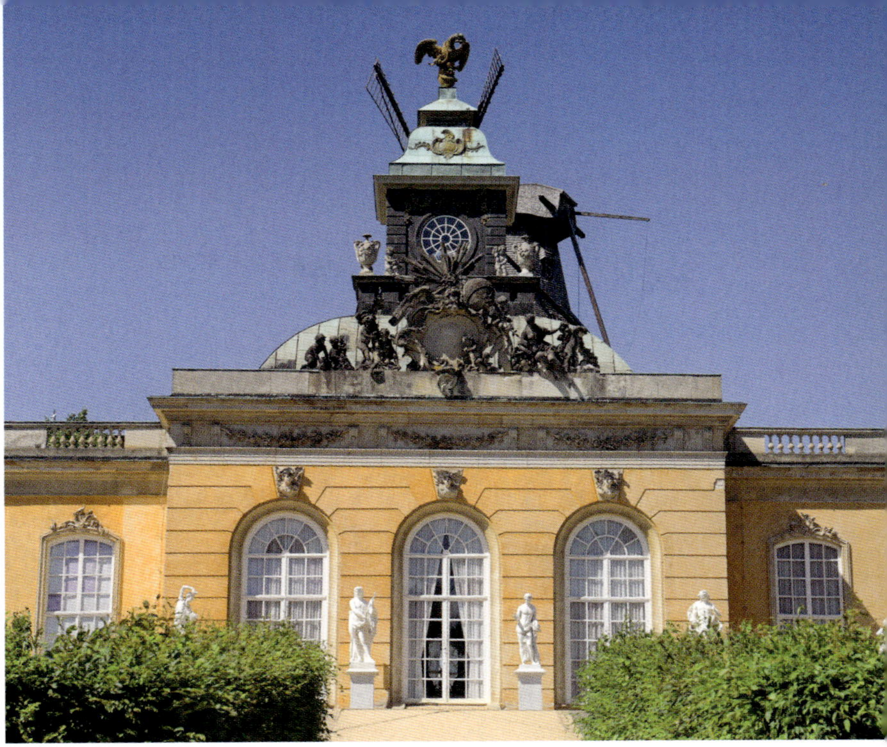

Die Neuen Kammern dienten ursprünglich als Orangerie.

nach der Fertigstellung des Schlosses, die Entwürfe stammten einmal mehr aus der Feder Knobelsdorffs. Von der Formensprache ist der eingeschossige, 110 Meter lange und 6,5 Meter hohe Bau an das Schloss angelehnt. Allerdings ist er schlichter gehalten und diente ursprünglich tatsächlich als Orangerie. Im Barock verfügte jeder Herrscher, der auf sich hielt, über eine Orangenzucht, durch die es gelang, exotische Früchte anzubieten, aber sie auch selbst zu verzehren: Repräsentation und Genuss gingen also Hand in Hand. Bei Friedrich II. kam noch das Bedürfnis nach frischem Obst hinzu. Südlich des Gebäudes wurde daher ein Kirschgarten angelegt, der heute wiederhergestellt ist. Die Orangerie diente dem Zweck, den in Kübeln gezogenen tropischen Pflanzen das Überwintern zu ermöglichen, die Räume konnten also beheizt werden. Da die Hallen im Sommer leer standen, nutzte man sie für Bälle und Tafelfreuden, für Konzerte sowie Theater- und Opernaufführungen.

Zum Ende der 1760er Jahre jedoch wurden in der Nähe zwei neue Bauwerke zur Aufnahme der Kübelpflanzen errichtet, und die bisherige Orangerie wurde 1771–75 von Georg Christian Unger (1743–1799, siehe S. 170) für eine alternative Nutzung umgebaut. Durch Trennwände entstanden im westlichen Teil sieben nach Süden ausgerichtete Gästezimmer, während im östlichen Teil die Säle erhalten blieben. Alle Räume erhielten eine Ausgestaltung im Stil des späten friderizianischen Rokoko. Die Nordseite der Neuen Kammern an der Maulbeerallee wurde erst unter Friedrich Wilhelm IV. umgestaltet, wozu auch ihr zweigeschossiger Ausbau gehörte. Ludwig Persius lieferte die Entwürfe.

Die Besichtigung der Innenräume beginnt im Osten mit der **Blauen Galerie**. Jeder Raum hat seinen speziellen Farbklang, die Entwürfe für die Säle werden Johann Christian Hoppenhaupt d.J. zugeschrieben. Sowohl die Füllungen in den Wänden als auch der Fußboden aus schlesischem Marmor sind farblich aufeinander abgestimmt – im ersten Saal, der als Empfangshalle diente, also blau. Als Wandschmuck auf den Lapislazuli imitierenden Wandflächen fallen die acht aus feuervergoldeter Bronze bestehenden Wandleuchter von 1774 ins Auge; vergoldete Stuckaturen an Wänden und Decke runden die Gestaltung ab. Der nächste Raum, der **Buffetsaal**, dessen dominierenden Ton man als cremefarben bezeichnen kann, wird von der Spiegelwand gegenüber der Fensterfront beherrscht; die Ausgestaltung orientiert sich dabei an der Tradition des barocken Spiegelkabinetts mit Prunkbuffet. Das Porzellan auf den Konsolen vor dem Spiegel ging 1945 verloren, die jetzt ausgestellten Stücke sind eine Neuschöpfung. Der dritte Raum ist die sogenannte **Ovidgalerie**: Es handelt sich um einen langgestreckten Festsaal, der seine freundliche Helligkeit nicht nur durch die Fenster, sondern auch durch die fünf großen, den Fenstern gegenüber angeordneten Spiegel empfängt, die das einfallende Licht reflektieren. Zur ebenso festlichen wie heiteren Stimmung tragen die vergoldeten Stuckreliefs bei, die antike Mythen darstellen, insbesondere jedoch Szenen

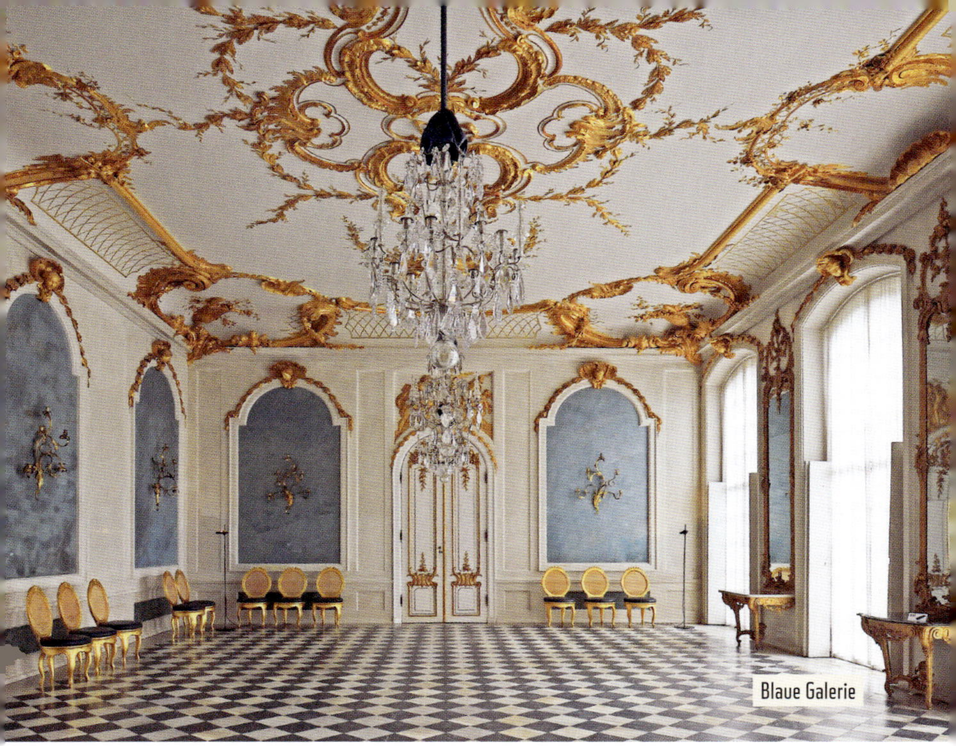

Blaue Galerie

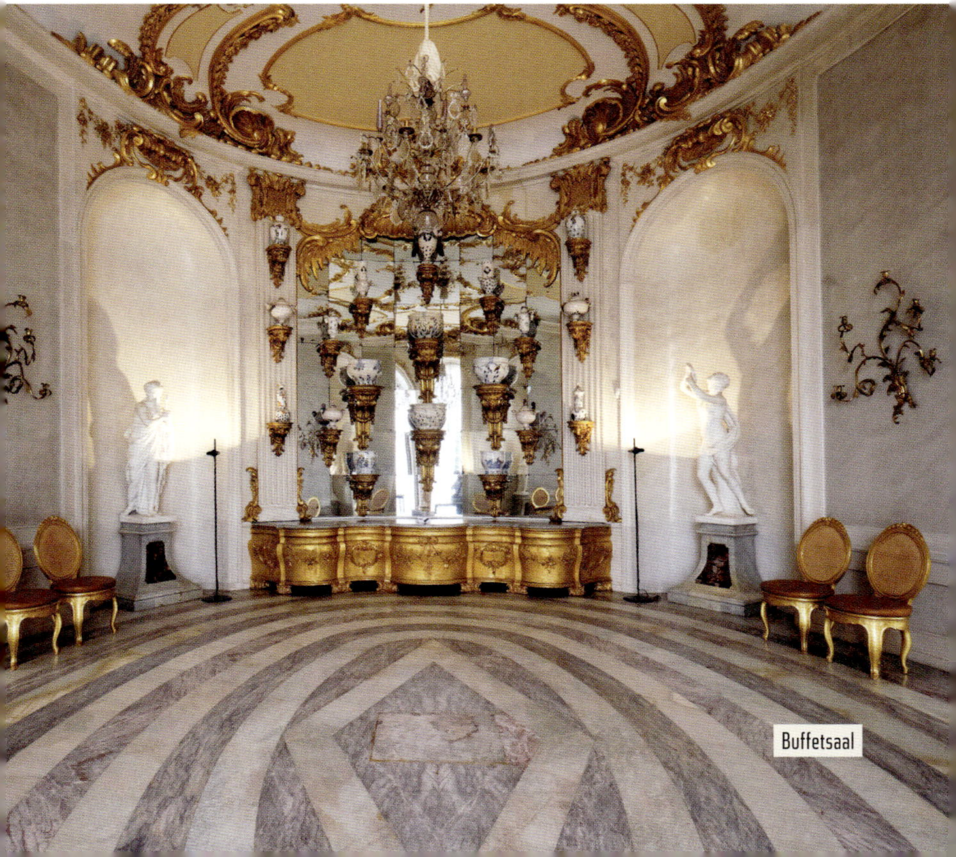

Buffetsaal

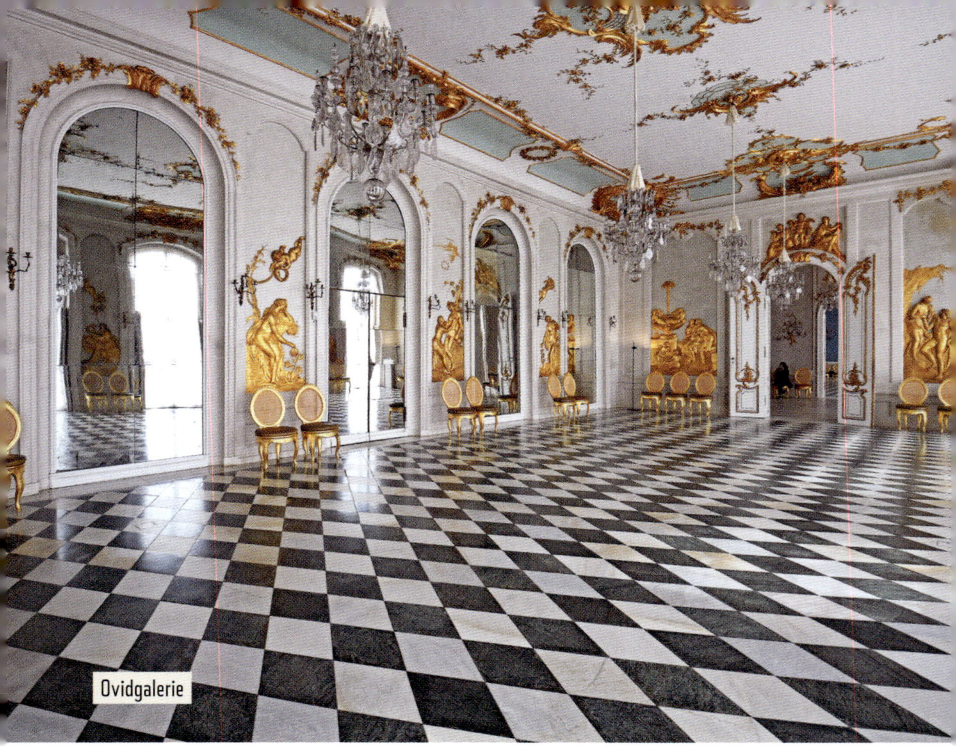
Ovidgalerie

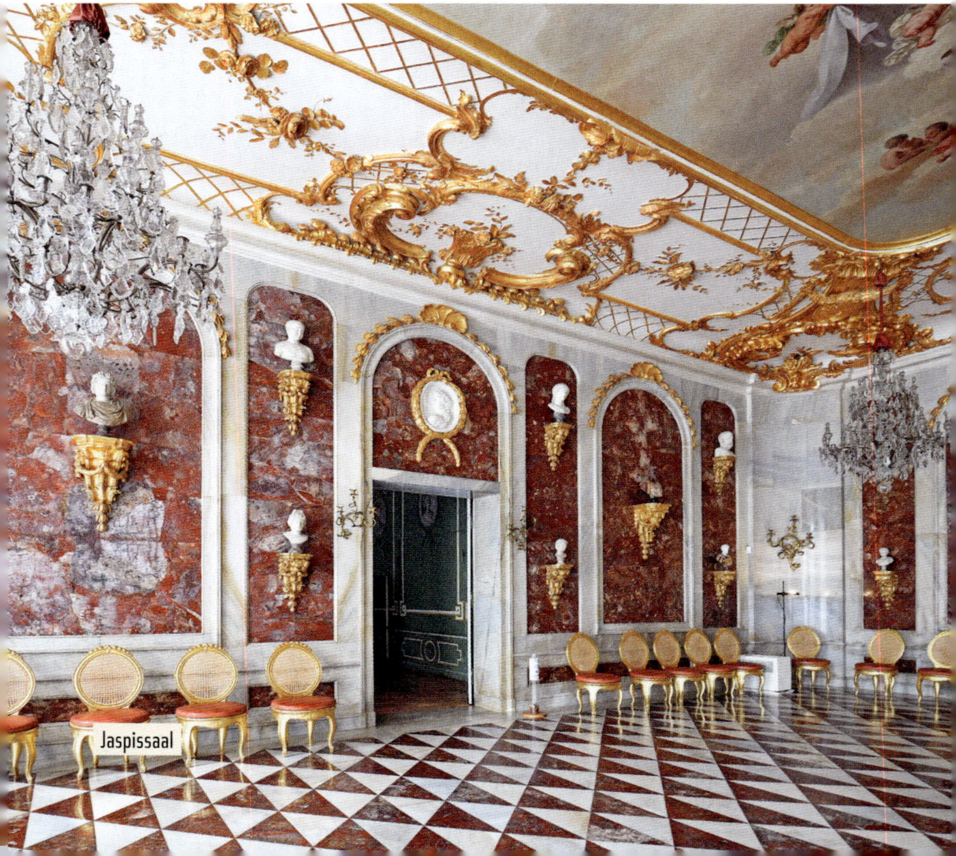
Jaspissaal

aus den berühmten, von Friedrich immer wieder gelesenen »Metamorphosen« des Ovid. Die fünf Kronleuchter sind ebenfalls Werke des 18. Jahrhunderts.

Besonders wirkungsvoll ist der letzte der Säle vor den Gästezimmern, der **Jaspissaal**. Es ist der einzige Raum mit einem Deckengemälde, das von dem Hofmaler Johann Christoph Frisch (1738–1815) stammt und Venus mit ihrem Gefolge darstellt. Die Wandfelder aus rotem schlesischen Jaspis (eine Quarz-Varietät) werden von hellgrauem schlesischen Marmor eingefasst. Vor ihnen stehen auf vergoldeten Konsolen Büsten, die aus der schon mehrfach erwähnten Sammlung des Kardinals Polignac stammen. Die fünf Jaspisvasen auf dem Kamin gehören zur originalen Ausstattung. Beachtung verdient wie immer auch der zweifarbige, ornamental gestaltete Marmorfußboden.

Nun beginnen die **Gästezimmer** im westlichen Flügel. Auch hier hat jeder Raum seine eigene Farbe, die nicht nur die Wandbespannung umfasst, sondern die gesamte textile Gestaltung, also auch die Gardinen und die Stuhlpolster. Das Wohnzimmer der ersten Gästewohnung heißt auch Grünes Lackkabinett. Neben den naturalistischen Girlanden fallen die Grisaillen an den Wänden auf, grau in grau gemalte Darstellungen römischer Kaiser. Es folgen das Schlafzimmer der ersten und dann das Wohnzimmer der zweiten Gästewohnung, auch als Großes Intarsienkabinett bezeichnet. Die Wände sind mit Furnier aus Birkenholz getäfelt und tragen einen reichen Intarsienschmuck (Einlegearbeiten). Die im (späten friderizianischen) Rokoko so beliebten Blumenranken dominieren, aber es finden sich auch Vögel und Früchte sowie Kriegerbildnisse. Die westliche Flügeltür trägt besonders reichen farbigen Blumenschmuck.

Raum 8 ist das Schlafzimmer der zweiten Gästewohnung, das überwiegend weiß und mit sparsamen vergoldeten Stuckelementen ausgestattet ist. Wesentlicher Bestandteil der Raumdekoration sind Stadtansichten von Potsdam, die in den üblichen vergoldeten Rah-

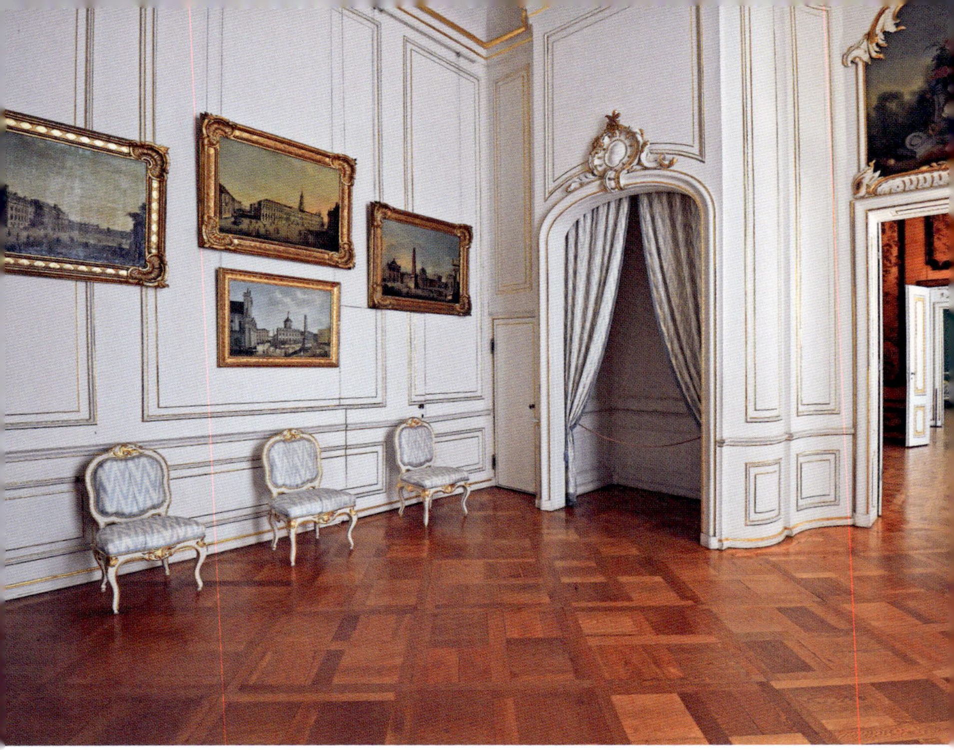

Gästezimmer

men an den Wänden hängen und das Baugeschehen in der Residenzstadt zeigen. Im nächsten Zimmer soll nur auf die beiden Gemälde der Künstlerin Anna Dorothea Therbusch (1721–1782) hingewiesen werden, da Kunstwerke von Frauen ansonsten nicht bzw. kaum vorkommen: »Diana mit ihren Nymphen« an der Ost-, »Venus bei der Toilette« an der Nordwand. Weitere Räume sind das Kleine Intarsienkabinett (Raum 10) und das in Grüntönen gehaltene Schlafzimmer der vierten Gästewohnung, dessen Einrichtung allerdings aus der Zeit um 1843 stammt, als die Hofdamen der Königin Elisabeth hier wohnten, daher auch der Name Hofdamenzimmer.

In westlicher Richtung folgt auf die Neuen Kammern der Sizilianische Garten, der – wie der Nordische Garten – jedoch zum Ensemble des Orangerieschlosses gehört und daher an dieser Stelle übersprungen werden soll. Nach der sogenannten Jubiläumsterrasse gelangt man zum Botanischen Garten (der Universität Pots-

GÄSTEBUCH

Ludwig Sternaux (1885–1938)

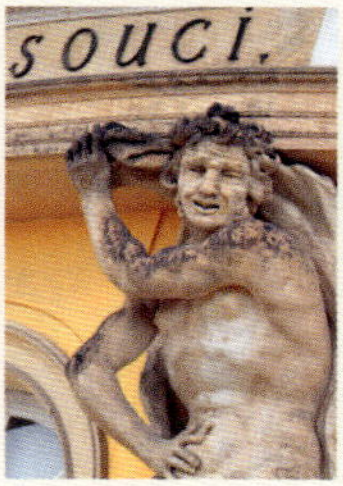

»Der Fremde, der heute nach Sanssouci kommt, ist gemeinhin geneigt, Park und Schloss so, wie er beides jetzt sieht, als die Schöpfung Friedrichs zu betrachten, glaubt, durch seine Welt zu wandern. Das ist ein Irrtum. Das Schloss … nun ja! es spiegelt, bis auf das schon unter Friedrich Wilhelm II. von Erdmannsdorff zu einer Art Gedächtnismausoleum umgebaute Schlaf- und Sterbezimmer Friedrichs und die Räume, die Friedrich Wilhelm IV. bewohnt hat, jene Welt ziemlich treu wieder. Aber schon die oberste Terrasse und erst recht den Park muss man sich, will Phantasie ihn sehen, wie er zu des großen Königs Zeit war, wesentlich anders vorstellen … So reich ihn dieser auch mit Statuen und Bildwerken geschmückt, die zum Teil aus der eben erworbenen Polignacschen Skulpturensammlung stammten, so viel seine Gartenkünstler dafür getan, so dekorativ noch heute Knobelsdorffs Säulenportal am Obelisken, die Neptunsgrotte, die ›Neuen Kammern‹ westlich vom Schloss, Bürings Bildergalerie und chinesisches Haus, Gontards Antiken- und Freundschaftstempel, das Drachenhaus, Ungers pompöses Belvedere auf dem Klausberg wirken, man muss sich Friedrichs Park kahler, lichter, dürftiger vorstellen. Denn erstens einmal ist der Baumbestand im Laufe der Jahre natürlich viel üppiger geworden und ergibt jetzt ganz andere landschaftliche Effekte. Und dann hat eben Friedrich Wilhelm IV. hier durch Lenné unendlich viel verändert, ganz neue Wege gezogen, ganze Gartenteile architektonisch ausgestattet und dem kalten, weißen Marmor in zahllosen Bänken, Balustraden, Urnen und Vasen, Brunnen und figürlichen Gruppen aller Art in Nachahmung italienischer Renaissancemotive zu einer Vorherrschaft verholfen, die dem Ganzen einen völlig anderen Charakter gibt. Das Romantische, das Traumklima, das heute so sehr die Sinne gefangennimmt und in elegische Stimmung wiegt, fehlte dem Park Friedrichs. Schloss und Park waren streng architektonisch gedacht, beide Milieu im Sinne des Rokoko, das in Laubengängen und Taxushecken logisch zirkelnd fortsetzte, was der Baukünstler aus Stein geformt hatte: Salons und Kabinetts, Säle und Galerien. Und so bewegte sich auch der Mensch des Rokoko in der Natur, ein Tänzer bestenfalls, aber nie ein schwärmender Wanderer …«

Aus: Potsdam. Ein Buch der Einnerung (1924)

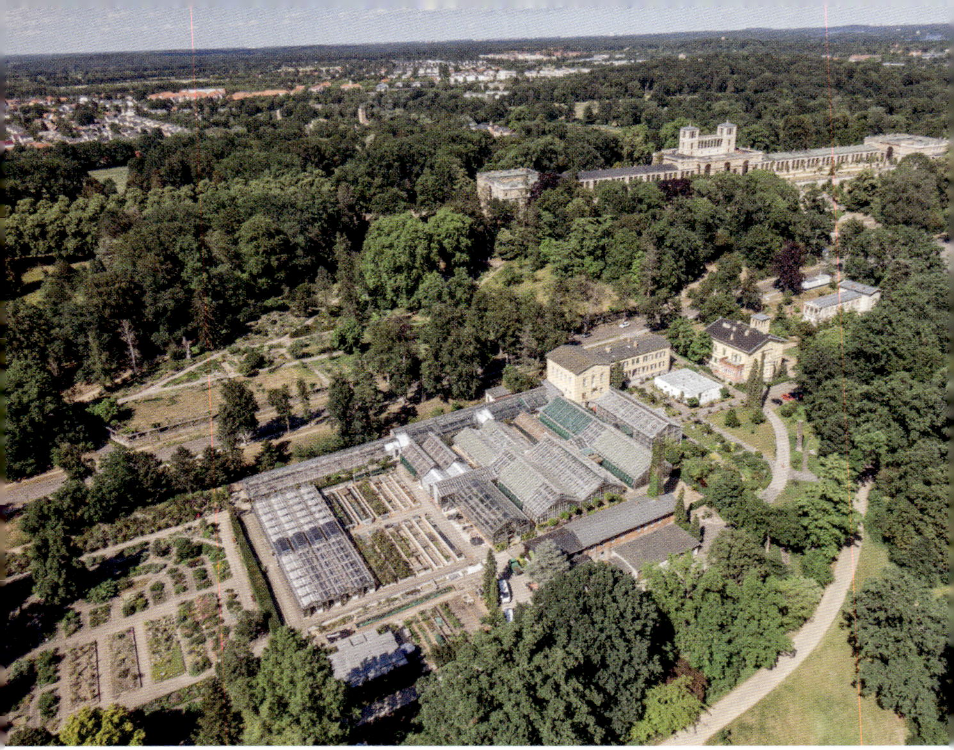

Botanischer Garten, dahinter das Orangerieschloss

dam) mit den Gewächshäusern, dem Hofgärtnerhaus und der Persius-Villa. Dieses Ensemble bildet quasi den nördlichen Abschluss des Rehgartens an dieser Stelle, daher hier zunächst ein paar Worte zum Park. Die heutige Gestalt des Rehgartens als eine weitläufige Parkanlage geht auf Peter Joseph Lenné zurück. Der Meister der Gartengestaltung verwendete dabei die sieben Gestaltungselemente für einen Landschaftsgarten nach englischem Vorbild: die Sichten, die Bäume, die Wege, das Wasser, die Architekturen, die Wiesen und die Pflanzen. Das hatte natürlich erhebliche Konsequenzen für das, was Lenné an dieser Stelle vorgefunden hat, worauf uns ein weiterer »Gast« verweist (siehe S. 163).

Der **Botanische Garten**, der eine Fläche von ungefähr fünf Hektar umfasst, wurde 1950 angelegt, ein Teil der Gewächshäuser und der Freiflächen ist öffentlich zugänglich. Bereits zuvor – und zwar schon seit der Zeit Friedrichs II. – war das Gelände des (ehemaligen) Terrassenreviers gärtnerisch genutzt worden. Die königlichen Hofgärtner kultivierten hier Früchte und Gemüse für die Tafel des Königs, aber auch zum Verkauf, daneben Blumen zur Ausschmückung der Schlösser und Parks. Die Maulbeerallee teilt den Botanischen Garten: nördlich von ihr befindet sich der als italienischer Fruchtgarten angelegte Paradiesgarten, südlich die Gewächshäuser, die Persius-Villa, das **Hofgärtnerhaus** und weitere Gebäude. Diese Gebäude dienten den Hofgärtnern und ihren Mitarbeitern als Wohnungen. Hermann Sello als Leiter des Terrassenreviers zog von seiner Dienstwohnung in den Römischen Bädern in das ehemalige Haus des Fasanenmeisters, das von Ludwig Persius 1841/42 im italienisierenden Landhausstil umgestaltet wurde. Es befand sich allerdings nicht an seinem heutigen Platz, sondern etwa 120 Meter weiter östlich. Als die Jubiläumsterrasse errichtet wurde, wurde es

Hofgärtnerhaus

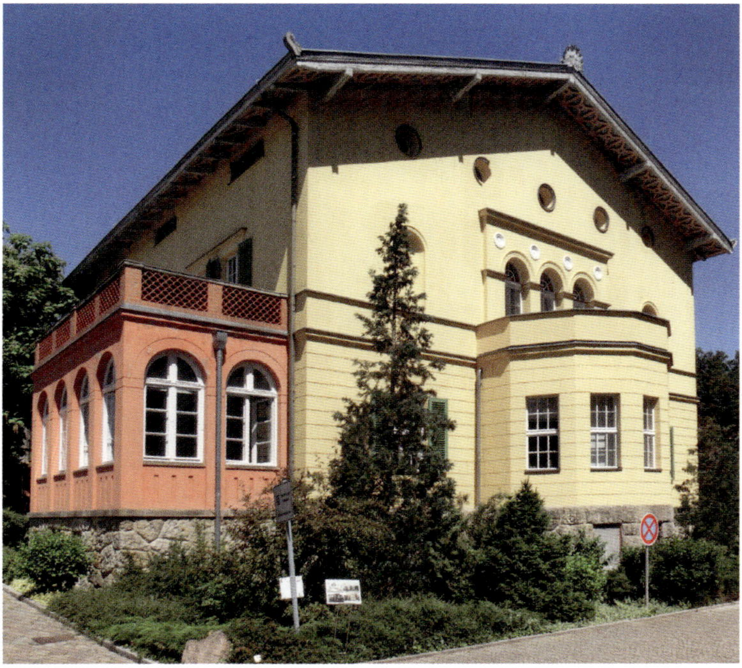

abgetragen und versetzt. Dabei gab es auch einige Umbauten. Nach dem letzten hier wohnenden leitenden Gärtner Paul Kache (1882–1945) wird es auch Kache-Haus genannt. Die **Persius-Villa** wurde an der Stelle eines vorhandenen Gebäudes für die Witwe des früh verstorbenen Baumeisters umgebaut, ebenfalls in einem italienisch anmutenden Stil. Baumeister war in diesem Fall Ludwig Hermann Hesse, die Umbauten erfolgten 1847. Das auf dem Grundriss eines lateinischen Kreuzes errichtete Gebäude weist im Osten einen Altan, im Westen eine Loggia auf, und die Pergola an der nördlichen Seite nimmt Bezug auf die Pergola des Paradiesgartens. Die Häuser dienen heute der Universität Potsdam als Institutsgebäude.

Für den **Paradiesgarten**, der vor allem Zwecken der Erholung dienen sollte, entwarf Persius das Stibadium, das 1845/46 nicht weit vom Haupteingang entfernt errichtet wurde. Formal orientierte sich die Architektur am Atrium des antiken Hauses, das jedoch eigentlich die Funktion hatte, in einem Wasserbecken das Regenwasser

Persius-Villa

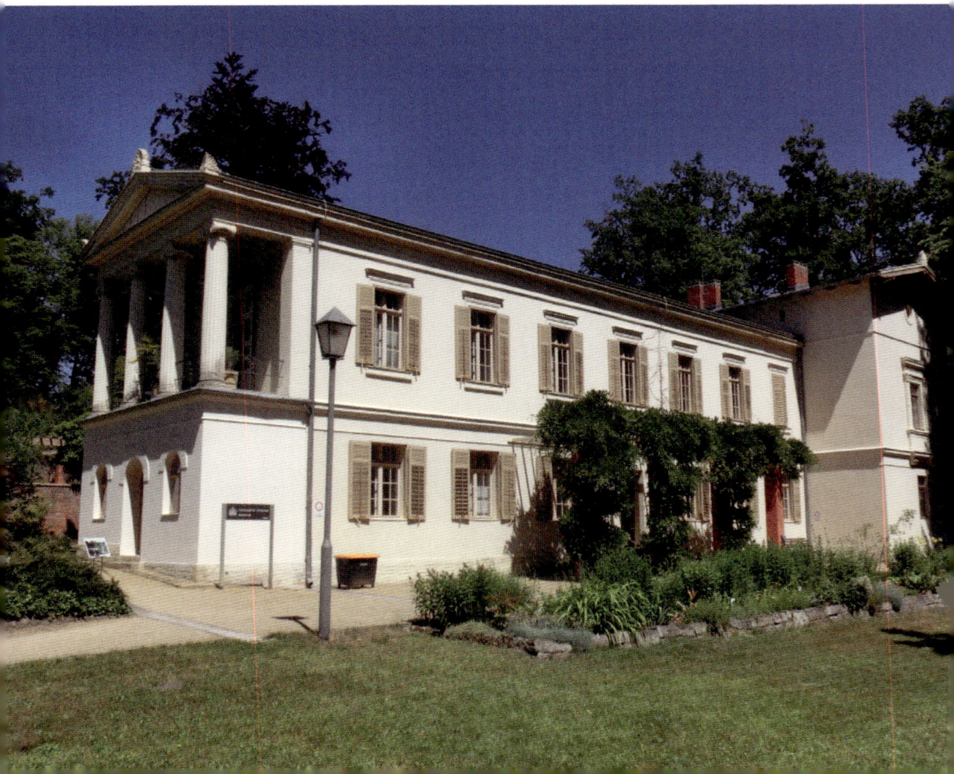

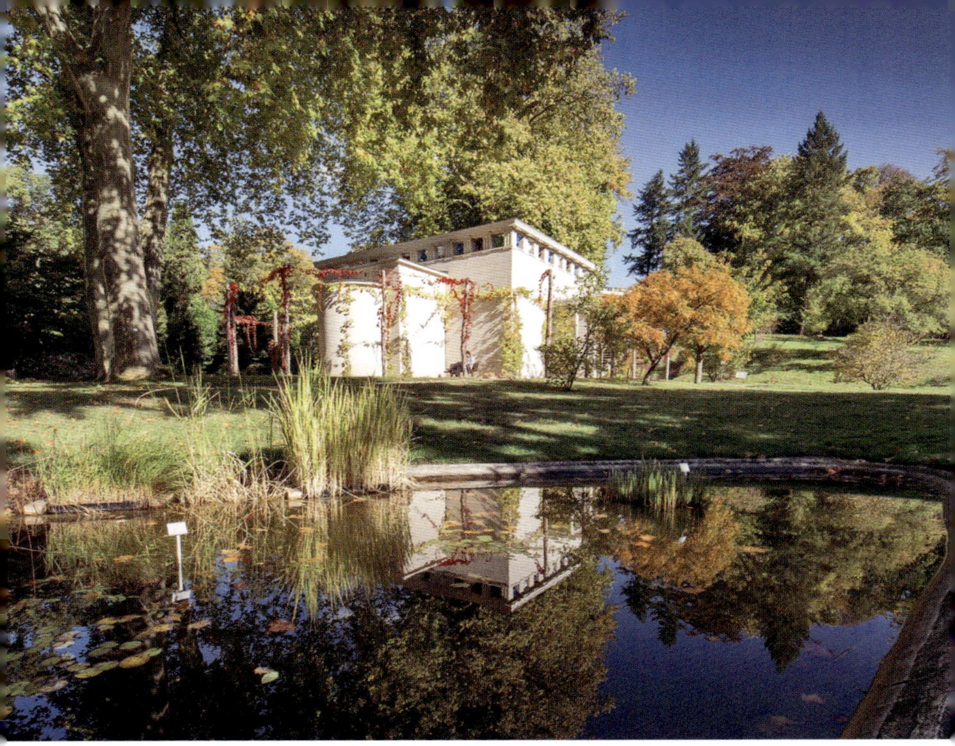

Paradiesgarten mit Stibadium

aufzufangen. Im Paradiesgarten wurde es ein Gartenpavillon. Östlich vom Stibadium an einem Hang entstanden 1846 nach Plänen von Hesse die Wasserkaskaden und ein Wasserbecken.

Den Botanischen Garten selbst kann man inzwischen besuchen – und zwar beiderseits der Maulbeerallee. In den Gewächshäusern und im Freiland des Gartens wachsen heute rund 10.000 Arten. In den neun Schaugewächshäusern werden vor allem Pflanzen kultiviert, die aus tropischen und subtropischen Klimagebieten stammen. Insgesamt fast 4.000 Arten, darunter Palmen, Farne, Orchideen und zahlreiche Sukkulenten!

Doch zurück zu den Gefilden südlich der Allee. König Friedrich Wilhelm III. erwarb 1827 auf Anraten seines Gartengestalters Peter Joseph Lenné einen **Hopfengarten**, der von diesem als Landschaftsgarten gestaltet und mit dem Rehgarten verschmolzen wurde. Infolgedessen heißt der nordwestliche Teil des Parks Sanssouci bis

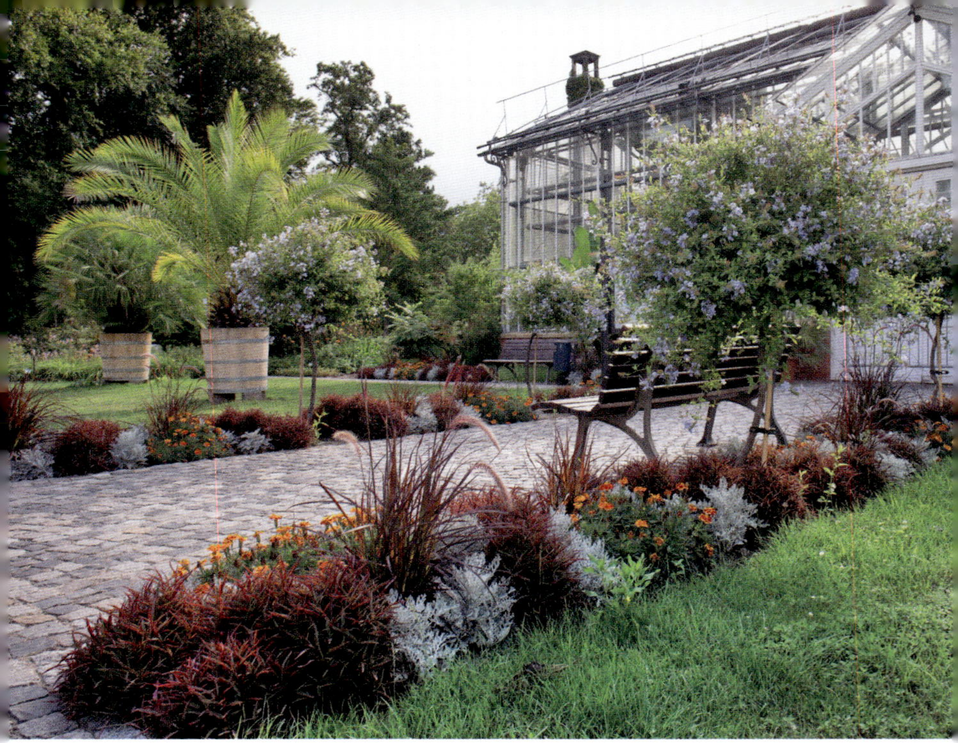

Gewächshaus im Botanischen Garten

heute Hopfengarten, und noch immer kann man die ursprüngliche Gestaltung mit dem welligen Bodenprofil, der Wegeführung und den Baumgruppen nachvollziehen. Im Hopfengarten befindet sich der sogenannte **Modellfort-Hügel**. Kaiser Wilhelm II. ließ an dieser Stelle 1893 das Modell eines Panzerforts anlegen, um die modernen Techniken des Festungsbaus ebenso wie neue Waffen zu erproben – es handelt sich also nicht, wie der Volksmund meint, um einen Spielplatz für die Prinzen. Aus konservatorischen Gründen wurde die Anlage 2004 unter Geovlies, Sand und Rasen verborgen, und nur eine Tafel macht auf sie aufmerksam. Für die Zukunft ist jedoch vorgesehen, sie wieder sicht- und erfahrbar zu machen. Unter den Gehölzen im Hopfengarten tun sich Pyramideneichen, Europäische Lärchen und eine Kaukasusfichte hervor, am Lindstedter Weg, der vom Neuen Palais kommend sich nach Norden erstreckt, steht auf der rechten Seite eine marmorne Porträtherme von Peter Joseph

Lenné, die 1847 von dem berühmten Bildhauer Christian Daniel Rauch geschaffen wurde.

Im nordwestlichen Parkbereich (wir befinden uns wieder nördlich der Allee) ragt das **Belvedere** auf dem Klausberg hervor, mit dessen Vollendung im Jahr 1772 die Bautätigkeit Friedrichs II. im Park Sanssouci endete. Das zweistöckige Gebäude wurde nach Plänen von Georg Christian Unger erbaut, 1844 im Auftrag von Friedrich Wilhelm IV. die Balustrade hinzugefügt. Von hier oben kann man den Blick über den Park Sanssouci, über die Stadt Potsdam und ihre Umgebung schweifen lassen, und genau zu diesem Zweck wurde das Belvedere auch geschaffen – als schöne Aussicht eben. Bemerkenswert ist vor allem der Obere Saal mit seinen rundbogigen Fenstertüren und dem bläulich schimmernden Stuckmarmor der Wände, der mit den weißen Äderungen wie ein Himmel wirkt. Der Weinberg unterhalb des Belvedere – der Königliche Weinberg am Klausberg – entstand 1769 auf Veranlassung Friedrichs des Großen.

Belvedere auf dem Klausberg

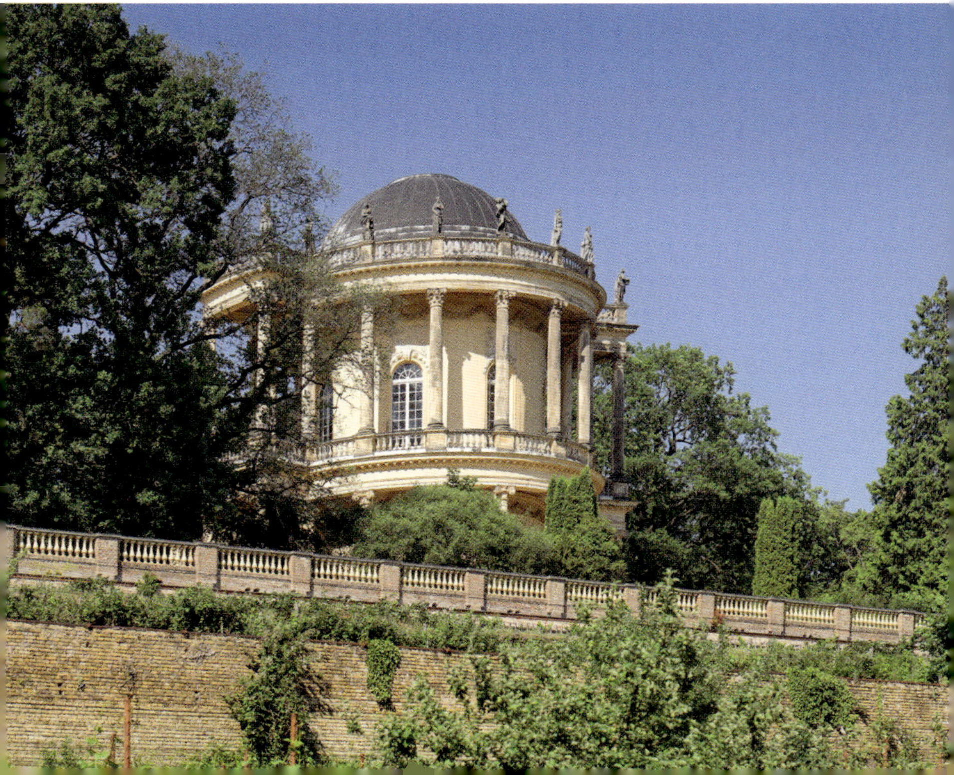

Georg Christian Unger

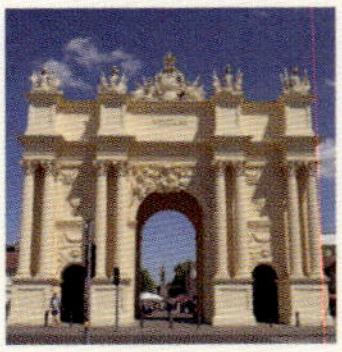

Geboren am 25. Mai 1743 in Bayreuth, gestorben am 20. Februar 1799 in Berlin.

Unger erhielt seine Ausbildung an der Bayreuther Akademie bei Carl von Gontard, dem er nach Berlin bzw. Potsdam folgte. Zunächst war er Baukondukteur bei Johann Gottfried Büring, er gehörte zu den engsten Mitarbeitern Gontards und konnte schließlich auch mit eigenen Bauentwürfen reüssieren. Dazu gehörten neben öffentlichen und militärischen Bauwerken auch Bürgerhäuser in Potsdam. Bei der Umsetzung dieser Pläne war er oft selbst als »Bauleiter« beteiligt. 1787 wurde er Oberhofbaurat, ein Jahr später übernahm der die Immediatbaukommission, die für die Errichtung repräsentativer Bauwerke mit öffentlichem Charakter zuständig war. Unger war ein unermüdlicher Baumeister – so entwarf er in Berlin 40 Bürgerpalais Unter den Linden, 13 am Gendarmenmarkt und mehr als 40 in der Leipziger Straße. Zu seinen bedeutendsten Werken zählen das Belvedere auf dem Klausberg, die Feldseite des Brandenburger Tors in Potsdam, der Umbau der Neuen Kammern, die Königliche Bibliothek in Berlin, die Jägerbrücke in Berlin u. a. m. In Potsdam trägt die Ungerstraße seinen Namen.

Ebenfalls im nordwestlichen Teil, allerdings nicht direkt mit den Parkanlagen verbunden, befinden sich Garten und **Schloss Lindstedt**. Als Kronprinz hatte Friedrich Wilhelm IV. 1828 das Gut Lindstedt erworben. Ursprünglich diente es der Karpfenzucht, und noch heute kann man die Überreste der Teichanlagen sehen. Das spätklassizistische Schloss entstand nach langer Planungszeit, wobei zahllose immer wieder veränderte Zeichnungen aus der Hand des Kronprinzen und dann des Königs zugrunde gelegt wurden, nach Entwürfen von Ludwig Persius von 1843 und August Stülers von 1855; die Ausführung lag in den Händen Ludwig Ferdinand Hesses und Ferdinand von Arnims (1858–60). Für die lange Planungs-

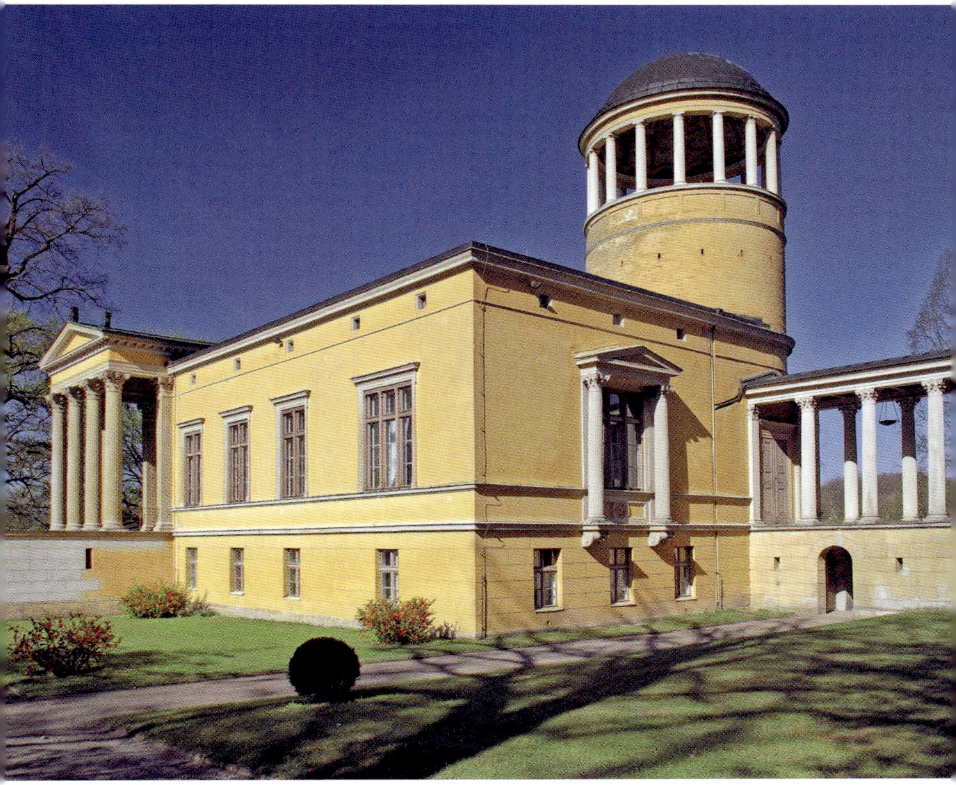

Schloss Lindstedt

zeit nimmt sich das Ergebnis recht bescheiden aus: Es handelt sich um eine Villa in den Formen des späten Klassizismus mit einem Turm, dem ein Belvedere aufgesetzt wurde, sowie einem tempelartigen Anbau mit Freitreppe. Die Gartengestaltung stammt, was wenig überrascht, von Peter Joseph Lenné. Nach der Enteignung der Hohenzollern diente das Schloss verschiedenen Zwecken, so ab den 1980er Jahren als Domizil des Gerichtsmedizinischen Instituts Potsdam. Dieses zog – nunmehr als Brandenburgisches Landesinstitut für Rechtsmedizin – in einen benachbarten Neubau. Garten und Schloss werden heute von der Stiftung Preußische Schlösser und Gärten als Event Location vermietet.

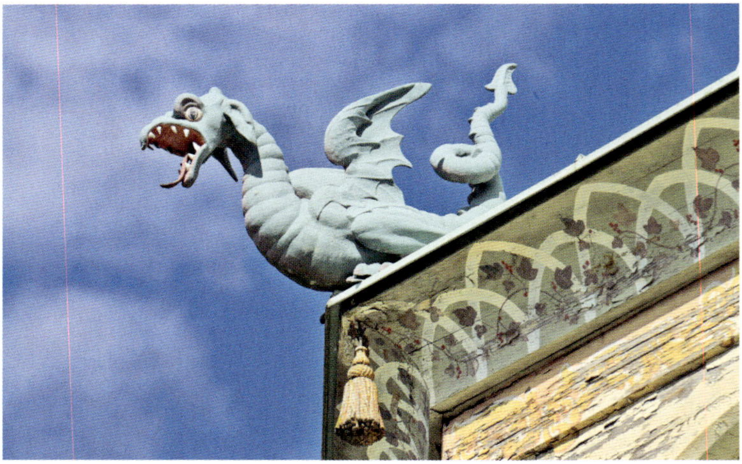

Figur auf dem Dach des Drachenhauses

Wir kehren zurück zum auch Drachenberg genannten Klausberg, passieren das Belvedere und kommen zum **Drachenhaus**, dem zweiten »chinoisen« Gebäude im Park aus der Zeit Friedrichs. Heute dient es als Restaurant, und man mag kaum glauben, dass es ursprünglich als Wohnhaus für den Winzer des benachbarten Weinbergs erbaut worden ist. Der Entwurf stammt von Carl von Gontard, als Vorbild diente eine chinesische Pagode – allerdings nicht eine originale, sondern eine bereits »abgekupferte«, nämlich jene in Kew Gardens, die von William Chambers (1723–1796) erbaut worden war. Wie schon erwähnt, sammelte Friedrich II. Stichwerke von Architekturen. Williams veröffentliche 1757 seine »Designs of Chinese Buildings, Furniture, Dresses, Machines and Utensils«, aus denen Gontard sich bediente.

Direkt vom Belvedere und das Drachenhaus streifend, verläuft die Krimlindenallee zum **Orangerieschloss**, das zu den Must-dos eines Sanssouci-Besuches zählt. In dem Buch »Zwischen Welt und Erbe«, das sich den Sanierungsmaßnahmen in den Schlössern und Gärten im Rahmen eines Sonderinvestitionsprogramms widmet, heißt es im Zusammenhang mit der Wiederherstellung der Eisen-

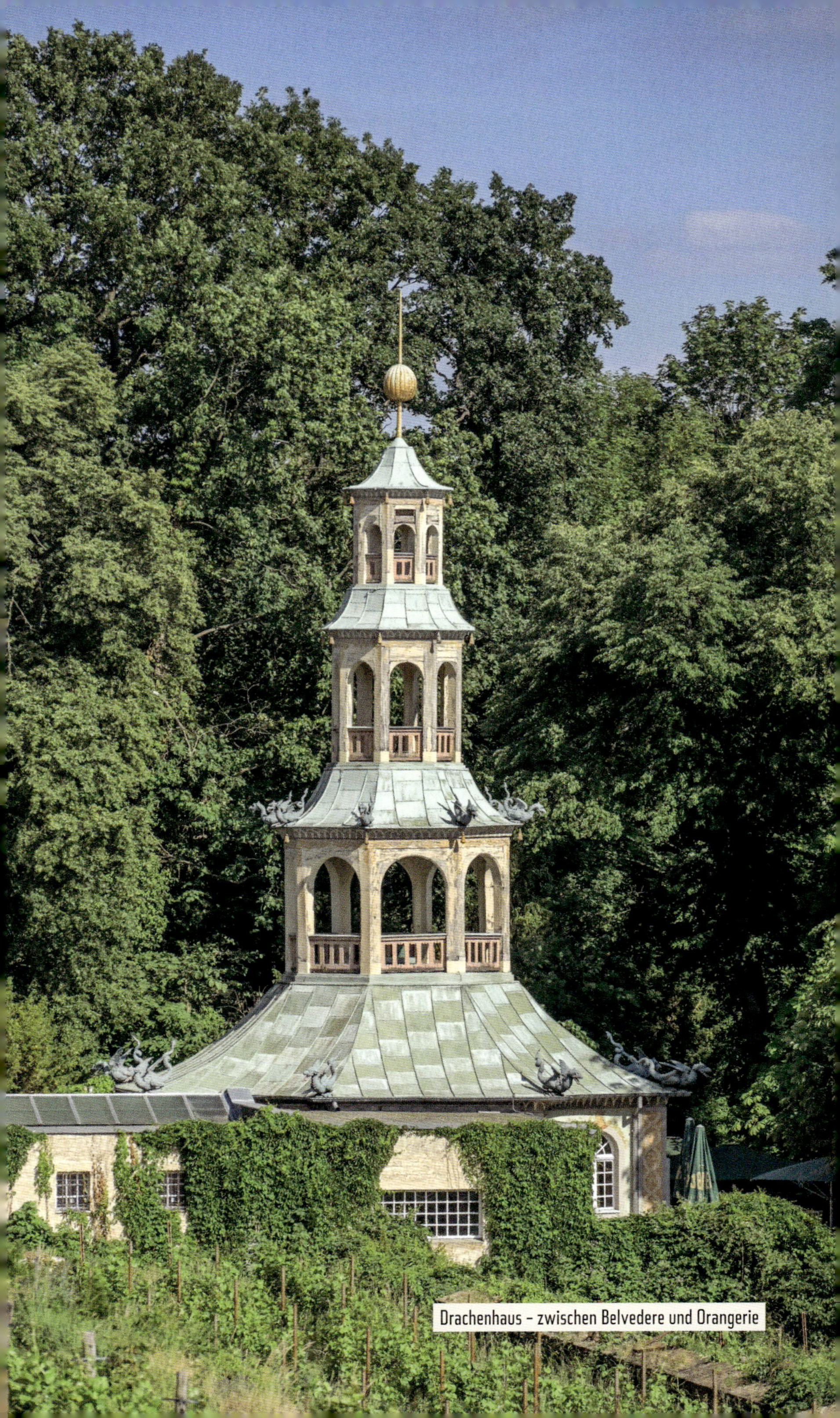

Drachenhaus – zwischen Belvedere und Orangerie

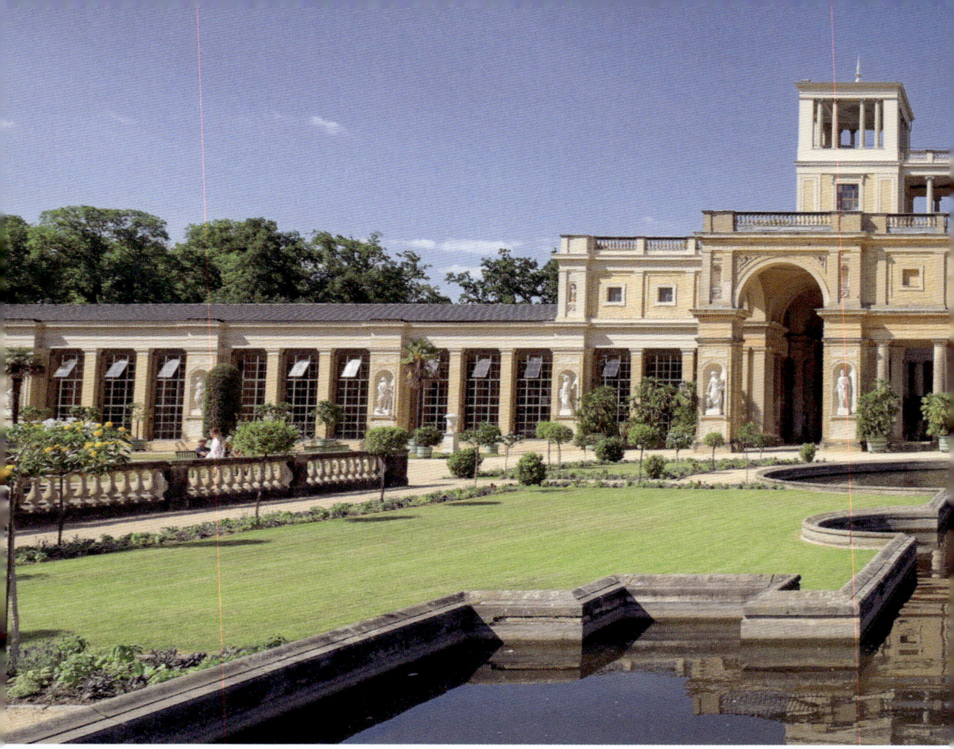

Orangerieschloss

gussfenster in den Pflanzhallen zum Orangerieschloss (dessen ursprünglicher Name übrigens Orangeriehaus war): »Bereits als Kronprinz skizzierte der spätere Preußenkönig Friedrich Wilhelm IV. die Idee eines Schlosses, das die Formensprache italienischer Renaissancevillen mit dem Bautypus von Orangeriehallen verband. Nach dem Tod seines Vaters im Jahr 1840 konkretisierte er als Thronnachfolger seine Vorstellungen. Der Architekt Ludwig Persius fertigte in seinem Auftrag den ersten bekannten Gesamtplan für ein Orangerieschloss am nördlichen Rande des Parks Sanssouci. Der heute verschollene Plan war auf den 15. Oktober 1840 datiert. Es dauerte jedoch noch über sieben Jahre, bis Friedrich Wilhelm IV. am 6. März 1848 anordnete, ein Plateau für den Bau herzustellen. Nach dem Tod von Ludwig Persius im Jahr 1845 betraute der König die Architekten Friedrich August Stüler und Ludwig Ferdinand Hesse mit der Planung sowie Letzteren mit der Bauleitung des Projekts.«

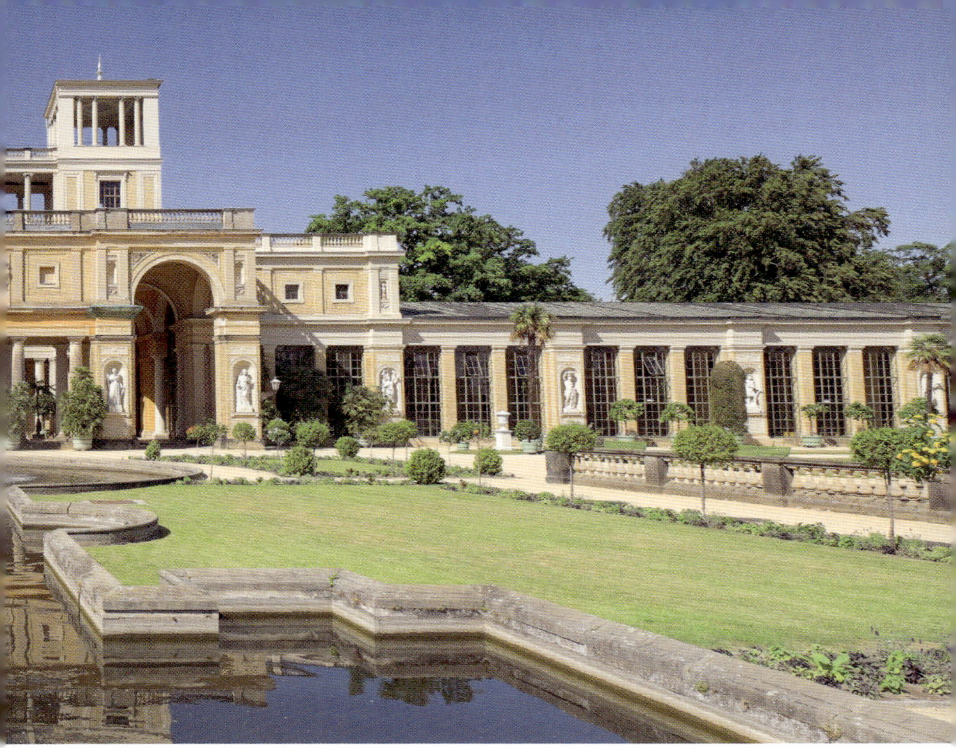

Das Orangeriehaus auf dem Bornstedter Höhenzug ist eine über 300 Meter lange, streng symmetrische Anlage mit einem Mittelbau, dem ein Säulenhof vorgelagert ist und den zwei mit einer Balustrade verbundene Türme überragen. Zu beiden Seiten des Mittelteils erstrecken sich die Pflanzhallen. Sie sind 104,5 Meter lang, 18,5 Meter tief und haben innen eine lichte Höhe von 7,2 Metern. Abgeschlossen werden die Pflanzhallen an ihren Enden durch Querflügel, die weit hervortreten. Die hohe bauliche Qualität des Orangerieschlosses setzt sich in den Außenanlagen fort: Dazu gehören die direkt anliegenden Terrassen- und Parkanlagen ebenso wie der Sizilianische und der Nordische Garten, die als Höhepunkte der Gartengestaltung im 19. Jahrhundert gelten. Der Bau wurde 1851 begonnen, und zum Geburtstag des Monarchen am 15. Oktober 1859 war auch der Innenausbau soweit fortgeschritten (allerdings nicht fertig), dass man im großen Saal feiern konnte. Nach dem Tod des

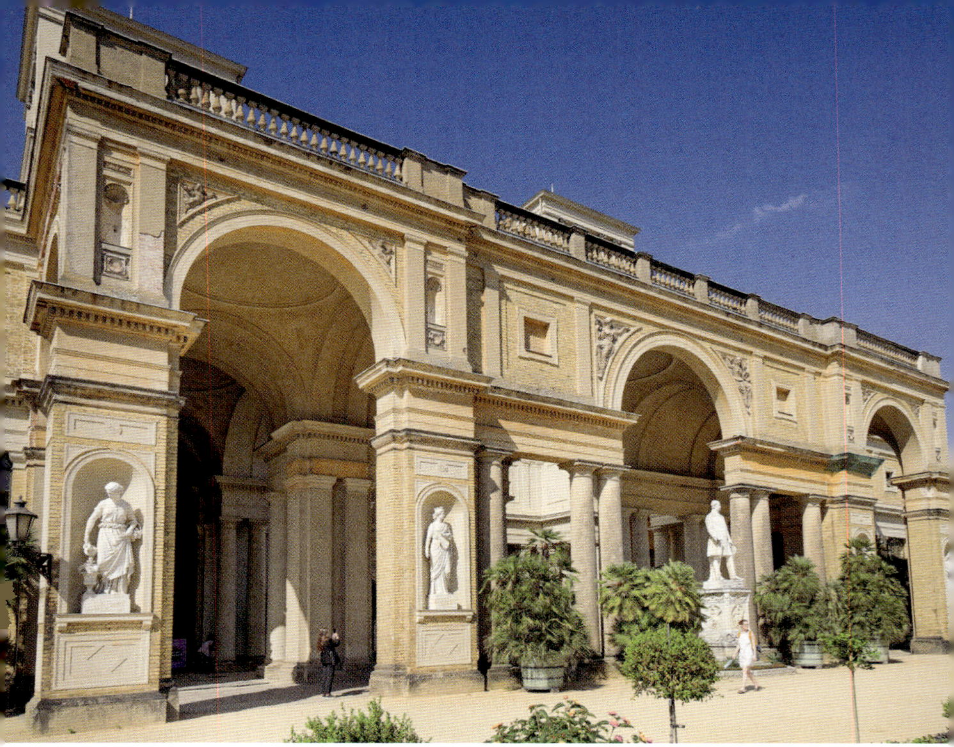

Portal der Orangerie mit Skulpturen, u. a. von Friedrich Wilhelm IV.

Königs wurden, in den Jahren 1860 – 62, nach den Plänen Stülers die unmittelbar das Schloss umgebenden Partien – Terrasse und Gärten – angelegt.

Der Skulpturenschmuck an der Südfassade wurde ebenfalls erst nach Friedrich Wilhelms Tod geschaffen. Die in Nischen aufgestellten Werke entstanden zwischen 1862 und 1872 und stammen allesamt von Künstlern aus der Schule des Daniel Christian Rauch, so von Hermann Schievelbein (1817–1867), Albert Wolff, Hermann Wittig (1819–1891), Julius Franz (1824–1887), Emil Wolff (1802–1879) u. a. Die Bildwerke an den Pflanzhallen stellen Personifikationen der Monate und der Jahreszeiten dar, an der Fassade des Mittelbaus hingegen die Garten- und die Baukunst, die Industrien und Wissenschaften. Auf der Nordseite finden sich Personifikationen der Tageszeiten. Hier steht auch in einer Ecke zwischen Mittelbau und westlicher Halle eine Sicheltanne. Das Denkmal für Friedrich

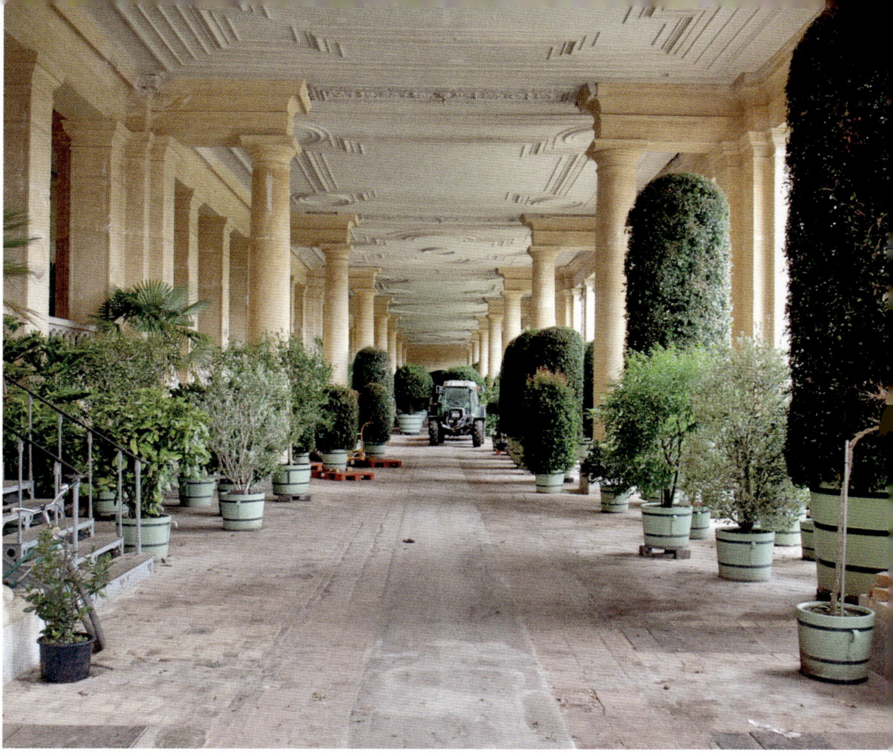

Pflanzhallen

Wihelm IV. vor dem Mittelbau wurde ab 1873 im Auftrag der Witwe des Königs von Gustav Bläser (1813–1874) geschaffen.

Ein Glücksfall ist, dass sich die historistische Innenausstattung nahezu vollständig erhalten hat. Da ist zunächst der große Oberlichtsaal, der auch **Rafael-Saal** genannt wird, weil er eine einzigartige Sammlung von Kopien des berühmten Renaissancemalers beherbergt, wobei die Sammlung großteils bereits von Friedrich Wilhelm III. angelegt worden war. Zu den Seiten des Saals befinden sich **Appartements für die Majestäten**. Das **westliche Appartement** besteht aus drei Zimmern und war dem **König** vorbehalten. Der Trakt beginnt mit dem Empfangszimmer, auch Elfenbeinzimmer genannt. Die zwei Raumteile werden durch violette Marmorsäulen voneinander geschieden. An den Wänden befinden sich mit Bernstein verzierte Spiegel und vergoldete Konsolen, auf denen kostbaren Vasen aus Meißener Porzellan stehen,

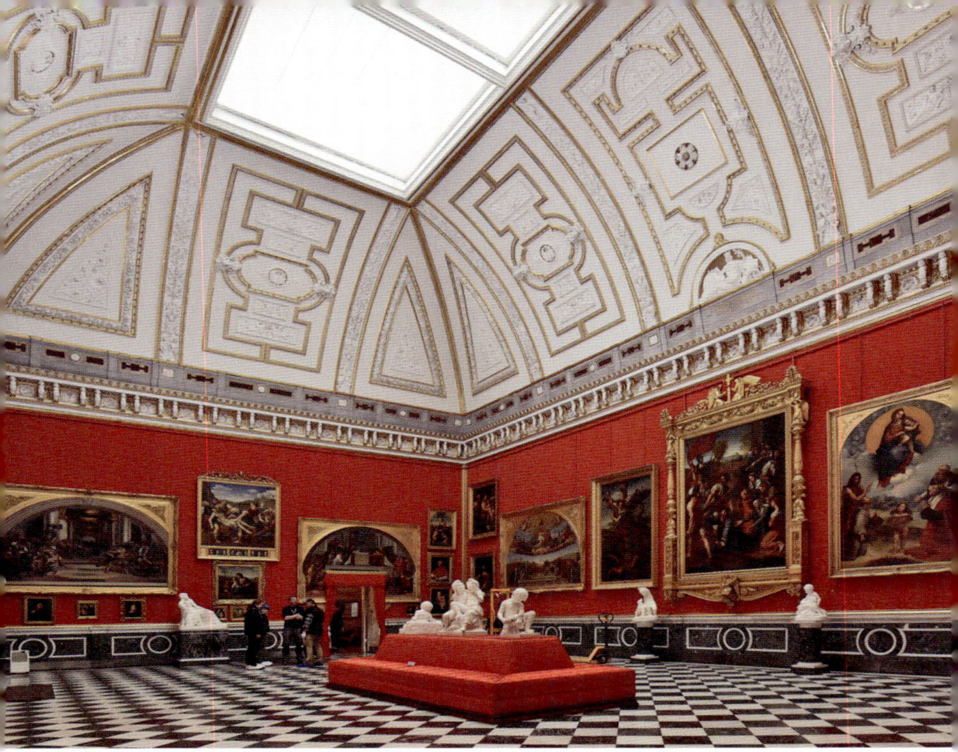

Raffael-Saal

die die Elemente symbolisieren. Die Vorhänge und die Möbelstoffe sind ebenfalls violett.

Das nächste Zimmer ist das Arbeitszimmer des Königs. Die Wände sind mit rotem Seidendamast bespannt, rot sind auch die Polster der Möbel. Viele von diesen stammen mit hoher Wahrscheinlichkeit aus einer Pariser Werkstatt. Auch der Schreibtisch ist eine französische Arbeit, allerdings bereits aus der ersten Hälfte des 18. Jahrhunderts. Vier Gemälde, die die Wände zieren, zeigen Ansichten biblischer Stätten und illustrieren so nicht nur die tiefe Religiosität des Monarchen, sondern auch seinen – rückwärtsgewandten – Anspruch auf das Gottesgnadentum des Königs. Die genannten Werke wurden von dem aus Danzig stammenden Königlich-Preußischen Hofmaler Eduard Hildebrandt (1818–1868) gefertigt.

Das Grüne Zimmer, das seinen Namen den grünen Stoffen verdankt, ist das königliche Schlafzimmer. Die Gestaltung der Wände

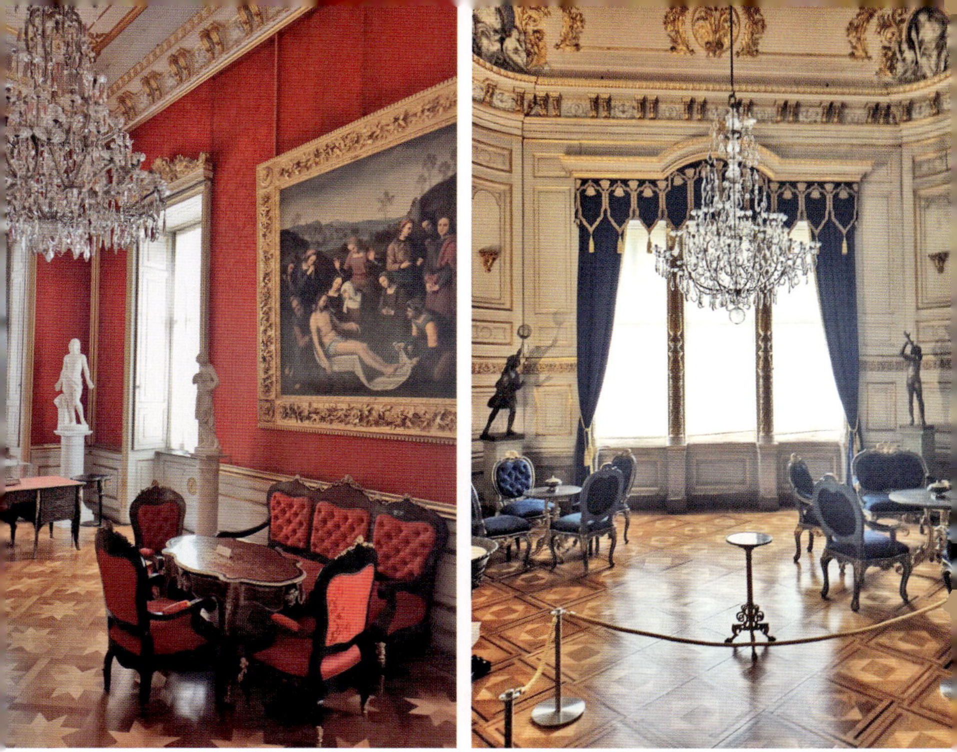

Wohnräume im Schloss: Boulle-Zimmer (links), Lapislazuli-Zimmer (rechts)

sowie die Ausstattung insgesamt ahmen ein Barockzimmer nach, die Sitzmöbel sogar das friderizianische Rokoko. Beachtenswert sind die Spiegel mit ihren großen vergoldeten Rahmen.

Im östlichen Teil befindet sich das **Appartement der Königin**. Das Wohn- und Empfangszimmer ist in einem bläulichen Farbton gehalten und heißt daher auch Lapislazuli-Zimmer. Von der Raumstruktur ähnelt es dem zweigeteilten Empfangszimmer des Königs. Das Mobiliar, insbesondere die Sitzmöbel, orientieren sich ebenfalls am friderizianischen Rokoko und sind wohl als Neurokoko anzusprechen. Zwei Tische mit runden Platten weisen Einlegearbeiten mit einem Lapislazuli-Imitat auf und gaben womöglich der gesamten Ausstattung die Orientierung. Ein kleiner Tisch, der vielleicht sogar von Schinkel entworfen wurde, besitzt eine Platte aus echtem Lasurstein, und auch die Toilettegarnitur der Königin, ein Geschenk des Zaren Alexander I. an die damalige Königin Luise, weist Teile aus Lapislazuli auf.

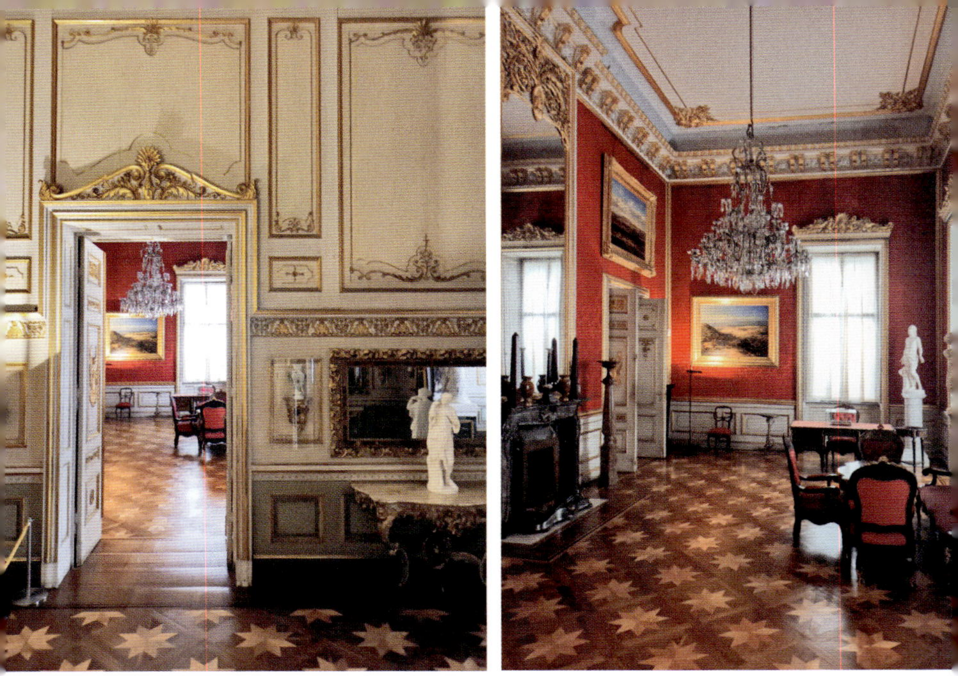

Blick vom Grünen Schlafzimmer ins Boulle-Zimmer (links), Boulle-Zimmer (rechts)

Dem Salon folgt das Schlaf- und Toilettezimmer, das mit rotem Seidendamast ausgeschlagen ist und auch Malachit-Zimmer heißt. Es ist der größte Wohnraum des Schlosses. Den Namen verdankt er der Verwendung von Malachit, der die Säulen des Alkovens bedeckt, aus dem mehrere Tischplatten bestehen und auch der eine und andere kleine Ausstattungsgegenstand. Der Raum enthält eine größere Anzahl von Skulpturen, darunter eine Gruppe »Mars und Adonis« von dem bedeutenden dänischen Bildhauer Bertel Thorvaldsen. Thematisch kreisen die Bildhauerarbeiten um die Themen Liebe und Kinder.

Dem Orangerieschloss sind auch große Garten- bzw. Parkbereichen zugeordnet. Vor dem Mittelbau schiebt sich die Terrasse weit vor. Hier befinden sich neben einem Springbrunnen mit verschieden geformten Wasserbecken auch zahlreiche Blumenbeete und andere Bepflanzungen. Ach etliche Plastiken zieren die obere, die mittlere wie auch die untere **Orangerieterrasse**. Hier soll nur auf die Panthergruppe auf der Brüstung der mittleren Terrasse eingegangen werden: Panther gehören zum Gefolge des Weingottes Dionysios. Die beiden einander zugewandten Panther stehen seit 1861 auf der Brüstung und waren stark beschädigt – konnten aber 2019 dank einer privaten Spende nachgegossen und wieder aufgestellt werden. Auch die Sanierung des Brunnens mit den Exedren ist einer privaten Spende zu verdanken. In den Brunnennischen befinden sich Skulpturen, die etwas mit dem Wasser zu tun haben, z. B. Najade mit Krug oder Tritonknabe mit Muschel, außerdem fällt der Löwenkopf-Wasserspeier ins Auge.

Unterhalb der Treppen- und Terrassenanlagen des Orangerieschlosses befindet sich die **Jubiläumsterrasse**, die im Auftrag von Kaiser Wilhelm II. im Jahr 1913 zu dessen 25. Thronjubiläum angelegt wurde. Dazu gehört auch die Grotte unterhalb der Maulbeerallee. Auf dem großen Rasenstück vor der Grotte steht zunächst die Skulptur eines Bogenschützen, 1895 nach einem Entwurf von Ernst Moritz Geyger (1861–1941) in Kupfer getrieben, sowie in weiterer Entfernung eine verkleinerte Nachbildung des berühmten Reiterstandbilds von Friedrich II. Unter den Linden.

Blick vom Reiterstandbild Friedrichs II. über den Bogenschützen zur Orangerie

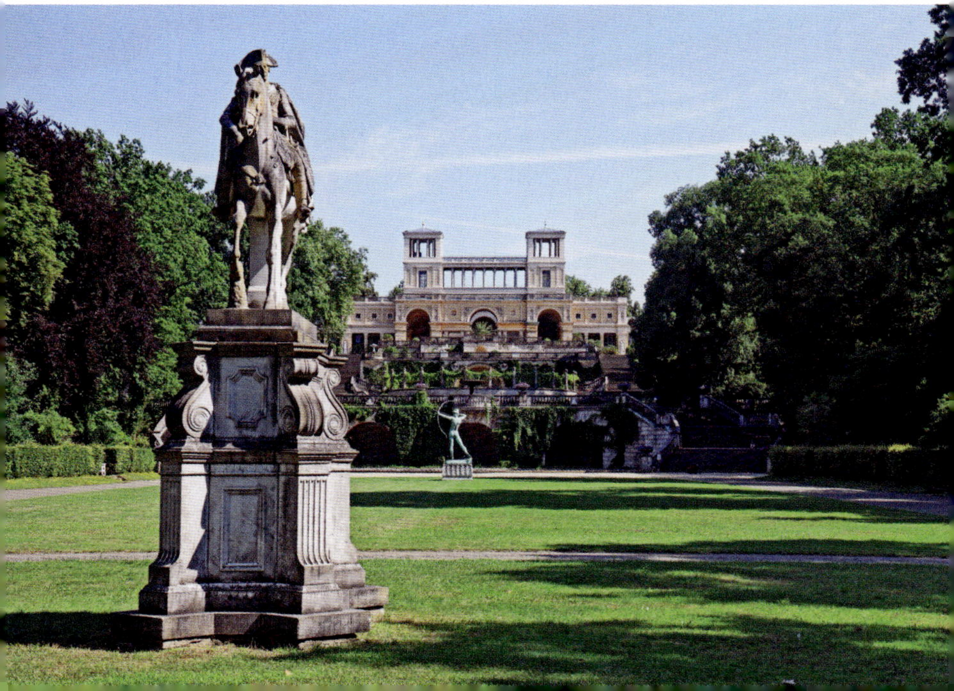

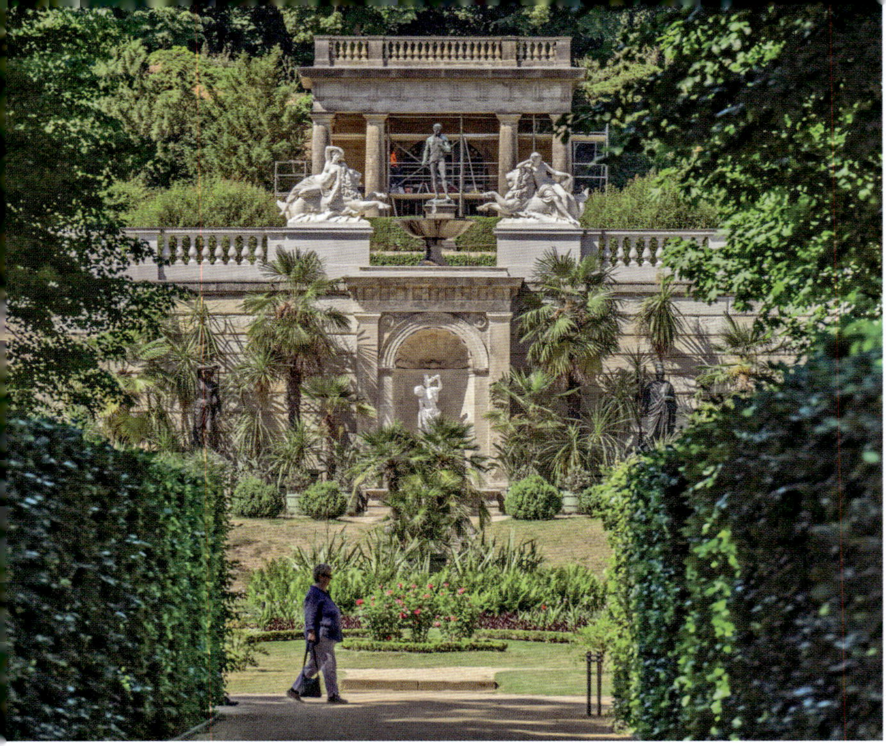

Blick vom Sizilianischen zum Nordischen Garten

Der Nordische Garten schließt sich östlich an das Orangeriehaus an, sein Pendant, der Sizilianische Garten, befindet sich südlich von diesem (und damit auch südlich der Maulbeerallee). Die Planungen beider Gärten, die zwischen 1856 und 1866 angelegt wurden, gehen auf Lenné zurück. Der **Nordische Garten** ist um einen 1860 erbauten Altan angeordnet, von dem man einen guten Blick auf die Anlagen und deren Zentrum, eine elliptisch angelegte Rasenfläche, hat. Der Weg, der diesen Rasen umgibt, ist von immergrünen Koniferen umpflanzt. In der Mittelachse des Nordischen Gartens steht seit 1912 – auf Wunsch Wilhelms II. – die Skulptur des »Schwertprüfers« von Fritz Heinemann (1864–1932). Bemerkenswert sind zwei Gingkos am Anfang der vom Rondell wegführenden Wege; sie sollen um die 150 Jahre alt sein.

Die Gärten nördlich und südlich der Maulbeerallee – den Paradiesgarten muss man hinzuzählen – sind Teil eines Großprojekts

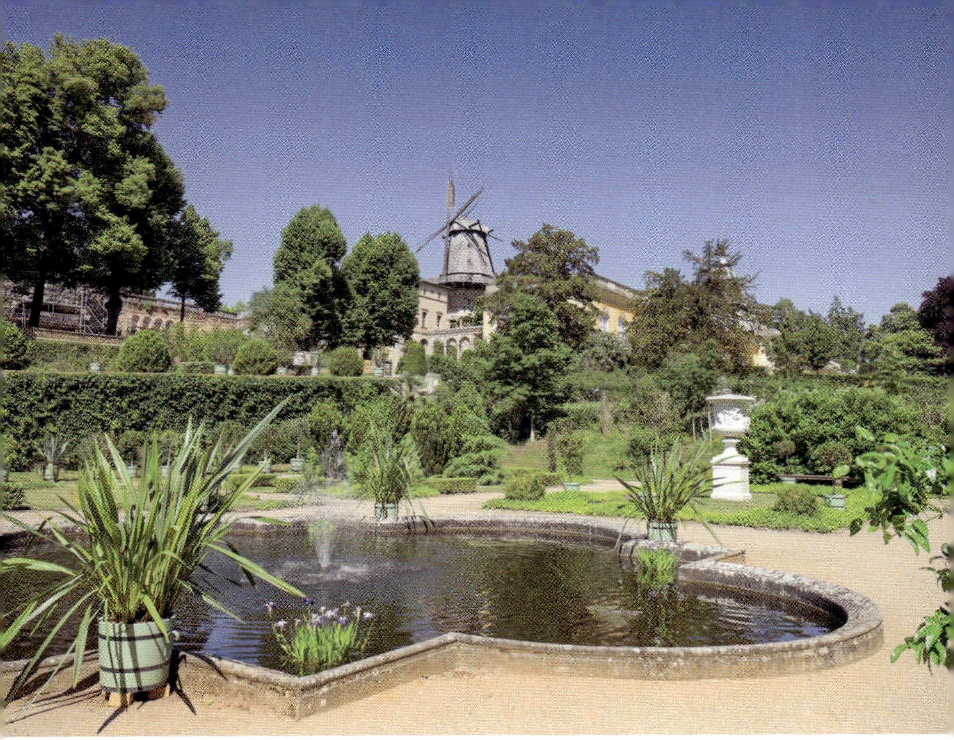

Sizilianischer Garten, im Hintergrund die Neuen Kammern und die Historische Mühle

Friedrich Wilhelms IV. zur Gestaltung einer sogenannten Höhenstraße, zu dem auch das Orangeriehaus gehörte. Von dem Projekt, das man auch als gigantisch bezeichnen kann, wurde ein Gutteil nicht realisiert. Die Planungen sind jedoch der Grund für die Existenz einer Futtermauer südlich der Allee, denn ursprünglich sollten die Gärten ein Logierhaus für fürstliche Gäste umfangen, das letztlich nicht gebaut wurde.

Ein besonderes Kleinod ist der **Sizilianische Garten**. Die mit Sandstein verblendete Terrassenmauer von 1856 trägt eine Marmorbalustrade, darauf steht eine Brunnenschale, die von zwei auf Seelöwen reitenden Nereiden flankiert wird – ein Motiv aus der Villa Albani in Rom, das 1862 nach einem Modell von Julius Franz hergestellt wurde. Von Franz stammt auch die Bronze »Schäfer und Hund im Kampf mit dem Panther« (1852/53) im nordwestlichen Teil des Gartens. Die Nischenfigur einer Najade in der Mauer ist ein

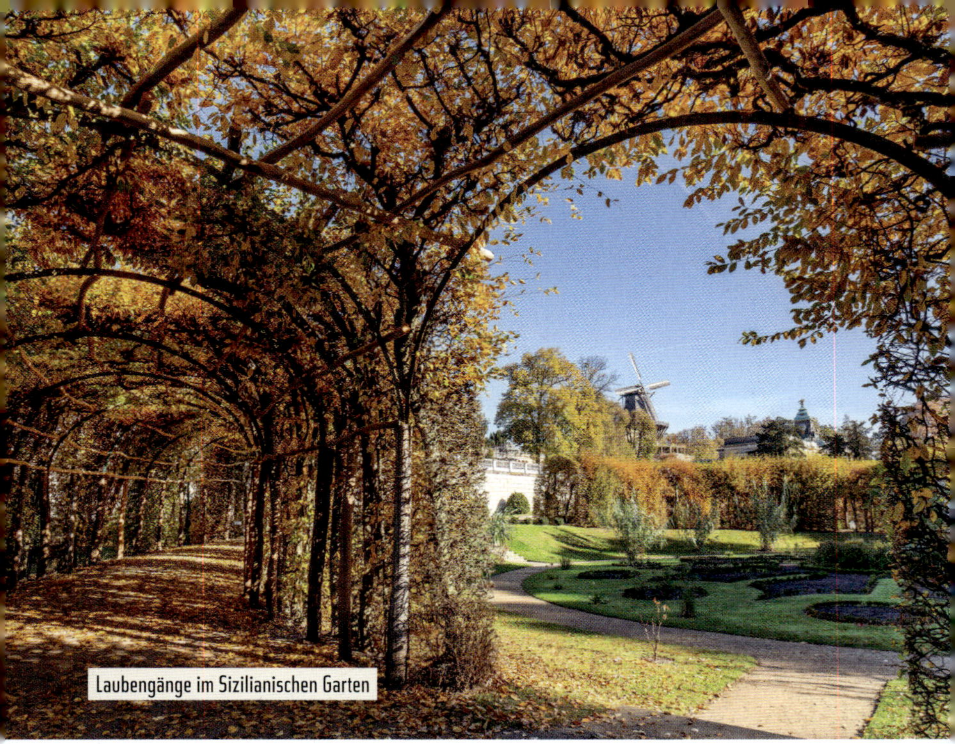
Laubengänge im Sizilianischen Garten

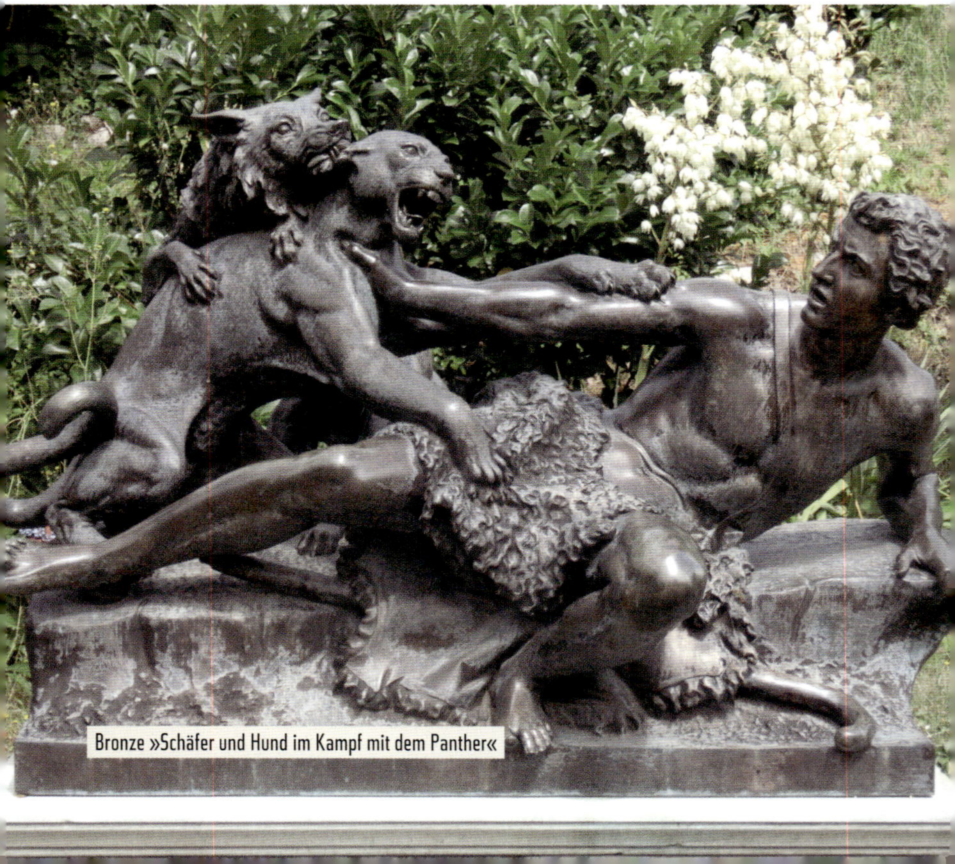
Bronze »Schäfer und Hund im Kampf mit dem Panther«

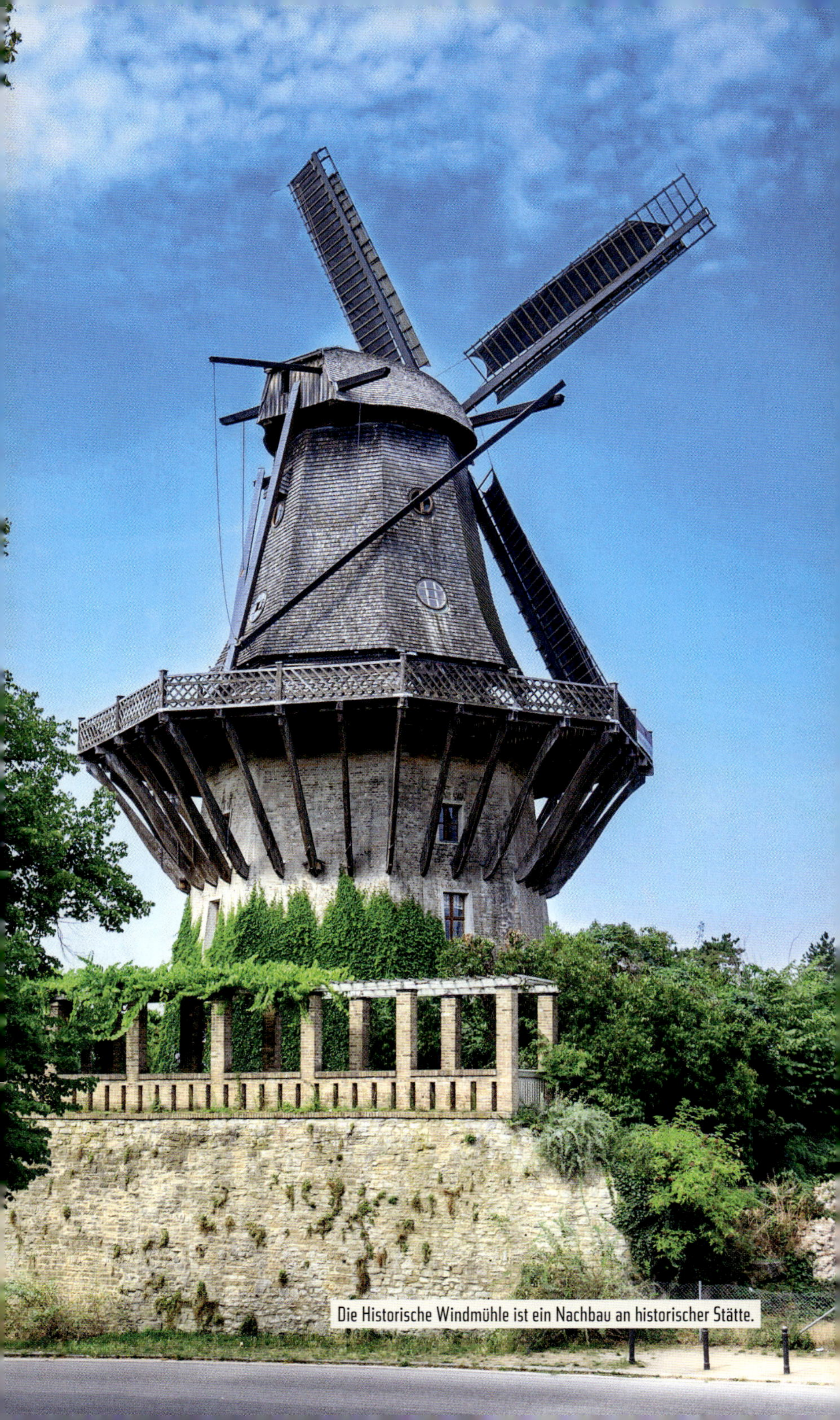

Die Historische Windmühle ist ein Nachbau an historischer Stätte.

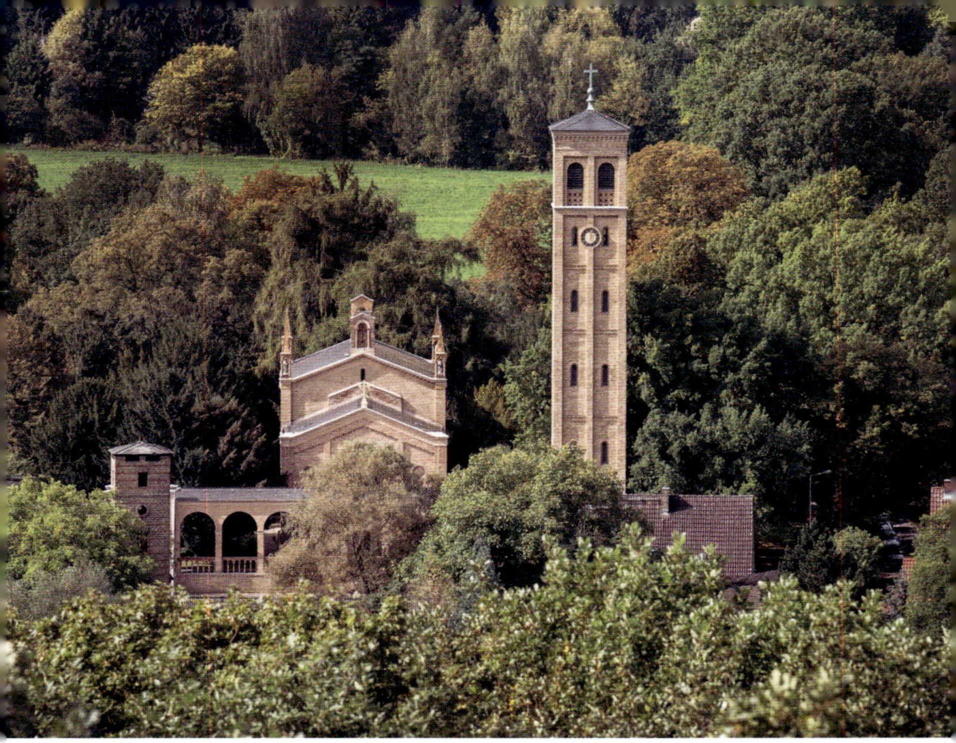

Kirche und Friedhof in Bornstedt

Werk von Emil Wolff. Der Sizilianische Garten ist ein regelmäßiger kleiner Park, der um ein kreisförmiges Mittelstück symmetrisch angelegt wurde. Die rechteckigen Seitenstücke haben in ihrem Zentrum Bassins in Form eines Vierpasses. Sehr reizvoll sind die Laubengänge, die den Mittelteil umfassen. Die Gewächse des Gartens sollen italienisches Flair verbreiten, deshalb wurden (und werden) eine große Anzahl mediterraner und subtropischer Pflanzen in die Erde gebracht, viele immergrüne Hartlaubgewächse und Koniferen, etliche von ihnen in Kübeln.

Als letzte Bauwerke dieses »Quadranten« sollen die Mühle und das Felsentor erwähnt werden. Die **Historische Mühle** ist so historisch nicht; die Bockwindmühle wurde in den 1990er Jahren an der Stelle eines Vorgängers errichtet. Dieser schon 1858 stillgelegte Vorgänger war 1945 zerstört worden und hat seinerseits einen Vorgänger: die Mühle von 1738. Das **Felsentor** ist ein Relikt der ursprünglichen großen Pläne von Friedrich Wilhelm IV.: Es ist aus der Thetisgrotte von 1750 durch Umbau entstanden und sollte einen neuen Zugang zu der Großanlage bilden. Um 1845 wurde dem Tor ein Adler aufgesetzt, der eine Schlange in den Krallen hält.

Vom Orangerieschloss lohnt sich ein Abstecher nach **Bornstedt**, das sich nur wenige Meter nördlich am Bornstedter See befindet. Hier liegt nicht nur ein **Krongut**, sondern auch ein **Friedhof**, der in besonderer Weise mit Sanssouci verbunden ist. »Was in Sanssouci stirbt, wird in Bornstedt begraben«, schrieb Theodor Fontane 1869 anlässlich einer Visite. Heute ist der denkmalgeschützte Friedhof UNESCO-Weltkulturerbe. Neben vielen anderen Prominenten gilt unsere Aufmerksamkeit vor allem der Familienstiftung Sello, denn hier ruhen viele der Persönlichkeiten, die in diesem Buch mehrfach erwähnt wurden, wie Peter Joseph Lenné, Heinrich Ludwig Manger, Ludwig Persius und Angehörige der Gärtnerfamilie Sello.

Krongut Bornstedt

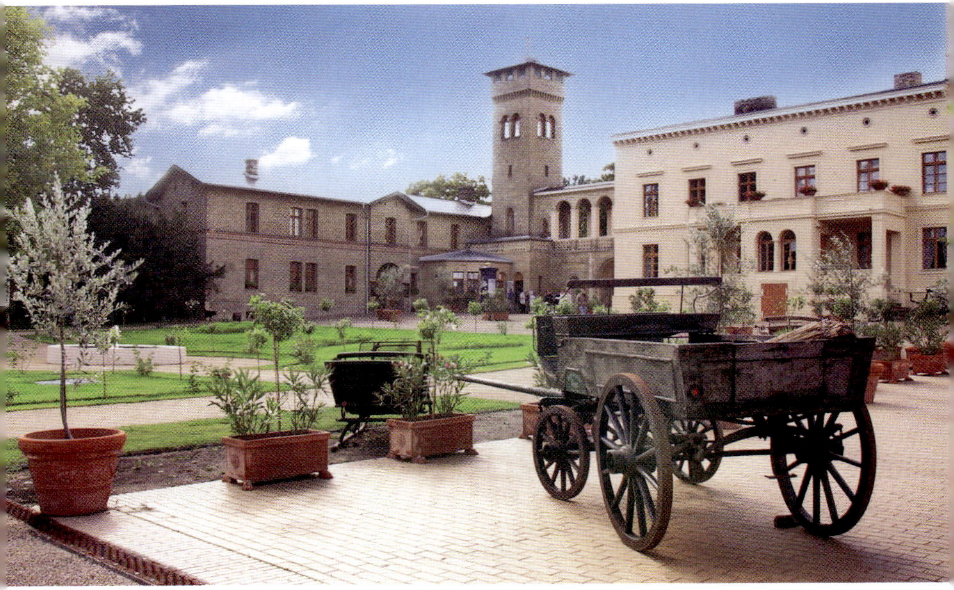

NORDOSTEN

Bildergalerie, Holländischer Garten und Neptungrotte

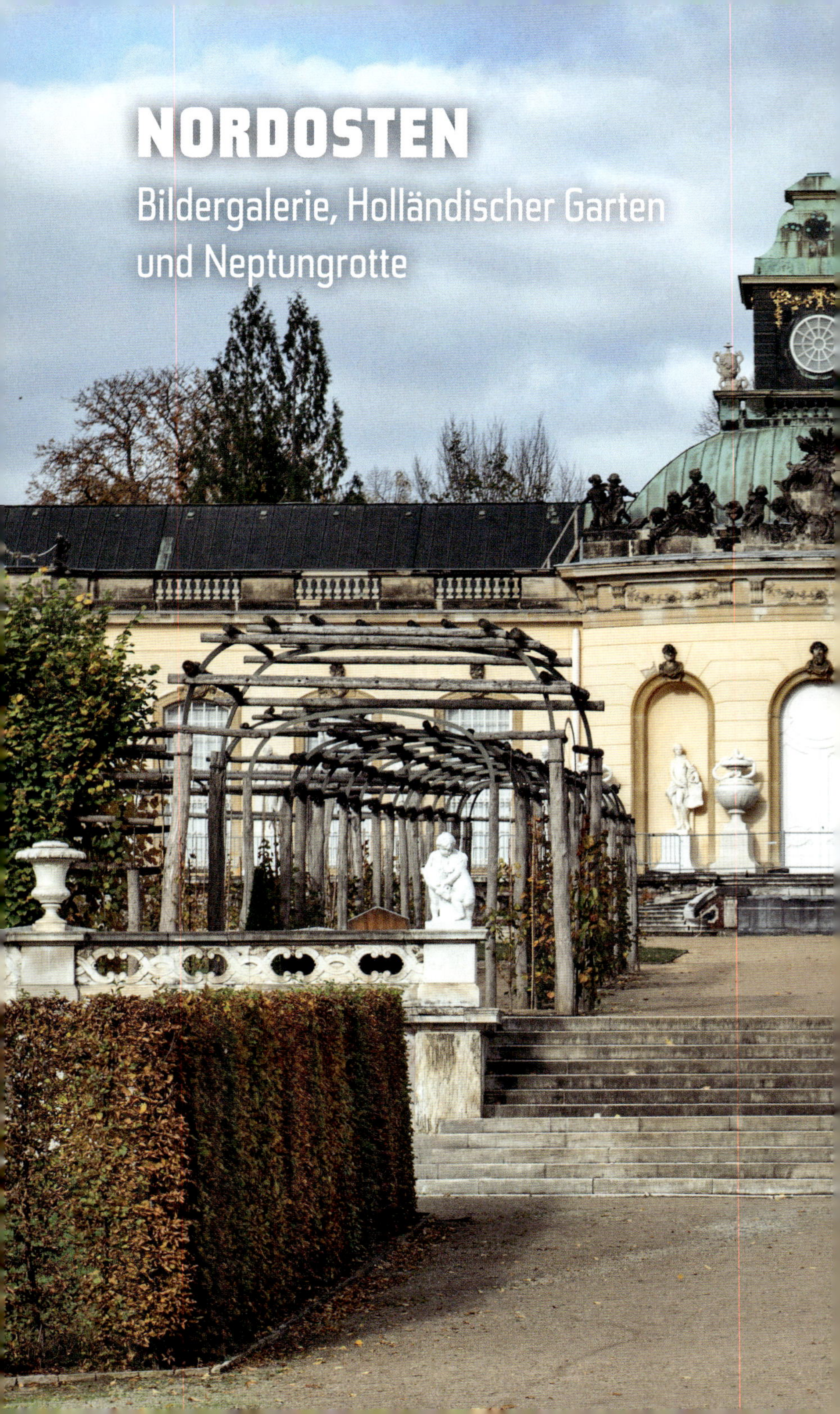

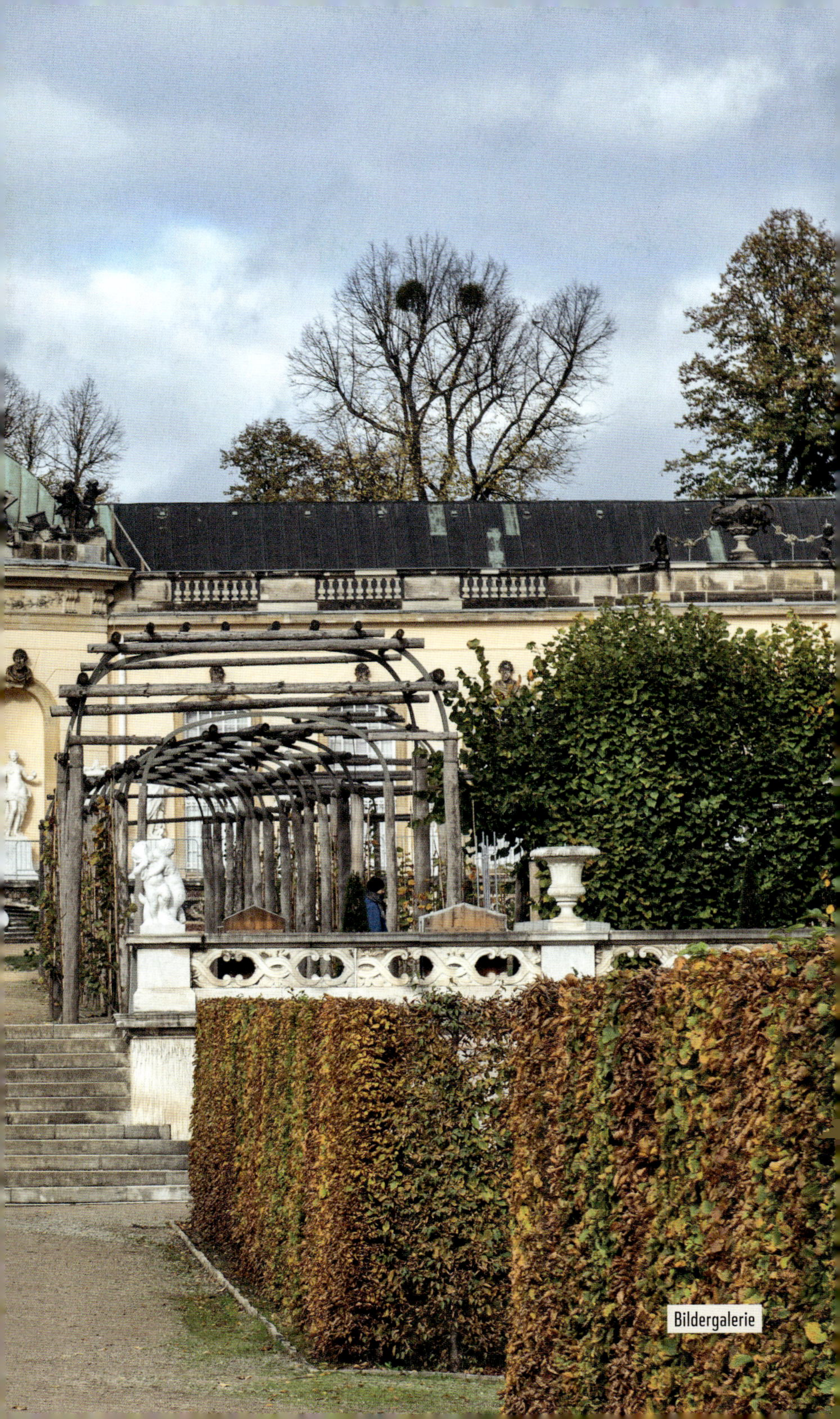

Bildergalerie

Die **Bildergalerie**, ein eingeschossiger Bau mit kuppelbekröntem Mittelteil, bildet das Pendant zu den Neuen Kammern und wurde in den Jahren 1755–63 nach den Plänen von Johann Gottfried Büring erbaut. Sie gilt als einer der frühesten alleinstehenden Galeriebauten in Europa. Bereits der Skulpturenschmuck in barocker Tradition verrät, welchem Zweck der Bau gewidmet ist: Die frei vor die Fassade gestellten Bildwerke wie auch die der Attika stellen Allegorie der bildenden Künste und der Wissenschaften dar, die Schlusssteine über den Fenstern wiederum sind als Büsten berühmter Künstler seit der Antike gestaltet; darunter befinden sich Appelles und Phidias, Rubens und Albrecht Dürer. Die nördliche Fassade der Galerie wurde 1844–47 nach Skizzen Friedrich Wilhelms IV. und darauf aufbauenden Plänen von Persius und Hesse neu gestaltet.

Die Galerie diente der Aufnahme der Gemäldesammlung Friedrichs II. 178 Werke sollen es in seinem Todesjahr gewesen sein. Der langgestreckte Innenraum wird einseitig von Süden belichtet, der

Kuppel der Bildergalerie von innen

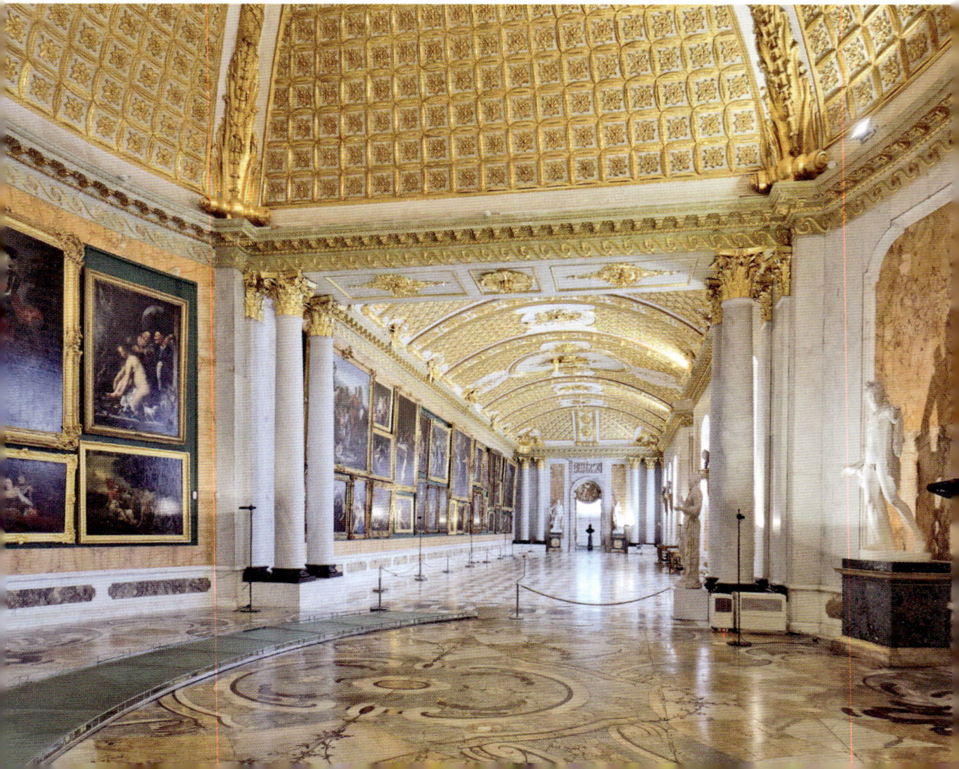

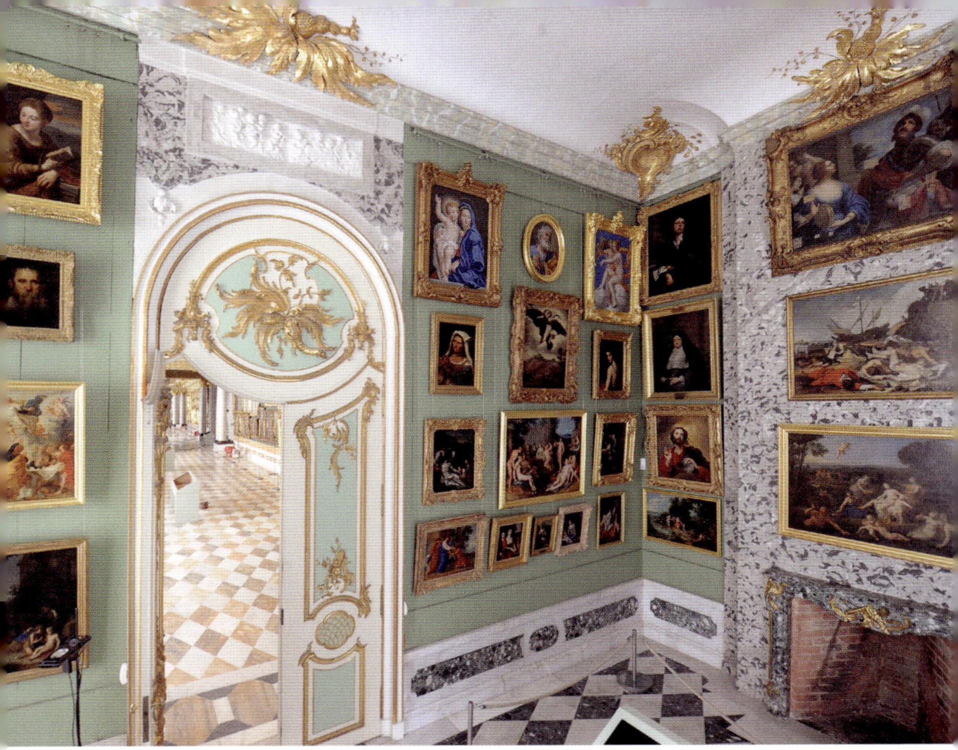

Das Kleine Kabinett

überkuppelte Mittelteil durch Säulen korinthischer Ordnung von den Galerieflügeln abgesetzt. Dem östlichen Flügel ist ein Kabinett für kleinere Gemälde angegliedert, im Westteil befindet sich das Treppenhaus zur oberen Weinbergterrasse. Friedrich bevorzugte Gemälde der flämischen, holländischen und italienischen Schule, wobei sich Spitzenwerke von Rubens, Correggio und Rembrandt mit eher zweitklassigen Bildern mischten. Die Bilder sind in barocker Hängung an den Wänden befestigt, das heißt, mehrere Gemälde hängen übereinander (fast) bis zur Decke. Viele Gemälde aus dem Bestand Friedrichs wurden allerdings in die 1830 eröffnete Berliner Gemäldegalerie abgegeben, zudem gab es Kriegsverluste. Das bekannteste noch in Sanssouci befindliche Gemälde dürfte »Der ungläubige Thomas« von Michelangelo Merisi da Caravaggio (1571–1610) sein. Neben »Amor als Sieger« in der Gemäldegalerie Berlin ist es das einzige Gemälde Caravaggios in einem deutschen Museum.

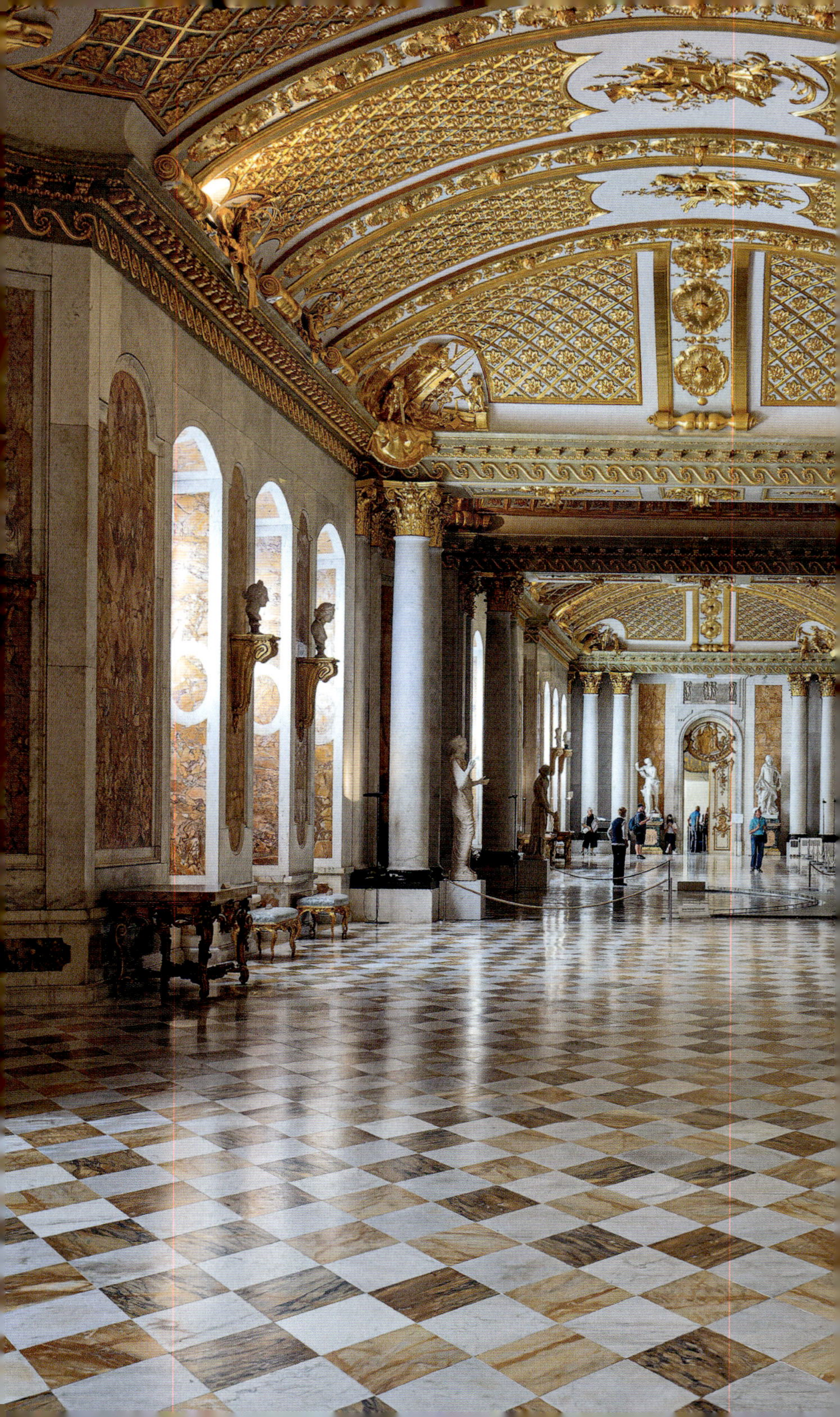

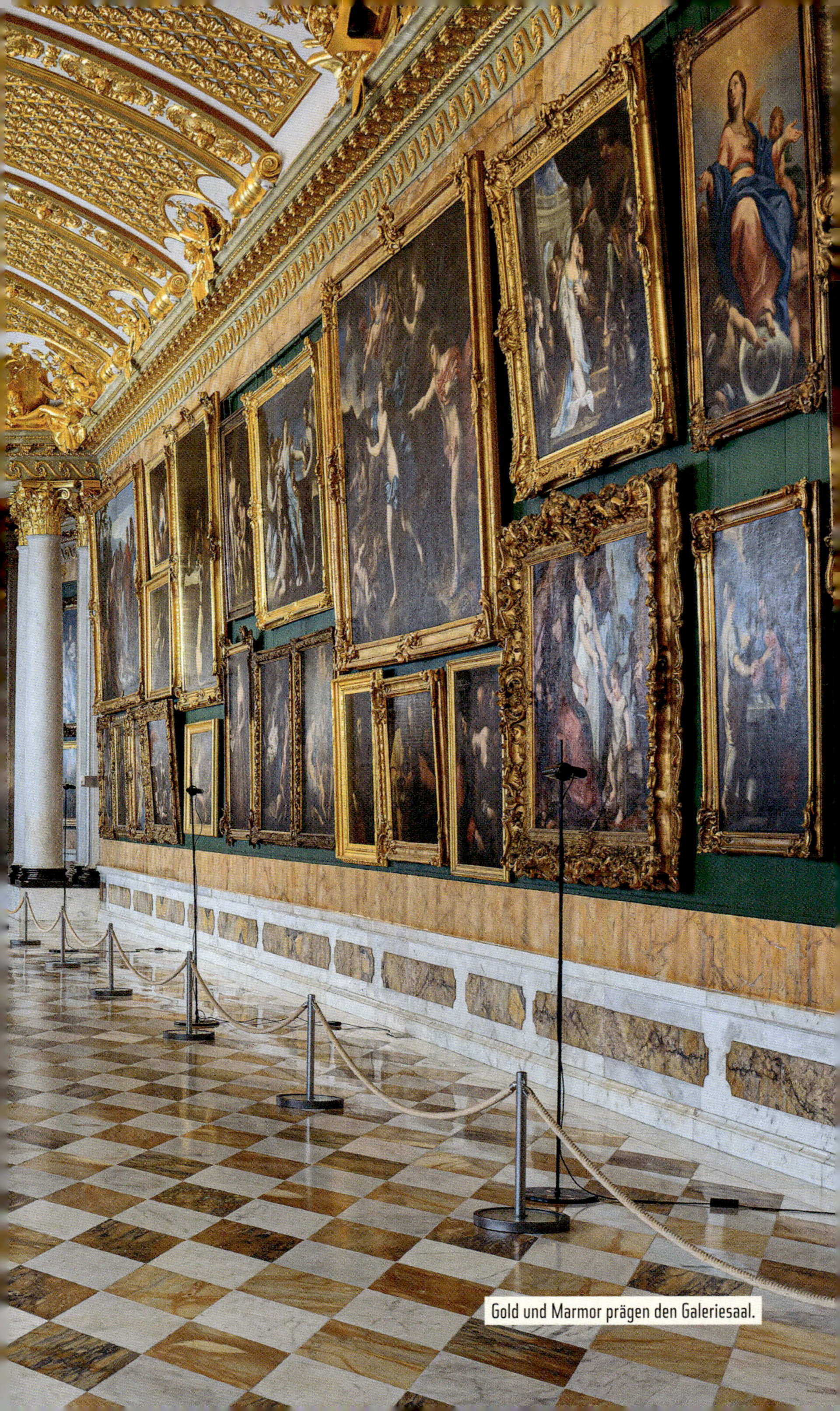

Gold und Marmor prägen den Galeriesaal.

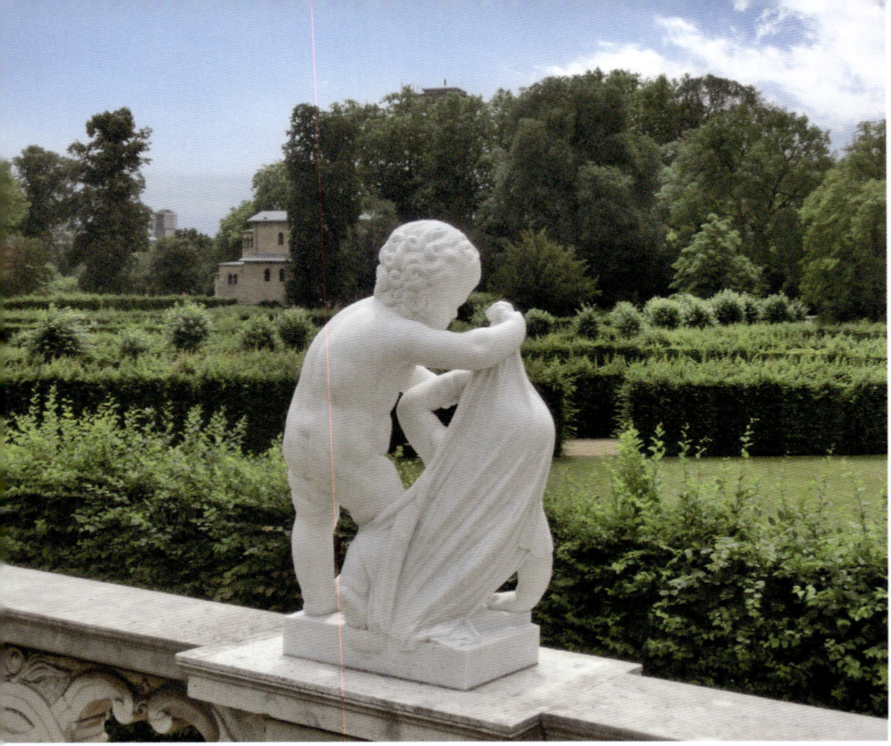

Holländischer Garten

Südlich der Galerie erstreckt sich der **Holländische Garten**. Im Jahr 1755 begab sich Friedrich auf eine Regierungsreise nach Westfalen, von wo er zum Gemäldeeinkauf nach den Niederlanden weiterreiste. Dort begeisterte er sich für den Holländischen Gartenstil und brachte gleich einen Gartenexperten mit: Joachim Ludwig Heydert (1716–1794). Dieser erhielt den Auftrag, den Holländischen Garten als Teil des östlichen Lustgartens zu schaffen. Der Holländische Gartenstil entstand um die Mitte des 17. Jahrhunderts, es handelt sich also durchaus um eine Spielart barocker Gartengestaltung, jedoch in Abgrenzung vom Französischen Stil. Die holländische Tendenz geht eher in die Breite und zu einem Nebeneinander der Gestaltungselemente, und es kommt durchaus vor, dass in den einzelnen Gartenquartieren Obst oder Gemüse gezogen wird. Hinzu kommen prächtige Blumenrabatten und der Formschnitt an Bäumen und Hecken, aber auch die Ausstattung mit zahlreichen Skulpturen.

Neben der Galerie befindet sich die **Neptungrotte**, die zu den Wasserspielen gehört, mit denen der König seinen Park verschönern wollte; sie ist ein Werk von Knobelsdorff. Zum Thema Wasser und Grotten heißt es in dem Buch des österreichischen Kunsthistorikers Christoph Bertsch, »Villa Garten Landschaft«, zwar in Bezug auf die Renaissancebauten der florentinischen Toskana, aber durchaus auch von allgemeinerer Bedeutung: »Wasser hat eine lebensspendende Funktion und wird auch als solches wahrgenommen. Im Garten kommt das Murmeln des Wassers hinzu, ein Geräusch, das viele Gärten in einen Ort der Besinnlichkeit verwandelt. Neben ruhendem Gewässer wie Wasserbecken ... spielt aber das fließende Wasser, vor allem mittels eines Brunnens, eine zentrale

Neptungrotte

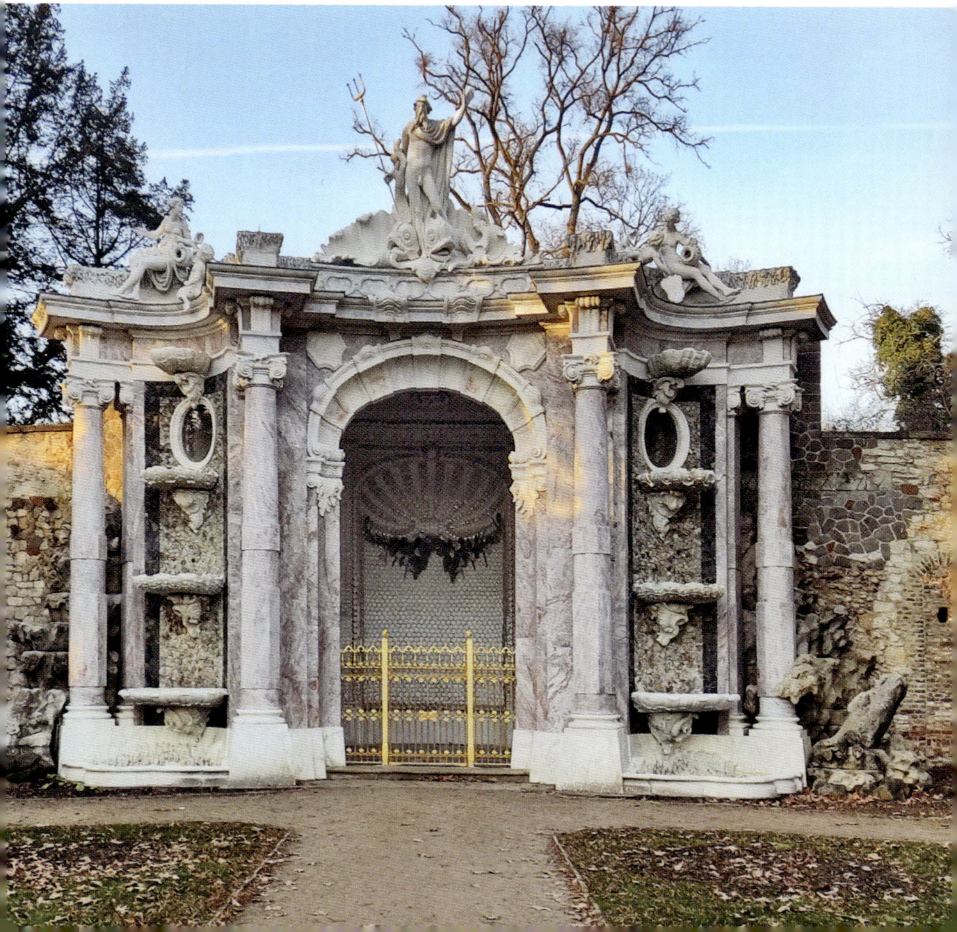

Rolle. Gegensätze wie Stille oder tobende Geräusche, klares, helles Wasser und vermooste Becken, tropfendes Wasser und viele Meter hohe Wasserstrahlen in Form eines Springbrunnens wechseln sich ab und werden durch kunstvolle Brunnenfiguren in Szene gesetzt. Ein beliebtes Motiv sind die Wasserkaskaden, ein Wasserlauf, der durch unterschiedliche Höhendimensionen herbeigeführt wird und fließendes Wasser mit ruhendem Wasser verbindet. Eng mit dem Phänomen Wasser ist die Anlage von Grotten verbunden ... Die Grotten setzen ein bislang in dieser Form nicht bekanntes Spiel mit der Natur, mit dem Natürlichen, voraus. Künstliche Natur und natürliche Natur kommen in Anwendung, der gemalte Farn geht über in eine natürlich vorhandene Pflanze, gemalte Wasserfälle werden mit natürlichen Wasservorhängen ergänzt. Die Grotte, der Ort der dunklen Unterwelt wie der Ort der Liebesspiele, ist ein Gesamtkunstwerk von Architektur, Malerei, Natur und Skulptur und verkörpert unterschiedliche Stufen des menschlichen Lebens. Täuschung und wirklich Gegebenes sind für den Besucher nicht mehr zu unterscheiden, der Garten geht in Richtung einer natura artificialis. ... Grotten öffnen das Fenster der Renaissance, trotz aller Bestrebungen zum wissenschaftlich Erfassbaren, zum Mystischen, zu einer Welt der Götter, der Alchemie und des Okkulten.« Besser lässt es sich nicht ausdrücken.

Unser Rundgang durch die Anlagen von Sanssouci ist beendet, wir sind zum Obeliskenportal zurückgekehrt. Abschließend soll noch einmal die Schriftstellerin Gisela Heller zu Wort kommen: »Sanssouci ist wie ein Schlemmermahl, es will mit Muße und freudiger Hingabe genossen sein. Die Mehrzahl der Pilger jedoch stürzt sich, ins straffe Zeitkorsett des Touristenprogramms gezwängt, gierig nur auf den fetten Braten und geht an den Apéritifs und Hors d'œuvres, die doch eigentlich erst aufgeschlossen machen für kommende Genüsse, achtlos vorüber, ohne auch nur davon zu kosten.«

Dieser Ausflugsführer soll den Appetit anregen für ausgiebigere Erkundungen – auch der Dinge, die aus Platzgründen nur angeris-

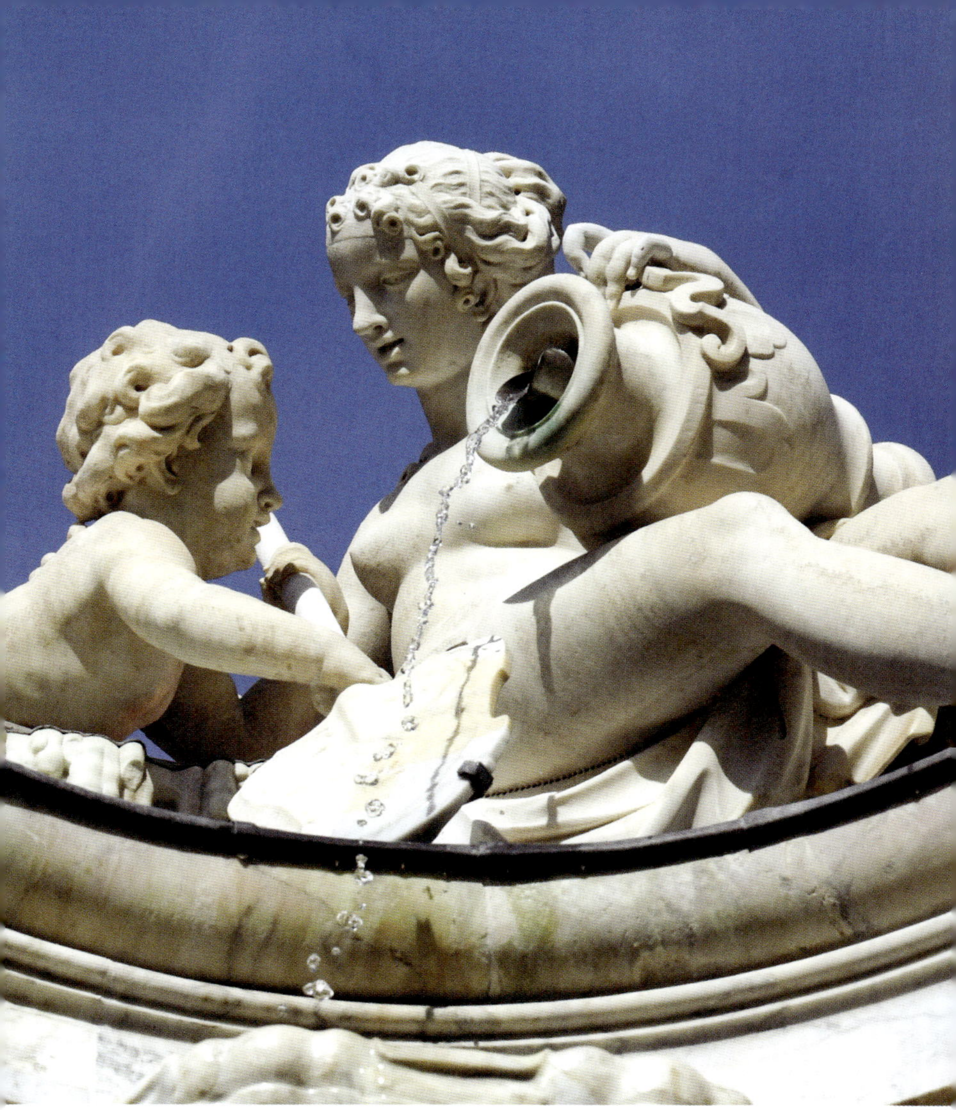

Figurenschmuck an der restaurierten Neptungrotte

sen oder gar nicht behandelt werden konnten. Erst ein mehrmaliger Besuch öffnet die Augen weit für die Schönheiten der Bauwerke, Gärten und Parks. Ohne Besucher sind all die Anlagen nichts – denn wie hat es Joseph Peter Lenné 1825 treffend formuliert: »Durch seine Beziehung auf den Menschen gewinnt das Landschaftsbild erst seine Vollendung.«

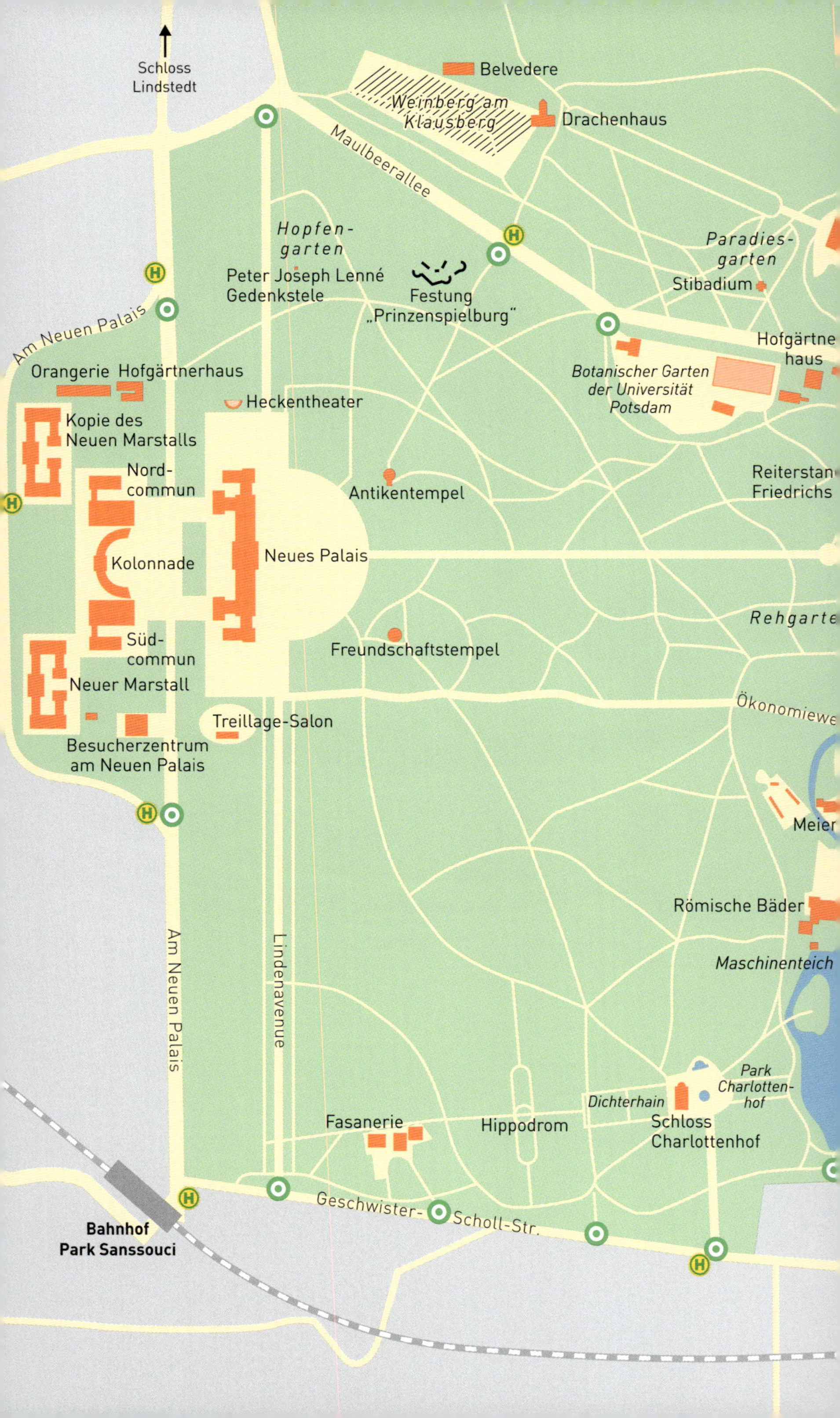
Schloss Lindstedt
Belvedere
Weinberg am Klausberg
Drachenhaus
Maulbeerallee
Hopfen-garten
Peter Joseph Lenné Gedenkstele
Festung „Prinzenspielburg"
Paradies-garten
Stibadium
Am Neuen Palais
Orangerie
Hofgärtnerhaus
Heckentheater
Botanischer Garten der Universität Potsdam
Hofgärtne haus
Kopie des Neuen Marstalls
Nord-commun
Antikentempel
Reiterstan Friedrichs
Kolonnade
Neues Palais
Rehgarte
Süd-commun
Freundschaftstempel
Neuer Marstall
Ökonomiewe
Treillage-Salon
Besucherzentrum am Neuen Palais
Meier
Römische Bäder
Maschinenteich
Am Neuen Palais
Lindenavenue
Park Charlotten-hof
Dichterhain
Schloss Charlottenhof
Fasanerie
Hippodrom
Geschwister-Scholl-Str.
Bahnhof Park Sanssouci

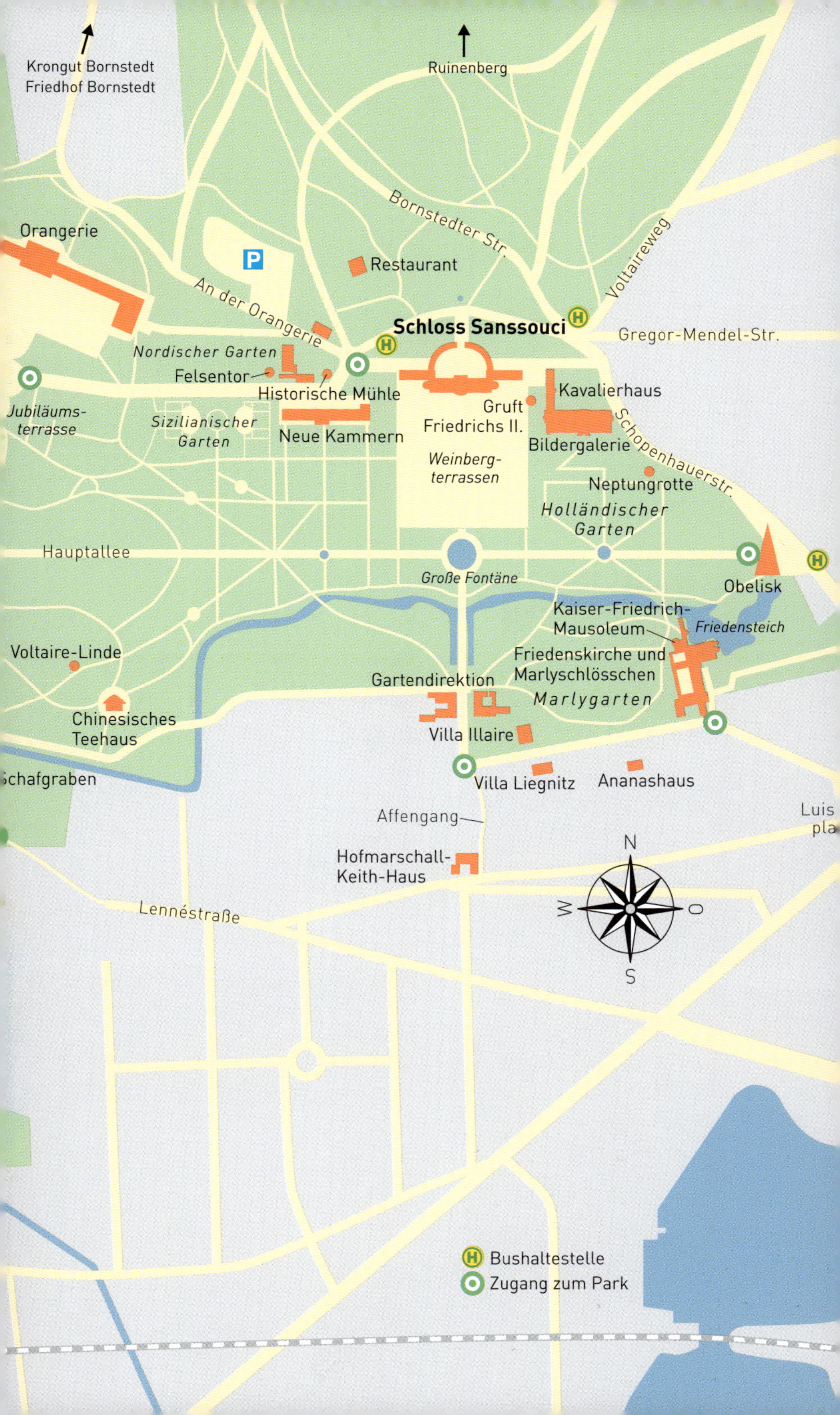

Krongut Bornstedt
Friedhof Bornstedt
Ruinenberg
Orangerie
Bornstedter Str.
Restaurant
Voltaireweg
An der Orangerie
Schloss Sanssouci
Gregor-Mendel-Str.
Nordischer Garten
Felsentor
Historische Mühle
Kavalierhaus
Jubiläums-
terrasse
Sizilianischer
Garten
Neue Kammern
Gruft
Friedrichs II.
Bildergalerie
Schopenhauerstr.
Weinberg-
terrassen
Neptungrotte
Holländischer
Garten
Hauptallee
Große Fontäne
Obelisk
Kaiser-Friedrich-
Mausoleum
Friedensteich
Voltaire-Linde
Friedenskirche und
Marlyschlösschen
Gartendirektion
Marlygarten
Chinesisches
Teehaus
Villa Illaire
Schafgraben
Villa Liegnitz
Ananashaus
Affengang
Hofmarschall-
Keith-Haus
Lennéstraße
N
W
O
S
Bushaltestelle
Zugang zum Park

ANHANG

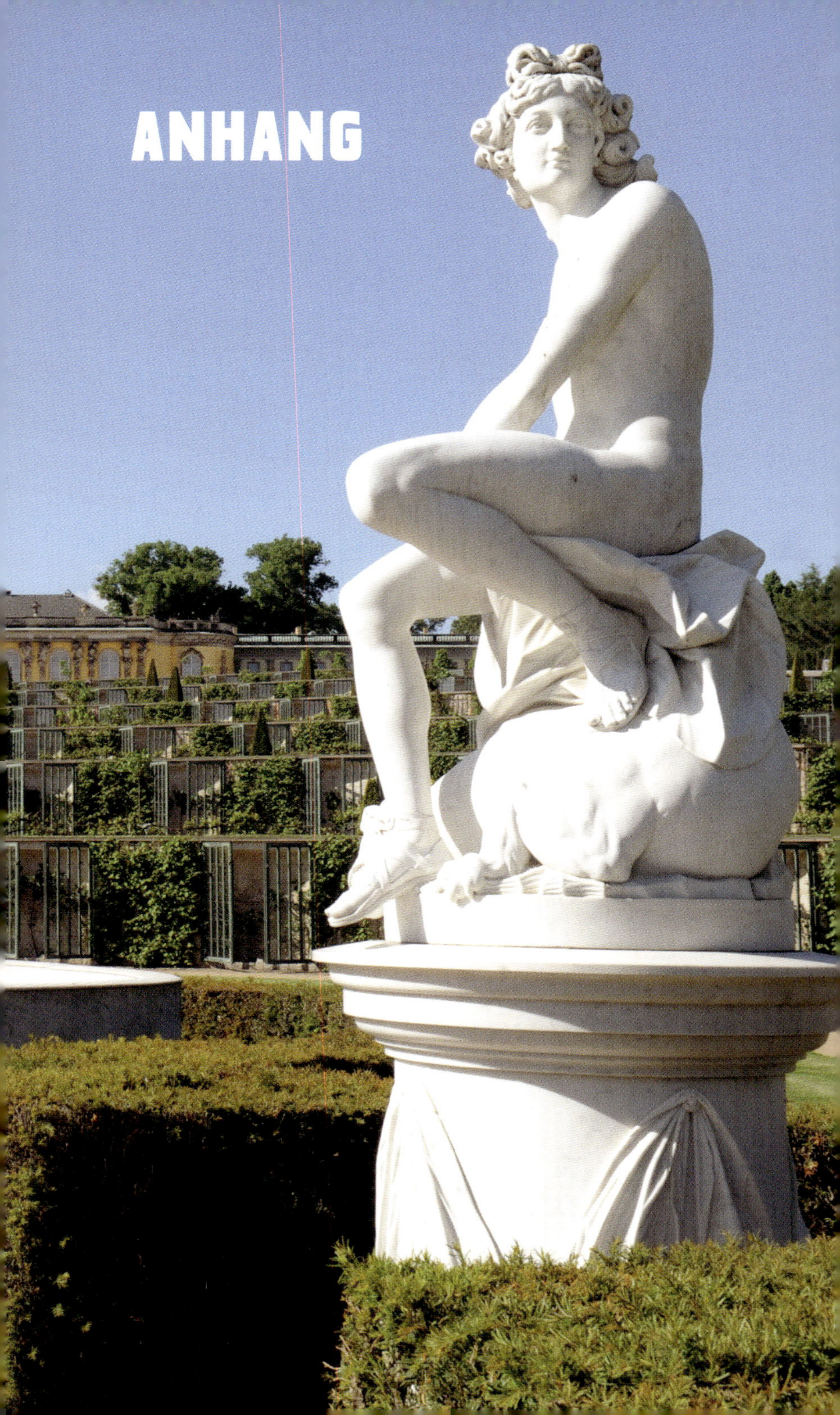

Öffnungszeiten der Sehenswürdigkeiten

Park Sanssouci
Der Park Sanssouci ist das ganze Jahr von 6 bis ca. 20:30 Uhr geöffnet. Der Eintritt ist nicht kostenpflichtig.

Neues Palais

April bis Oktober:	Mi–Mo: 10:00–17:30 Uhr
November bis März:	Mi–Mo: 10:00–16:30 Uhr
Heiligabend:	Geschlossen
Erster Weihnachtsfeiertag:	Geschlossen
Zweiter Weihnachtsfeiertag:	10:00–16:30 Uhr
Silvester:	10:00–14:00 Uhr
Neujahr:	11:00–16:30 Uhr
Letzter Einlass:	30 Minuten vor Schließzeit.

Der Besuch vom Neuen Palais ist an feste Einlasszeiten gebunden. Karten sind ab 10 Uhr für den jeweiligen Tag am Besucherzentrum am Neuen Palais erhältlich. Die Königswohnung ist in der Sommersaison mit Führung zu Besichtigen.

Schloss Sanssouci

April bis Oktober:	Di–So: 9:00–17:30 Uhr
November bis März:	Di–So: 9:00–16:30 Uhr
Heiligabend:	Geschlossen
Erster Weihnachtsfeiertag:	Geschlossen
Zweiter Weihnachtsfeiertag:	10:00–16:30 Uhr
Silvester:	10:00–14:00 Uhr
Neujahr:	11:00–16:30 Uhr
Letzter Einlass:	30 Minuten vor Schließzeit.

Der Besuch von Schloss Sanssouci ist an feste Einlasszeiten gebunden. Karten für den jeweiligen Tag sind ab 30 Minuten vor Schlossöffnung im Besucherzentrum Historische Mühle erhältlich. Da die Anzahl der Eintrittskarten pro Tag begrenzt ist, empfiehlt es sich, Tickets frühzeitig online zu buchen unter: www.tickets.spsg.de.

Friedenskirche

April:	Mo–Sa: 11:00–17:00 Uhr
	So: 12:00–17:00 Uhr
Mai bis Oktober:	Mo–Sa: 10:00–18:00 Uhr
	So: 12:00–18:00 Uhr
November bis März:	Sa: 11:00–18:00 Uhr
	So: 12:30–16:00 Uhr

Chinesisches Haus
Bis auf Weiteres geschlossen.

Römische Bäder
Wegen Sanierung für die nächsten Jahre geschlossen.

Dampfmaschinenhaus an der Neustädter Havelbucht
Nur zu Sonderführungen geöffnet.

Schloss Charlottenhof

Mai bis Oktober:	Di–So: 10:00–17:30 Uhr
Letzter Einlass:	30 Minuten vor Schließzeit.

Neue Kammern

April bis Oktober:	Di–So: 10:00–17:30 Uhr
Letzter Einlass:	30 Minuten vor Schließzeit.

Botanischer Garten der Universität Potsdam
Der Botanische Garten ist täglich geöffnet.

Gewächshäuser und Biologischer Garten
(südlich der Maulbeerallee)

April bis September:	9:30–17:00 Uhr
Oktober bis März:	9:30–16:00 Uhr

Am 24. und 31. Dezember sowie am 1. Januar bleiben die Gewächshäuser geschlossen. Kassenschluss und letzter Einlass jeweils 30 Minuten vor Schließung des Botanischen Gartens.

Paradiesgarten (nördlich der Maulbeerallee)
ganzjährig 8 Uhr bis Sonnenuntergang

Belvedere auf dem Klausberg
Geöffnet im Rahmen von Sonderveranstaltungen.

Drachenhaus
siehe unter Gastronomie

Orangerieschloss

April bis Oktober:	Di–So.: 10:00–17:30 Uhr
Letzter Einlass:	30 Minuten vor Schließzeit.

April: Besichtigung mit Führung
Mai bis Oktober: Dienstag bis Freitag Besichtigung mit Führung; an Wochenenden & Feiertagen auch ohne Führung möglich

Bildergalerie

April bis Oktober:	Di–So: 10:00 – 17:30 Uhr
Letzter Einlass:	30 Minuten vor Schließzeit.

Gastronomie

Mövenpick Restaurant Zur Historischen Mühle
Zur Historischen Mühle 2, 14469 Potsdam
Tel.: 0331 / 28 14 93, www.moevenpick-restaurants.com
Di–So 10:30 – 21:00 Uhr

Mühlenhaus (Biergarten)
Maulbeerallee 5, 14469 Potsdam
Tel.: 01573 / 455 85 54
Fr–So 12:00 – 17:00 Uhr

Restaurant & Café Drachenhaus
Maulbeerallee 4, 14469 Potsdam
Tel.: 0331 / 50 53 808, www.drachenhaus.de
Mi–Mo 11:00 – 19:00

Gartenlokal Am Lindstedter Tor (Biergarten)
Amundsenstraße 60, 14469 Potsdam
Tel.: 0331 / 52 06 88
Mi–Fr 12:00 – 22:00 Uhr, Sa & So 11:00 – 20:00 Uhr

Espressobar im Besucherzentrum Südtorgebäude
Am Neuen Palais 10, 14469 Potsdam
Tel.: 0331 / 96 94 200

Theaterklause Potsdam
Zimmerstraße 10 – 11, 14471 Potsdam
Tel.: 0331 / 64730174, https://theaterklause-potsdam.de
Mo-Do 10:00 – 22:00 Uhr, Fr 12:00 – 22:00 Uhr, Sa & So 12:00 – 18:00 Uhr

Mensa der Universität Potsdam (Am Neuen Palais)
Am Neuen Palais 10, 14469 Potsdam, Haus 12
Mo–Do: 11:00 – 15:00, Fr: 8:00 – 14:30 Uhr
www.studentenwerk-potsdam.de/essen/unsere-mensen/detailinfos/mensa-am-neuen-palais

Zum Weiterlesen

Arndt, Jens: Gärtner führen keine Kriege. Preußens Arkadien und die deutsche Teilung, Berlin 2019.

Ayrilmaz, Ayhan/Thiele, Volker (Hg.): Zwischen Erbe und Welt. 10 Jahre Masterplan für die preußischen Schlösser und Gärten, Petersberg 2018.

Bauten und Bildwerke im Park Sanssouci. Amtlicher Führer, bearbeitet von Saskia Hüneke, Stiftung Preußische Schlösser und Gärten Berlin-Brandenburg, 2000.

Bertsch, Christoph: Villa Garten Landschaft. Stadt und Land in der florentinischen Toskana, Berlin 2012.

Buttlar, Adrian von/Köhler, Marcus: Tod, Glück und Ruhm in Sanssouci. Ein Führer durch die Gartenwelt Friedrichs des Großen, Ostfildern 2012.

Günther, Harri: Gehölze in den Gärten von Sanssouci, Potsdam 1984.

Heller, Gisela: Potsdamer Geschichten, Berlin 1993.

Nicolai, Friedrich: Beschreibung der Königlichen Residenzstädte Berlin und Potsdam, Berlin 1786 (Reprint Berlin 1980).

Rellstab, Ludwig: Berlin und seine Umgebung um die Mitte des 19. Jahrhunderts, Berlin 1854.

Sternaux, Ludwig: Potsdam. Ein Buch der Erinnerung, Berlin 1924.

Voltaire: Über den König von Preußen. Memoiren, Frankfurt a. M. 1981.

Register der Sehenswürdigkeiten

Personenregister

Friedrich II. (1712–1786) wird aufgrund der sehr häufigen Nennung im Register nicht einzeln aufgeführt.

Bildnachweis

akg-images: S. 12 r., 17 (Dr. Enrico Straub), 18 l., 18 r., 19, 20 (Erich Lessing), 21, 22 (Elizaveta Becker), 24, 37, 42, 55 o. (Liszt Collection), 58, 67 u. (Science Photo Library / COLLECTION ABECASIS), 68 o. (Heritage Images / Fine Art Images), 89, 91 o., 92, 94 (Erich Lessing), 95, 125, 155, 196 (Günter Schneider); Karla Fritze: S. 9, 43, 45, 46/47, 48, 59, 72/73, 77 u., 110, 129, 136, 167, 168, 187, 200; Frank Goyke: 32 li., 32 re., 33 li., 33 re., 34 li., 34 re., 35, 36 li., 37/38, 44 li., 44 re., 51, 62, 63, 66, 67 o., 71 u., 80, 81, 87, 91 u., 98, 100, 102, 103, 109 li., 109 re., 116 li., 116 re., 119, 130, 132, 144, 145 o., 146 li., 146 re., 149, 150, 165, 166, 179 li., 179 re., 180 li., 180 re., 184 u., 195; Tobias Hopfgarten: S. 56 u., 164; picture alliance: S. 10/11 (ullstein bild), 13 (Zoonar / Andreas Völkel), 15 (Bildagentur-online / Joko), 23 (akg-images), 25 (ZB / Bernd Settnik), 26/27 (ZB / euroluftbild.de / BSF Swissphoto GmbH), 29 (dpa / dpaweb / Jan Woitas), 40 (dpa / dpa-Zentralbild / Soeren Stache), 54 (dpa / dpa-Zentralbild / Julian Stähle), 55 u. (CHROMORANGE / Karl-Heinz Spremberg), 56/57 (CHROMORANGE / Wilfried Wirth), 57 u. (blickwinkel / Luftbild Bertram), 60/61 (dpa / dpa-Zentralbild / Jens Kalaene), 64 re. (ZB / Bernd Settnik), 65 (CHROMORANGE / Karl-Heinz Spremberg), 68 u. (ZB / Hubert Link), 75 (blickwinkel / Luftbild Bertram), 77 o. (ZB / Hubert Link), 84 (dpa / Paul Zinken), 97 (akg-images), 104 o. (ZB / Soeren Stache), 104 u. (dpa / Ralf Hirschberger), 105 (ZB / Soeren Stache), 106/107 (Shotshop / K-H Spremberg), 114 o. (dpa / dpa-Zentralbild / Soeren Stache), 114 u. (Karl-Heinz Sprembe), 117 (Karl-Heinz Sprembe), 118 (dpa / dpa-Zentralbild / Soeren Stache), 121 u. (ZB / Kalaene Jens), 126/127 (Shotshop / K-H Spremberg), 133 (ZB / Ralf Hirschberger), 134 (dpa / dpa-Zentralbild / Soeren Stache), 135 o. (dpa / Bernd Settnik), 135 u. (Bernd Settnik / dpa-Zentralbild / ZB), 138 (Shotshop / K-H Spremberg), 140 (KITTY KLEIST-HEINRICH TSP), 141 (CHROMORANGE / Karl-Heinz Spremberg), 142 o. (Shotshop / K-H Spremberg), 142 u. (KITTY KLEIST-HEINRICH TSP), 143 (Shotshop / K-H Spremberg), 145 u. (ZB / Jens Kalaene), 154 (ZB / Bernd Settnik), 163 (Lou Avers), 177 (dpa / Oliver Mehlis), 178 (dpa / Ralf Hirschberger), 185 (Zoonar / Andreas Völkel), 188/189 (CHROMORANGE / Wolfgang Cezanne), 191 (dpa / Bernd Settnik), 194 (dpa / dpa-Zentralbild / Britta Pedersen), 197 (dpa / Jens Kalaene); picture alliance / Eibner-Pressefoto / Ingo Schulz: S. 53, 71 o., 85, 93, 99, 137, 156, 159 o., 160 o., 160 u.; picture alliance / Eibner-Pressefoto / Stopper: 79; picture alliance / imageBROKER / Oliver Gerhard: S. 6, 41, 120, 121 o., 122, 152/153, 184 o.; picture alliance / imageBROKER / Michael Nitzschke: S. 131, 159 u., 190; picture alliance / imageBROKER / Schoening: S. 36 re., 64 li., 83, 108, 123, 124, 128, 157, 169, 170, 172, 173, 174/175, 176, 182, 183; picture alliance / imageBROKER / Ingo Schulz: S. 52, 88, 111, 115, 162, 171, 181; picture alliance / imageBROKER / Karl-Heinz Spremberg: S. 30, 49, 69, 97, 113, 192/193; Peter Palm: S. 198/199 (Übersichtskarte); Wikimedia commons: S. 12 li., 31, 50, 74, 90, 112, 147, 148, 151; Matthias Zimmermann: S. 196

Der Autor

Frank Goyke, geboren 1961 in Rostock, arbeitete nach dem Studium der Theaterwissenschaften in Leipzig als Lektor und Dramaturg. Seit 1997 ist er freier Schriftsteller. Frank Goyke lebt in Berlin, wo er als ausgebildeter Wanderleiter auch Stadt- und Landschaftsführungen anbietet.